大卫·刘易斯模态实在论研究

刘张华 著

A Study of
David Lewis' Modal Realism

图书在版编目(CIP)数据

大卫·刘易斯模态实在论研究/刘张华著. -- 重庆：西南大学出版社，2023.11
ISBN 978-7-5697-1990-1

Ⅰ.①大… Ⅱ.①刘… Ⅲ.①大卫·刘易斯—模态逻辑—研究 Ⅳ.①B712.59②B815.1

中国国家版本馆CIP数据核字(2023)第208537号

大卫·刘易斯模态实在论研究
DAWEI·LIUYISI MOTAI SHIZAILUN YANJIU

刘张华　著

责任编辑：何雨婷
责任校对：王玉竹
装帧设计：闰江文化
照　　排：杜霖森
出版发行：西南大学出版社（原西南师范大学出版社）
　　　　　网　址：http://www.xdcbs.com
　　　　　地　址：重庆市北碚区天生路2号
　　　　　邮　编：400715
　　　　　电　话：023-68868624
印　　刷：重庆市圣立印刷有限公司
成品尺寸：165 mm × 238 mm
印　　张：12.75
字　　数：233千字
版　　次：2023年11月 第1版
印　　次：2023年11月 第1次印刷
书　　号：ISBN 978-7-5697-1990-1
定　　价：78.00元

国家社科基金后期资助项目
出版说明

后期资助项目是国家社科基金设立的一类重要项目,旨在鼓励广大社科研究者潜心治学,支持基础研究多出优秀成果。它是经过严格评审,从接近完成的科研成果中遴选立项的。为扩大后期资助项目的影响,更好地推动学术发展,促进成果转化,全国哲学社会科学工作办公室按照"统一设计、统一标识、统一版式、形成系列"的总体要求,组织出版国家社科基金后期资助项目成果。

全国哲学社会科学工作办公室

前言

现代模态逻辑是克拉伦斯·欧文·刘易斯（Clarence Ivring Lewis）于20世纪初创立的。在他建立S1-S5五个模态系统之后，如何确立模态逻辑的语义学及其合法性，一直是当代模态逻辑学家们力图解决的问题。20世纪五六十年代，克里普克等人创立可能世界语义学之后，模态逻辑的地位和价值才逐渐得到学界的认可。在这之后，模态哲学家们逐渐加入对"可能世界"这个概念的研究队伍，并提出了一些竞争性理论，大卫·刘易斯的模态实在论就是其中之一。在这些理论的竞争中，大卫·刘易斯的模态实在论因为不符合直观而被众多学者批评，处于不利的竞争地位，但迄今仍保持着顽强的生命力。本书试图表明，以往对刘易斯的模态实在论的批评，在很大程度上源于对其模态哲学思想的误视与错解，也与其理论表达上的特点与缺陷相关。通过正本清源和比较分析，系统而融贯把握刘易斯的模态哲学思想，可以凸显出其优于其他模态哲学理论的合理之处，从而发挥其应有的解题功能。

刘易斯的模态哲学思想主要是其模态实在论。模态实在论主要由三个部分构成：可能世界理论、对应体理论和归结主义方法。此外，刘易斯的模态哲学思想还包含了其对反事实条件句的分析，它是可能世界语义学的应用理论，但在深层中也涉及对模态实在论的应用。因而，本书主体部分分为以下六章：

第一章介绍模态逻辑的发展历史和研究背景，指出模态哲学研究的价值，并对刘易斯的生平及其思想进行了简要介绍，对国内外研究状况进行了梳理。

第二章是对刘易斯可能世界理论的研究。在可能世界理论中，刘易斯认为可能世界是实在的，是不可归结的。它们就如同现实世界一样是实在的,在实在性的种类上,可能世界与现实世界是没有区别的。刘易斯认为可能世界具有四个特征:孤立性、具体性、充裕性和现实性。而正是这些特征,使得模态实在论被称为"极端模态实在论",因而遭到很多批判。根据对刘易斯使用的这些概念的分析,表明刘易斯所理解的这些概念并不完全是通常意义上的使用,尤其是"实在""现实"与"具体"等概念。实在是一种存在,是相对于规律或事实的存在,主要可以分为三个层次:实际的存在、相对于现实规律的现实可能的实在,以及相对于逻辑规律的逻辑可能的实在。这些层次的区分并不能否认实在在质上的共同性,可能世界与现实世界在实在的质上是没有差别的。"现实的"可以做两种理解:一种是逻辑可能意义上的实在;另一种是站在现实角度的可现实性,表达了一种相对于现实规律的现实可能性。而"具体"并不以在现实世界中存在为前提,非现实存在也可以是具体的。而且,站在现实世界中主体的立场上来理解,模态实在论所表示的就是一种现实可能性,而可能世界的实在性也是不可否认的。

第三章是对刘易斯的对应体理论的研究。在关于个体的跨界问题上,刘易斯认为不存在个体跨界的可能,更不存在跨界同一问题,他主张以对应体关系来代替跨界同一。对应体关系不是同一关系,也不是一一对应关系,而是一种相似关系,而且外在的相似性占有很大的权重。刘易斯主张对应体关系,有两个原因。一是与可能世界的特征相关。可能世界都是实在的、孤立的,因而作为可能世界中的个体,都是限界个体,并且都是具体的。承认跨界同一,必定带来理论上的冲突。二是对莱布尼茨同一物不可辨别性原理的坚持。不同世界中的个体必定具有不同的属性,若主张跨界同一,必定违反同一物不可辨别性原理。在此基础上,刘易斯构建了对应体逻辑系统,并从解释力上对对应体理论的优势进行了论述。本书认为,关于这个问题的争辩双方都存在对同一物不可辨别性原理的误用,同一物不可辨别性原理本来就不适用于跨界个体。对应体关系取代跨界同一,是可能世界理论的要求。面对对应体关系所受到的批评,本书表明,从认识论和对模态命题的断定来看,对应体关系体现了一种对模态的认识。结合对应体关系的相似标准,尤其是外在的相似在确定对应体关系中的作用,对应体关系体现了一种情境的相似性。

第四章是对刘易斯的归结主义方法的研究。在唯名论思想背景下,刘易斯主张如"命题""属性"等概念都可以通过可能世界与个体以及集合归结性地表示出来。在对这些概念归结性解释时,刘易斯提出了一个标准,那就是它们所发挥的作用,而不是它们的完全等同。本书认为,仅仅在它们所发挥的作用上,尤其是在模态论述上,把"命题""属性"等概念归结性地解释为个体的集合,从真的角度来看是合理的。但如果把归结的双方完全等同,那么这种归结方法是令人难以接受的。

第五章是对刘易斯反事实理论的分析。反事实理论是刘易斯使用可能世界语义学以及模态实在论对反事实条件句进行分析的结果。刘易斯首先认为,反事实蕴涵是一个严格蕴涵,但不同于一般的是,反事实蕴涵在不同的前提下,它的严格性会发生变化。本书通过分析认为,反事实蕴涵作为一种可变的严格蕴涵,它的可变性体现在它所通达的世界的多少的变化上。之所以有这种可通达世界的多少的变化,在于反事实蕴涵的可通达关系不仅仅与规律相关,也与前提条件和背景相关。而正是前提条件与背景的变化,导致了可通达世界的变化,也使得反事实蕴涵的严格性发生了改变。对反事实条件句的判断,就在于对与之相似的可能世界或情境中命题的真假的判断。而对相似的可能世界与情境的考察正是对可能世界实在论及可能世界语义学的使用。刘易斯反事实分析的成功也体现了可能世界语义学与可能世界实在论在分析实际问题中的合理性。

第六章是对刘易斯模态实在论进行修正。通过上述研究,本书认为刘易斯的模态实在论并不极端,也并非以往学界批判的那样荒谬。作为一个对可能世界的解释理论,模态实在论的价值主要体现在对模态问题的认识上。而且,在表达可能性的平权方面以及模态命题的断定上,模态实在论比温和实在论更有说服力。但是刘易斯的理论还有一些不符合直观及难以准确解释的地方,所以本书通过对刘易斯的模态实在论进行修正,寻找合理的可能世界解释理论。

目录

前言…1

第一章＞绪论…001

第一节　模态哲学思想发展历程…002

第二节　刘易斯生平及思想概况…011

第三节　国内外研究现状…014

第二章＞刘易斯的可能世界理论…023

第一节　刘易斯的可能世界思想…024

第二节　对可能世界实在论的争议…037

第三节　可能世界理论争议的症结分析…045

小　结…057

第三章＞刘易斯的对应体理论…059

第一节　刘易斯的个体观…060

第二节　对应体理论的提出及对应体关系…067

第三节　对应体理论及优点分析…077

第四节　对应体理论的争议分析…086

第五节　对应体关系与情境…095

小　结…100

第四章 > 归结主义方法…103

  第一节 归结主义的基础及原因分析…104

  第二节 可能世界的归结主义…111

  第三节 对可能世界归结主义的争议分析…117

  小 结…124

第五章 > 刘易斯对反事实条件句的分析…127

  第一节 反事实条件句的研究背景…128

  第二节 刘易斯的反事实理论…132

  第三节 反事实分析与模态实在论的关系…153

  小 结…161

第六章 > 刘易斯模态实在论的修正…163

  第一节 可能世界解释理论标准分析…164

  第二节 三种理论的比较…166

  第三节 模态实在论的修正方案…171

  小 结…176

结语…178

参考文献…180

后记…191

第一章 绪论

第一节 模态哲学思想发展历程

一、模态哲学思想的发展历史[①]

模态[②]实在论是可能世界的一种解释理论,是对可能世界方法论、可能世界语义学初始概念的一种说明。无论是可能世界方法论还是可能世界语义学,都与模态逻辑的研究有着密切的联系。现代模态逻辑系统化的时间虽然不长,但对模态问题的哲学研究有着悠久的历史。早在古希腊时代,人们就开始有意识地研究与模态有关的哲学问题了。逻辑学之父亚里士多德在研究逻辑的时候,已经涉及对模态问题的研究,他把命题模态区分为绝对模态和相对模态两种,区分了绝对必然性与相对必然性。所谓绝对必然性,亚里士多德指出:"凡普遍之物都必然适于各自的主体。"[③]就是指命题的这样一种属性,即主项与谓项之间有本质的联系。主、谓项之间的本质联系就是指谓项是主项本质中的一个因素,或者主项是谓项本质中的一个因素。譬如说,亚里士多德是人,因为谓项"人"表达了主项"亚里士多德"的一个本质属性,所以该命题具有绝对必然性。而相对必然性是针对推理来说的,亚里士多德认为:"三段论是一种谈论方式,在其中某些事物被断定,某些不同于它们的事物就可以由它们是如此确定的论断而必然推出。"[④]即在正确的推理中,若前提为真,则必然可得结论也为真,那么这种结论依赖于前提的必然性就被称为相对必然性,并且这种必然性只依赖于组成该推理的各命题的逻辑形式。根据必然性和可能性的相互定义,他

[①] 主要参考 R.B. 马库斯等著:《可能世界的逻辑》,康宏逵编译,上海译文出版社,1993;张力锋:《当代西方模态哲学研究及其意义》,《哲学动态》2005年第12期等文献。
[②] 模态,就是模态词或模态算子所表达的东西。从现代模态逻辑发展的现状来看,模态可以分为广义模态与狭义模态。这与模态词的分类相关。必然和可能被称为狭义模态词;而相信、知道、允许、应该等被称为广义模态词。由狭义模态词所构成的逻辑称为狭义模态逻辑,由广义模态词所构成的逻辑称为广义模态逻辑。由必然与可能等模态词构成的模态属于狭义模态,而由广义模态词构成的模态属于广义模态。限于本书的宗旨,在这里只涉及狭义模态。
[③] 亚里士多德:《工具论》,刘叶涛等译,上海人民出版社,2018,第190页。
[④] 同上,第61页。

还讨论了相对可能性与绝对可能性。此外,他还区分了实然命题和模态命题,并探讨了把必然、偶然和可能三个模态词添加到性质命题A、E、I、O上,组合成12种模态命题。比亚里士多德略晚的麦加拉-斯多亚学派的逻辑学家们则更深入地从不同角度探讨了这些模态概念。例如,第奥多鲁(Diodorus)从时间的角度来说明命题的必然性与可能性。他认为一个命题是可能真的就是指该命题现在是真实的,或者将来是真实的;而一个命题是必然真的就是指该命题不仅现在是真实的,而且将来也是真实的。而斐洛(Philo)则从事物本性的角度来解释命题的必然性与可能性。他认为命题是可能真的就是指依据事物的本性它将会是真实的;而命题必然真就是指它不仅现在是真实的,而且依据事物本性它将来也会是真实的。克里西普斯(Chrysippus)从外在世界的角度来说明这两者,他认为一个命题是可能真的意味着如果没有外物的阻止,那么该命题会是真实的;而一个命题是必然真的就是指它是真的并且不会是假的,或者说即使会是假的,外物也会阻止其成为假的。

中世纪的逻辑学家们对模态逻辑的研究主要分为两个阶段:阿拉伯时期的模态逻辑和经院时期的模态逻辑。阿拉伯时期的模态逻辑主要是在亚里士多德模态三段论以及麦加拉-斯多亚学派模态逻辑思想的基础上,发展了带有时间性质的模态逻辑。经院时期的模态逻辑主要探讨推导与模态三段论推理等方面的思想。比较有影响力的有13世纪的法国逻辑学家让·布里丹,他的相关思想主要在他的《论推导》一书中。他认为推导是两个命题之间的蕴涵关系,他从命题形式和命题内容两方面将这种推导关系区分为形式推导和实质推导。中世纪的逻辑学家还把实质推导分为当前时间的实质推导和无时间限制的实质推导。中世纪逻辑学家阿伯拉尔(Pierre Abélard)在对亚里士多德模态命题理解的基础上,把模态区分为de re模态(从物模态)与de dicto模态(从言模态)。前者表述的是事物的性质,也被称为事物模态;后者表述的则是命题或语句的性质,也被称为命题模态。但是在二者的重要性上,他们并没有达成一致的意见。一些学者认为de dicto模态更基本,而另一些学者则认为de re模态更基本。这些研究大多停留在哲学层面上,没有找到统一、可接受的载体来说明模态问题。

在近代,德国哲学家、数学家戈特弗里德·威廉·莱布尼茨(Gottfried Wilhelm Leibniz)对模态哲学进行了新颖的研究,提出了可能世界的理论。该理论虽然不是对模态逻辑的具体研究,但它对后世的模态逻辑语义学的研究与发展具有极大的启示作用,为可能世界语义学的构建以及模态逻辑语形语义的分开提供了一个重要工具,并在此基础上创造性地提出了两种真理：事实真理和必然真理。"绝对必然的命题是那种能够分解成同一命题的命题，或者说是那种其反面蕴涵有矛盾的命题……至于偶然真理，即使谓词现实地存在于主词之中，它也永远完不成一个推证或达至一种同一性，即使对每个词项的分析无限期地持续下去，亦复如此。"①此后，维特根斯坦虽然没有延续使用"可能世界"这个概念，但他区分了事实与事态，提出了逻辑空间的思想，并且他的逻辑空间也被学界认为就是关于可能世界的总和。

同时，莱布尼茨还最早提出了把逻辑处理成演算的思想，因而被认为是现代逻辑的最早开拓者。到19世纪中叶，英国数学家布尔创建了逻辑代数，初步实现了莱布尼茨的设想。1879年，德国逻辑学家戈特洛布·弗雷格（Friedrich Lud Wig Gottlob Frege）在其《表意符号——一种按算术语言构成的纯思维的符号语言》中，构造了一个逻辑演算系统，弗雷格因此被称为"现代逻辑之父"。稍后，英国逻辑学家罗素在其与怀特海合著的《数学原理》一书中构造了一个完全的命题演算和谓词演算系统，对现代逻辑学的发展产生了重大的推动作用。但直到20世纪30年代，哥德尔证明了命题演算的完全性以及谓词演算的不完全性，现代逻辑才算真正确立下来。

20世纪初，克拉伦斯·欧文·刘易斯在现代逻辑的基础上创建了S1—S5五个系统，被认为是现代模态逻辑创立的标志。现代模态逻辑的创立也给哲学家们带来了许多新的课题，并重新激活了学界对模态哲学问题的研究兴趣。逻辑学家根据对可能性和必然性直观理解的不同，建立了相应的形式系统，并给出其语义解释，然后从元逻辑的角度去研究这些公理系统的一些元理论。在这些研究中，最显著的就是20世纪60年代克里普克（Kripke）等人发展出来的可能世界语义学。正是由于可能世界语义学的建立，现代模态逻辑才取得了长足的进步，成长为现代逻辑的一个重要分支。但作为现代逻辑的一个新的分支，模态逻辑在其技术发展中也面临着诸多哲学挑战，而正是这些哲学挑战构成了模态哲学研究的主题。这些问题可归结为如下三类：经典一阶逻辑原则的失效问题、从物模态引发的本质主义问题以及与可能世界有关的各种问题。这些问题直接与模态逻辑的语义解释相关，对这三类问题的不同回答构成了模态哲学研究的主要内容。为了回答经典一阶逻辑原则的失效问题，鲁思·巴坎·马库斯（Ruth Barcan Marcus）、克里普克等人提出了专名的严格指示词理论，克里普克、希拉里·普特南（Hilary Putnam）等人在此基础上提出了一种新的指称理论

---

① 莱布尼茨：《莱布尼茨认识论文集》，段德智编译，商务印书馆，2019，第318—319页。

——因果历史命名理论。在本质主义问题上,马库斯与塔尔科特·帕森斯(Talcott Parsons)等人认为模态逻辑并没有承诺本质主义。为了说明该问题,帕森斯提出了"极大模型"的概念来说明模态逻辑与反本质主义是相容的。而在接受威拉德·冯·奥曼·蒯因(Willard Van Orman Quine)关于模态逻辑与本质主义关系论题的基础上,克里普克提出了个体本质的起源说和构造说,以及自然种类本质的内部结构说,在分析哲学中引进了本质主义,并确立了本质主义的地位。在与可能世界有关的问题上,出现了很多相互竞争的理论。譬如,有关可能世界本体地位的模态实在论①(modal realism)、温和实在论(moderate realism)和语言替代论(linguistic ersatzism)等三种主要理论;还有为解决个体的跨界同一问题而出现个体跨世界识别是否是伪问题等多种理论观点。这些问题也就成为现代模态哲学家们所探讨的主要问题。

在C.I.刘易斯创立S1-S5系统之后的很长一段时间,现代模态逻辑并没有得到学界的普遍认可,很多学者对模态逻辑进行了强烈的批判,尤其以蒯因的批判最为激烈。蒯因也是最先提出模态逻辑所面临着诸多问题的逻辑学家,他指出模态逻辑违反了经典一阶逻辑的基本原则,造成了本体论的扩大并承诺了本质主义。在模态语境下,同一替换原则与存在概括原则都不普遍有效。譬如说,行星的数目=9,根据同一替换原则,由"9必然大于7"得出"行星的数目必然大于7",前提都为真,但结论为假。为了解决这个问题,鲁道夫·卡尔纳普(Rudolf Carnap)等人主张引进内涵实体,但遭到蒯因的否定,他认为这些实体不满足同一性条件,因而是非法的。并且,他还认为卡尔纳普等人的主张会导致本体对象的无谓增多。此外,由于从物模态区分了对象的必然属性与偶然属性,所以蒯因认为它承诺了亚里士多德的本质主义,而这也是他不能接受的。

蒯因对模态逻辑的这些批评引发了学界的热烈讨论,很多学者开始研究这些问题。莱纳德·林斯基(Leonard Linsky)所编辑的论文集《指称和模态》(*Reference and Modality*, Oxford University Press, 1971)中收录了众多的相关文献。其中亚瑟·弗朗西斯·斯穆礼安(Arthur Francis Smullyan)在论文《模态与摹状词》("Modality and Description")中认为,主张经典一阶逻辑原则失效的观点是一个错误,因为它没有区分模态论述中限定摹状词的两种辖域。马库斯则从对"同一"概念的理解的角度出发,指出真正的同一性

---

① 虽然斯塔尔内克等人称大卫·刘易斯的理论为极端(模态)实在论,但他本人并不同意该观点,他称自己的理论为模态实在论。在本书的研究中,笔者也不赞同极端(模态)实在论的称呼,因而用模态实在论称呼刘易斯的理论,用温和实在论称呼克里普克等人的观点。

语句的关系者项是由专名构成的,而使用摹状词的所谓同一不是真正的同一,而是一种较弱意义上的等价关系,因此蒯因所主张的同一替换原则失效的观点是不成立的。帕森斯区分了个体本质与一般本质(类本质)。对于一般本质,他认为量化模态逻辑可能在三种意义上承诺了本质主义:(1)量化模态逻辑系统以某个涉及本质的语句作为定理;(2)量化模态逻辑系统要求某些涉及本质的语句为真;(3)量化模态逻辑有某些涉及本质的合式语句。但通过对极大模型的研究,帕森斯认为这三个可能都不能得到满足,对量化模态逻辑的解释也可以与反本质主义相容,因而认为模态逻辑承诺本质主义这个论题是不成立的。林斯基则相反,他捍卫了本质主义,并认可蒯因对模态逻辑和本质主义关系的论断。但他认为承诺本质主义并不能导致对模态逻辑的否定,它是一种可以理解的形而上学。

马库斯对模态哲学做了详尽讨论,几乎涉足模态哲学的所有主题,其代表性观点主要体现在她的论文集《模态:哲学论文》(*Modalities: philosophical Essays*, Oxford University Press, 1993)中。马库斯指出专名指称有这样一个特点,它就像是"贴标签"一样必然地指称着对象,这与限定摹状词不同。限定摹状词是通过描述对象特征的意义来指称的,在一般情形下,它在模态语境下的指称是晦暗的。专名是没有意义的,它就像是贴在其指称对象身上的一个"标签",总是指称着同一个对象。这样,如果由两个专名所构成的同一是真的,那么它就先验必然为真。因此,即使是在模态语境下,专名之间的同一替换原则仍然是有效的。由此,蒯因指责模态逻辑否定了同一替换原则是不恰当的。另外,在关于量词的解释上,马库斯提出了另一种解释——替换解释,认为使用替换解释可以使从物模态免于本质主义承诺的批评。马库斯还考察了亚里士多德的本质主义,她在本质属性中排除了空洞的本质属性和不足道的本质属性。前者就像"是人"这类性质,后者就如性质"与亚里士多德同一"。马库斯否认模态命题一定承诺了本质主义的观点。而且,对于本质主义本身,她认为并不是像蒯因所称的那么令人厌恶。相反,她坚持类的本质性。

克里普克在《命名与必然性》(*Naming and Necessity*, Harvard University Press, 1980)一书中阐述了他的与模态哲学有关的观点。该书由三篇演讲稿构成。第一篇主要阐发了他的严格指示词(rigid designator)理论。他认为专名都是严格指示词,为此他区分了"必然与偶然"和"先天与后天"这两对哲学范畴,并且他把个体的跨界识别问题视为无意义的而加以拒绝。第二篇在此基础上创建性地提出了一种新的指称理论——因果历史命名理论,并论证了必然同一命题的条件及合理性。在第三篇中,克里普克提出并论证了他的本质主义学说,即关于个体本质的"起源说"和"构成说",以及关于自然种类的"内部结构说"。他还将这一学说运用到科学哲学和心灵哲学领域。克里普克在分析哲学中请回了本质主义,终结了把本质主义作为否定一个理论缘由的局面。这些研究有力地回应了蒯因对模态逻辑的批评。

如前所述,现代模态逻辑作为一门学科得到学界普遍承认是在可能世界语义学产生之后。伴随着可能世界语义学的产生,可能世界等一系列问题开始成为模态哲学研究的又一重心。在这些问题上出现了多种相互竞争的观点,麦克尔·路克斯(Michael Loux)编辑的论文集《可能的与现实的:模态形而上学读本》(The Possible and the Actual: Readings in the Metaphysics of Modality, Cornell University Press, 1979)就是反映这些竞争性观点的一本重要文献。该论文集主要讨论两个主题:对可能世界的理解问题以及个体的跨界同一问题。在可能世界的本体地位问题上,主要有三种代表性的观点:大卫·刘易斯(David Lewis)的模态实在论,罗伯特·迈瑞海姆·亚当斯(Robert Merrihem Adams)的语言替代论以及阿尔文·普兰廷加(Alvin Plantinga)、罗伯特·C. 斯塔尔内克(Robert C. Stalnaker)等人的温和实在论。刘易斯[1]的模态实在论认为:可能世界及其内部的个体都是实在的,也是具体的;可能世界是初始的,是不能归结的。他还主张这种对可能世界的实在论解释就是对人们日常的模态思考的哲学表达。亚当斯则把可能世界视为一种语言上的构造——极大一致的命题集。他把命题视为初始元素,把可能世界视为极大一致的命题集合,从而取消了可能世界在本体上的地位。普兰廷加视可能世界为极大可能事态,斯塔尔内克也把可能世界看作某种实际存在但未能得到例示的性质。总之,除模态实在论之外的两种观点都将可能世界视为一种抽象的存在。个体的跨界同一问题是由罗德瑞克·M. 齐硕姆(Roderick M. Chisholm)首先提出来的。在他看来,个体跨界同一存在如下困难:违反莱布尼茨的同一物不可辨别性原理和同一关系的传递性规则。基于齐硕姆所指出的困难,大卫·卡普兰(David Kaplan)主张弱化同一关系,使个体成为限界的(world-bound),这样就可以避免齐硕姆跨界难题的批评。刘易斯的模态实在论把这一想法通过对应体理论表达出来,他把这一弱化的关系形式刻画为对应体关系。他认为对应体关系足以表达人们的日常模态直觉。普兰廷加对此提出了批评,他认为对应体理论并不符合我们日常的模态观点,试图说明齐硕姆的质疑并不足以给可能世界造成严重问题。在普兰廷加的影响下,卡普兰修改了自己先前的主

---

[1] 在本书中,如果没有特别说明,刘易斯均指称大卫·刘易斯(David Lewis)。

张,认为在区分本体论和认识论的前提下,若采用基质主义来对待个体的跨界同一性,则后者根本不会成为齐硕姆批判的正当理由。

温和实在论以普兰廷加、斯塔尔内克为代表。普兰廷加在《必然性的本性》(*The Nature of Necessity*, Oxford University Press, 1974)一书中,充分论述了他的模态思想。他首先从广义的"逻辑必然性"的概念出发,指出蒯因对从物模态的指责是不公正的,从物模态和从言模态一样都是合法的。而后,他又解释了他的可能世界观,并详细阐释了他用以建构温和实在论的一系列概念:可能事态、事态的实现、事态的极大一致性、事态之间的包含或排斥关系以及抽象的绝对存在等。他还考察了个体本质问题,承认本质是存在的,并指出了它的一些特征。在个体的跨界同一性问题上,普兰廷加通过引入世界索引性质(world-indexed property),反驳了齐硕姆对个体跨界的批评,认为个体的跨界存在并没有违反莱布尼茨同一物不可辨别性原理和同一关系的传递规则。他还指出,跨界识别问题根本就不存在,它只是表面现象,而非实质性问题。

模态实在论的代表刘易斯在《论世界的多样性》(*On the Plurality of Worlds*, Malden: Basil Blackwell, 1986)一书中充分论证了模态实在论,并对模态实在论的反对观点进行了回复。刘易斯主要从三个方面来论证他的模态实在论观点:可能世界理论、对应体理论和归结主义方法。他在回答模态实在论所面对的主要的批评、为模态实在论进行辩护的同时,也对温和实在论和语言替代论(刘易斯称后者为可能世界的代用理论)进行了批驳。他论证了模态实在论在哲学上的可辩护性,但更多的是从模态实在论的解释能力上来强调该理论的合理性。刘易斯认为,即使该理论在某些方面不太符合直观,它强大的解释能力也足以弥补这些不足之处。而且,即使是他被认为不太符合直观的可能世界观点,也得到了一些现代物理学家的支持,他们认为被理解为平行宇宙的可能世界观在现代物理学上是可能的。

在这些理论的争论中,温和实在论因为符合人们的直观得到了多数学者的支持,模态实在论因为刘易斯所宣称的违反直观的代价而处于不利地位。虽然得到了一些物理学家的支持,认为刘易斯的模态实在论在物理学上是有可能存在的,但是在现代物理学没有证明多重宇宙存在的前提下,刘易斯的模态实在论就很难得到多数人的支持。所以,总体来说,温和实在论符合我们当前对世界的认识,得到了众多哲学家的支持;而刘易斯的模态实在论因为与当前对世界的主流观点相抵触而受到了很多学者的批评,在可能世界解释理论竞争中处于不利地位。

二、模态哲学研究的重要性

模态哲学研究作为当代西方分析哲学研究的一个重要领域,具有其根本性的重要价值。模态哲学的研究之所以重要,主要体现在以下几个方面:

第一,对模态哲学问题的研究推动了模态逻辑以及相关逻辑学科的大发展。现代模态哲学问题的研究在很大程度上受到蒯因的影响。自从蒯因在现代模态逻辑发展的初期对它提出尖锐批评之后,逻辑学家们对这些批评进行了深入的研究,并在此基础上进行了广泛辩论,为克服这些指责提出了多种解决方案。譬如说,蒯因指出在模态语境下一阶逻辑的同一替换原则失效,即下面这个公式不再有效:

$$(1) \forall x \forall y(x=y \rightarrow (F(x) \equiv F(y)))$$

之所以会产生这样的问题,这与当时模态逻辑没有一个成熟可靠的语义解释相关。这些批评从反面刺激了模态逻辑语义学的建立与完善。在可能世界语义学建立之后,克里普克以此为背景,提出了专名的严格指示词理论来处理同一替换原则失效的问题。根据他的严格指示词理论,专名是严格指示词,它在其所指存在的每一个可能世界中都指称相同的对象。若两个专名"a"与"b"的指称相同,即 $V(a)=V(b)=d$,那么在任一可能世界 w 中,如果 a 具有性质 F,很显然 b 在 w 中也具有性质 F,这是因为 $V(a)=V(b)$。所以,将同一替换原则的运用限制为专名等严格指示词的同一替换,就不会出现该原则的失效情形。在一阶逻辑中之所以在未限制名称的严格性情况下没有出现同一替换原则失效的问题,是因为一阶逻辑不存在跨界问题,不会出现名称所指的变化问题。而对于同一替换原则的失效所引出的另一个问题,即必然同一问题,克里普克的理论也能合理地给出解释。我们来看必然同一原则:

$$(2) x=y \rightarrow \Box(x=y)$$

对于专名这样的严格指示词来说,这只不过意味着:对任意两个专名"a"和"b",如果其所指相同,即 $V(a)=V(b)$,那么它们在任一可能世界中的指称都相同,而这正是克里普克对严格指示词的定义。克里普克实际上是修正了对同一表达式的理解,他认为同一关系的关系者项只能是专名等严格指示词,就像"9=行星的数目"这样表面上看起来的偶然同一并非真正的同一。所以,真正的同一就不会出现偶然同一所面临的情形,那么必然同一原则也就不会失效了。对于必然同一原则的失效问题,还有另外一种考虑方式,这种方式是由欣迪卡等人提出的。他们发展出能够容纳偶然同一的语义框架,其基本思想就是单称词项在各个可能世界中的指称不相同。这样就需要弱化同一替换原则,将同一替换限制在模态算子的辖域之外,于是必然同一原则、同一替换原则在这些模态逻辑系统中都不再有效。比如说,根据这种语义解释,对于两个单称词项"a"和"b"来说,虽然可能出现在某可能世界 w 中两者的指称相同,即 $V(a,w)=V(b,w)=d$,但由于"a"和"b"的指称都不是严格的,那么总会存在一个可能世界 w^*,使得 $V(a,w^*) \neq V(b,w^*)$,因而必然同一原则并不普遍有效。

对于蒯因批评从物模态承诺了本质主义的问题,逻辑学家们根据他们对本质主义的认识,提出了各种理论,或赞成或反对蒯因的观点。比如说,帕森斯就提出了反本质主义的观点。他提出了对模态谓词逻辑的语义解释——极大模型,在这种模型的解释下他认为本质主义公式一律都是假的。帕森斯指出,在极大模型中可直接推导出下面的观点:任何一个本质主义的公式在每一个可能世界中都为假。所以,既然本质主义的公式在这种解释下都为假,那么模态谓词逻辑就没有承诺本质主义。另有一些逻辑学家则从拥护本质主义出发,提出相应的逻辑理论,如费德瑞克·布瑞通·菲奇(Frederic Brenton Fitch)和格瑞姆·福布斯(Graeme Forbes)建构了一套模态集合理论来支持本质主义。

第二,模态哲学的研究成果促进了模态逻辑的发展,模态逻辑的进步又在诸多哲学领域如语言哲学、形而上学、认识论等产生了重要的影响,发挥着广泛的作用。

首先,从语言哲学的角度来说,在蒯因对模态逻辑导致必然同一原则失效的批评下,克里普克通过对严格指示词与非严格指示词进行区分来回应这个批评,并在此基础上提出了一种新的专名理论——因果历史命名理论。该理论学派同以蒯因、约翰·塞尔(John Searle)等人为代表的摹状词理论一方进行了长达数十年的论战,在西方哲学界产生了深远的影响。

其次,在形而上学领域,以克里普克、普特南等人为代表的本质主义学说和关于本质命题的后天必然真的论题的讨论进一步促成了形而上学内部的分化,形成了两大阵营:实在论与反实在论。实在论者认为实体是客观存在的;而反实在论者则否认实体的客观存在,他们认为所谓的实体观念实际上是由人的认知活动形成的。在本质的确定这个问题上,实在论者一般都以克里普克的后天必然命题作为理论依据,认为本质是由科学家的研究活动来确定的。实在论与反实在论的争论,是形而上学领域的一个长久的话题。

最后，在认识论领域，模态哲学的研究也影响并促进着认识论的发展。在康德的认识中，先天命题都是必然的，后天命题都是偶然的。该观点在很长时期内一直在西方学界占主导地位。逻辑经验主义者更把先验、必然与分析等同看待。先验的命题就是必然的命题，也是分析的命题；反之，后验的命题都是偶然的命题，也是综合的命题。在他们看来，先验、必然与分析是同义词，是不可分割的。克里普克的研究成果则打破了这种观点一统天下的局面，他将这三个概念做了区分。他把必然性与偶然性归入形而上学的范畴，把先天与后天（或先验、后验）归入认识论的范畴，而把分析与综合则归入语言论范畴，并且他还论证了先验偶然命题和后验必然命题的存在。这种认识的进步就来源于对模态哲学的研究。

总之，现代模态逻辑的发展重新激活了人们对模态哲学问题的研究兴趣，同时也为当代模态哲学研究的发展提供了丰富的素材；而模态哲学的研究反过来又进一步推动了模态逻辑各个分支的成熟，并渗透入当代哲学的方方面面，对当代哲学的发展产生了重要的影响，现代模态逻辑在各个哲学领域都表现出了它的重要作用。正因为此，西方哲学界对模态哲学与模态逻辑的研究的学术热情长久不减，对模态哲学的探究加深和拓展了人们对一些基本哲学问题的认知。因此，对模态哲学的研究在当代一般哲学研究和逻辑哲学研究中都占有重要的地位。

第二节　刘易斯生平及思想概况

一、刘易斯生平简介

大卫·刘易斯（David Kellogg Lewis，1941—2001），1941年9月28日出生于美国俄亥俄州欧柏林，父亲是著名的管理学教授，母亲是著名的历史学家，高中毕业后在斯沃斯莫尔学院（Swarthmore College）就读。大学期间，他学习了化学和哲学，并于1962年获得学士学位；后来到哈佛大学学习，师从当代著名的逻辑学家奎因，于1964年获得哲学硕士学位，并于1967年获得哲学博士学位。在哈佛大学学习期间，他参加了澳大利亚访问学者斯玛特教授主持的一个研究生论坛。在那里，他认识了后来的妻子,也是他很多论著的合作者斯蒂芬妮(Stephanie),斯蒂芬妮当时还是一名数学专业的学生。

1967年,刘易斯博士毕业后到加州大学洛杉矶分校(UCLA)进行了为期三年的短暂任教;1970年,作为一名非终身衔的副教授(untenured associate professor)到普林斯顿大学工作;1973年,晋升为正教授(full professor);1995年,任斯图亚特哲学教授(Stuart Professor of Philosophy);1998年,被任命为"1943杰出大学哲学教授"(Class of 1943 University Professor of Philosophy);直到2001年去世之前,他一直在普林斯顿大学工作。

二、刘易斯主要思想

刘易斯是当代著名的哲学家、逻辑学家,他的研究范围很广泛。他一生写了大量的论文,先后出版了四本专著和五本论文集,涉及逻辑学、数学哲学、伦理学、心灵哲学、科学哲学、语言学等,几乎涵盖了哲学的每一个部分。在他所有的研究当中,对形而上学的研究是他最重要的研究之一。由于在该领域的研究,他被学界广泛认为是当代最重要的系统思想家。在关于认识论和语言学的研究中,他广泛使用了可能世界以及可能世界语义学这种强大的工具来研究。在刘易斯的研究中,对模态逻辑与模态哲学的研究占据着非常重要的地位。

刘易斯的四本专著分别是:《约定论——一份哲学上的考量》(*Convention: A Philosophical Study*, 1969)①,该书获得美国哲学协会40岁以下哲学学者出版专著的首个Franklin Matchette Prize;《反事实句》(*Counterfactuals*, 1973);《论世界的复多性》(*On the Plurality of Worlds*, 1986)和《类的部分》(*Parts of Classes*, 1991)。五本论文集分别为:《哲学论文集(卷Ⅰ)》(*Philosophical Papers*, Vol. Ⅰ, 1983)、《哲学论文集(卷Ⅱ)》(*Philosophical Papers*, Vol. Ⅱ, 1986)、《哲学逻辑论文集》(*Papers in Philosophical Logic*, 1998)、《形而上学和认识论论文集》(*Papers in Metaphysics and Epistemology*, 1999)以及《伦理学和社会哲学论文集》(*Papers in Ethics and Social Philosophy*, 2000)。这5卷论文集收集了刘易斯的99篇文章,几乎囊括了他一生中全部的论文。刘易斯的模态哲学思想主要反映在他的以下专著或论文集中:《反事实句》《论世界的复多性》《哲学论文集(卷Ⅰ)》以及《哲学

---

① 截至目前,这是大卫·刘易斯所有著作中仅有的一部翻译为中文的,由吕婕译,生活·读书·新知三联书店2009年出版,其他三本著作都还没有中译本。

论文集(卷Ⅱ)》。

《约定论——一份哲学上的考量》是刘易斯的第一本著作,也是在其博士论文的基础上修改完善后出版的。在该书中,他主要运用博弈论的方法来分析社会约定的性质,指出社会约定是对人与人之间合作的一种解决方式和结果。

《反事实句》是刘易斯的第二本专著。在该书中,刘易斯主要对反事实条件句的真假情况及内在原理进行分析。他借用可能世界语义学的工具,对反事实条件句进行分析。他从具体的反事实条件句出发,通过增加前提的方式得出如下观点:现代逻辑及现代模态逻辑的有些规则在反事实条件句中不成立。因此,他认为反事实蕴涵不同于实质蕴涵与一般的严格蕴涵,而是一种可变的严格蕴涵,并通过可能世界语义学可通达关系的可通达范围的变化来说明增加前提并不能普遍成立的特性。刘易斯对反事实条件句的分析得到了学界普遍的认可。

在《论世界的复多性》中,刘易斯主要介绍了他的模态实在论思想。他的模态实在论思想是他模态哲学思想最主要的构成部分,其主要内容包括三个方面:可能世界理论、对应体理论以及归结主义方法。首先,刘易斯花大篇幅论证了他的可能世界的实在性以及可能世界的特征。在论证了他的可能世界思想之后,他又阐述了可能世界中个体的特征并对从物模态承载主体之间的关系进行了说明。他否定可能世界中的对象可以跨界存在,认为它们都是限界个体,而不同世界中的个体是不同的。所以,他否定跨界同一关系,主张以相似性为标准的对应体关系来取代同一关系。并且在此基础上,他构造了以"可能世界""可能世界中的对象""可通达关系"及"对应体关系"等为初始概念的对应体理论系统,力图取代量化模态逻辑系统。在有关可能世界的本体论研究上,刘易斯承认可能世界及可能世界中的个体都是实在的,他把"可能世界"与"可能世界中的个体"视为模态实在论的两个初始概念。这是不可归结的,而其他的概念,比如"性质""命题"等都是通过这两个概念以及集合论的工具而归结的。

在《类的部分》一书中,刘易斯主要介绍了他关于数学基础方面的思想。在这本书中,他讨论了数学基础,提出了整分论(mereology)方法,并使用整分论方法和多元量化理论来解释集合论和皮亚诺算术。

在他的五本论文集中,1983年出版的《哲学论文集(卷Ⅰ)》是其最早的一本论文集,主要收录了他关于对应体理论、语言哲学和心灵哲学等方面的论文。1986年出版的《哲学论文集(卷Ⅱ)》主要收录的是其关于反事实条件句、概然性、因果性等方面的论文。这两本论文集对他早期的观点进行了阐释,并对相关的质疑进行了回复和反驳。1998年出版的《哲学逻辑论文集》主要收录了他有关形式语义学及相关应用的论文。1999年出版的《形而上学和认识论论文集》主要收录了他关于形而上学、本体论承诺等相关问题的论文。2000年出版的《伦理学和社会哲学论文集》是其最后一本论文集,主要收录了他关于道义逻辑及伦理学等的相关论文。

第三节 国内外研究现状

一、国内方面

国内对刘易斯的研究比较薄弱,这一方面表现在刘易斯的著作与论文鲜有被翻译过来。除了刘易斯的《约定论——一份哲学上的考量》被介译以外,其他的著作都没有中译本,他在模态哲学方面研究的论文也未被介译。另一方面是国内对刘易斯模态哲学思想的研究比较少,文献比较缺乏。国内对刘易斯模态思想的研究,主要聚集在模态哲学研究的范围之内,把刘易斯的模态实在论视为和温和实在论竞争的一种极端的实在理论来研究。

近年来,国内也出现了一些有关刘易斯模态哲学思想研究的文献。国内专门研究刘易斯的图书主要有:张力锋的《模态与本质:一个逻辑哲学的研究进路》(中国社会学出版社,2014年),张文琴的《大卫·刘易斯逻辑哲学思想研究:以反事实条件句为中心的考察》(上海社会科学院出版社,2018年)。国内专门研究刘易斯的论文主要有:刘国锋的《刘易斯的模态实在论:诘难与答复》(《哲学动态》,2006年第7期),张力锋的《论模态柏拉图主义》(《科学技术与辩证法》,2006年第6期),贾玉树、陈北宁的《刘易斯可能世界实在论阐释及其误区》(《自然辩证法研究》,2010年第1期),朱建平的《刘易斯的模态实在论评析》(《宝鸡文理学院学报·社会科学版》,2010年第4期)、《刘易斯是怎样为模态实在论辩护的》(《阴山学刊》,2011年第1期),等等。国内专门研究刘易斯的学位论文主要有:刘国锋的《D.刘易斯的可能世界理论——模态实在论研究》(华南师范大学硕士学位论文,2003年),季方舟的《大卫·刘易斯的反事实条件句理论——反事实条件句与因果关系分析》(华东师范大学硕士学位论文,2009年),张文琴的《反事实条件句和大卫·刘易斯的逻辑哲学》(华东师范大学博士学位论文,2012年),等等。此外,张建军等人所著的《当代逻辑哲学前沿问题研究》(人民出版社,2014年),曹易祥的《大卫·刘易斯可能世界理论研究》(河北大学硕士学位论文,2020年),韩林合的《分析的形而上学》(商务印书馆,2003年)也专门谈到刘易斯的可能世界和对应体理论。张力锋在《模态逻辑和本质主义》(北京大学博士学位论文,2004年)中也谈到了刘易斯的观点,他还在《论模态柏拉图主义》(《科学技术与辩证法》,2006年第6期)、《模态与本质:一个逻辑哲学的研究进路》(中国社会科学出版社,2014年)等论文和著作中对模态实在论的困境进行了原因分析,并提出了解决方法。陈波、弓肇祥等在相应的逻辑哲学著述中也论述了刘易斯的模态实在论。另外,一些关于可能世界的论文也对刘易斯的理论进行了分析。如张家龙的《可能世界是什么?》(《哲学动态》,2002年第8期),冯立荣、刘叶涛的《可能世界是什么》(《燕山大学学报·哲学社会科学版》,2007年第4期),对"可能世界"的概念进行了阐释。

在这些研究文献中,绝大多数都聚焦在对刘易斯的可能世界和对应体理论的分析上,对他的反事实条件句理论的分析相对较少。但近几年,对刘易斯的反事实条件句及其关于因果性的观点的分析呈增多趋势。在这些谈论刘易斯的模态实在论和对应体理论的文献中,对刘易斯理论的批评居多。这些批评主要集中在以下两个方面:一,刘易斯的模态实在论认为可能世界之间是孤立的,这种孤立不仅是时空孤立的,也是因果孤立的,这会导致对其他可能世界的不可知;二,刘易斯的对应体理论会导致必然同一规则失效。还有一些是对刘易斯的模态实在论和对应体理论不符合直观性的批评。比如说,陈波就持有这种观点。"激进实在论看起来是不合常识和直观的。"[1]张力锋也认为模态实在论夸大了实在性,"由于模态柏拉图主义过分夸大了可能世界的实在性,将诸可能世界视为与现实世界一样的具体实在,这就必然派生出上述众多的理论困难,因此若要对可能世界持实在论的立场,就应该将它看作抽象的实在,从而避免极端实在论面临的上述困境"[2]。但是,也有些学者探讨了刘易斯理论的物理可能性。国外一些物理学家对刘易斯可能世界实在论呈现出来的平行宇宙认识给予了肯定与支持。林德宏在《多重宇宙理论是思辨物理学》(南京林业大学学报·人文社会科学版,2017年第4期)中从认识论的角度对多重宇宙进行了可行性分析。他认为,对多重宇宙的认识,要通过思辨的方式来认识其他宇宙。

---

[1] 陈波:《逻辑哲学导论》,中国人民大学出版社,2000,第168页。
[2] 张力锋:《论模态柏拉图主义》,《科学技术与辩证法》2006年第6期。

关于刘易斯对反事实条件句的分析,国内的研究基本持肯定的态度。国内对刘易斯相关方面的专门研究主要有:季方舟的《大卫·刘易斯的反事实条件句理论——反事实条件句与因果关系分析》(华东师范大学硕士学位论文,2009年)、张文琴的《反事实条件句和大卫·刘易斯的逻辑哲学》(华东师范大学博士学位论文,2012年)以及张文琴以博士论文为基础出版的专著《大卫·刘易斯逻辑哲学思想研究:以反事实条件句为中心的考察》。季方舟在论文中对刘易斯付出的系统分析反事实条件句的努力表示认可,并认为该理论对因果关系理论的发展具有很大的作用,但也认为刘易斯的理论在语境敏感性方面有很大的缺陷。张文琴在其博士论文和专著中对刘易斯反事实条件句在分析技术上的优越性和形式语义上的直观性进行了高度肯定。何朝安的《因果度问题》(《自然辩证法研究》,2019年第7期)在分析主流因果理论时,指出结构方程理论、概率理论和博弈论理论三种进路存在的困难,主张以刘易斯的反事实条件句因果理论构建一种新的因果理论框架来解决相关难题。近年来,国内对刘易斯的反事实条件句的研究也出现了一些质疑的观点。例如,吴小安在《因果方向与反事实依赖——大卫·刘易斯关于因果方向的形而上学理论》(《自然辩证法研究》,2021年第4期)中对刘易斯的反事实依赖与因果方向之间的关系进行了分析,分析了刘易斯反事实依赖的不对称性的内在根源,但也指出了刘易斯的先验概念分析方式、复杂的反事实分析系统与他用反事实来分析因果的初衷是不一致的。祁梦媛的《刘易斯反事实因果理论中可能世界比较的困境》(《外国哲学》,2020年第1期)对刘易斯的反事实因果理论进行了分析,指出刘易斯可能世界相似性的标准的模糊性困难,以及其在奇迹不对称性和过度决定不对称性分析中存在问题;其希望通过奇迹不对称性和过度决定不对称性来解决可能世界的相似性标准的难题,是不成功的。

二、国外方面

国外对刘易斯模态实在论的研究文献比较多,但是主要集中在对刘易斯的可能世界理论和对应体理论的批评上。

首先,在可能世界理论方面,刘易斯认为每个世界都是"现实的"(actual)。"现实的"是一个索引概念,是相对于每个世界居住者来说的。可能世界之间是孤立的,而判断是否是一个世界,标准就是具有时空相连性。这一观点遭到了很多学者的质疑和反驳。例如,菲利普·布瑞克(Phillip

Bricker)在《孤立与统一：可能世界的实在论者分析》("Isolation and Unification: The Realist Analysis of Possible Worlds", 1996)中虽然认可了刘易斯关于逻辑空间的划分,并且统一在一起的逻辑空间内的区域就是一个世界的观点,他也认同刘易斯关于世界之间是绝对孤立的观点,但他不同意刘易斯的以下两个观点:一是每个世界的各个部分都是直接相连的;二是每个世界的时间都是通过时空相连的。布瑞克认为一个世界的各个部分不一定是直接相连的,每个世界的时间也可以通过非时空关系相连。亚历山大·罗森博格(Alexander Rosenberg)的《刘易斯的"真正的模态实在论"也是魔幻吗?》("Is Lewis's Genuine Modal Realism' Magical Too?", 1989)一文认可刘易斯关于世界是孤立的,同一世界不相连的时空部分存在是不可能的观点,但他认为刘易斯的论证并不充分。塔卡什·雅戈萨瓦(Takashi Yagisawa)在《作为变化论域的可能世界》("Possible Worlds as Shifting Domains", 1975)一文中对刘易斯关于一个世界必定是时空相连的观点表示否定,并且否定了刘易斯的可能世界的存在对于他的语义学的必要性。"我表明刘易斯式的可能世界观念甚至对于一个好的刘易斯式的模态实在论者也是不必要的,一个人可以在模态论述中不使用刘易斯式的可能世界来运行刘易斯式的语义学。"[1]而且,在刘易斯通过可能世界和集合来定义其他的模态概念方面,也有许多学者认为这种归结方法会导致一系列问题。例如,亚历山大·R.普如斯(Alexander R. Pruss)在《对大卫·刘易斯模态实在论的主要反对意见》("The Cardinality Objection to David Lewis's Modal Realism", 2001)一文中认为,若刘易斯的世界都是物理现实的,那么所有这些世界就会形成一个集合,但他根据康托尔对角线方法证明这样的集合是不存在的。所以,普如斯否定刘易斯的可能世界都是物理现实的观点。A.W.摩尔(A. W. Moore)在《可能世界与对角线化》("Possible Worlds and Diagonalization", 1984)中根据对角线方法,也证明了可能世界的集合不存在。

其次,在对应体理论方面,普如斯在《对大卫·刘易斯模态实在论的主要反对意见》中对刘易斯的"事物自由结合原则"提出了反对意见。他认为如果按照事物自由结合原则,就会出现类似于罗素悖论那样的问题。另外,特伦顿·麦瑞克斯(Trenton Merricks)对此的反驳更加严厉。他在《对应体理论的终结》("The End of Counterpart Theory", 2003)中认为刘易斯的对应体理论改变了对象,应该被终结掉。普兰廷加和克里普克也认为对应体理论改变了对象,因此不能说明对象具有什么模态性质。虽然出现了对刘

---

[1] Yagisawa, T., "Possible Worlds as Shifting Domains", *Erkenntnis*, vol. 36, no. 1(1992):83.

易斯的对应体理论的众多批评意见,但也有一些学者从正面解读刘易斯的对应体理论。例如,哈瑞特·E.巴伯(Harriet E. Baber)在《对应体理论:从关切的争论》("Counterpart Theories: The Argument from Concern", 2021)一文中,对刘易斯的对应体与个体无关的争论进行了分析。他认为,无论是时间上的对应体理论(temporal counterpart theory),还是模态对应体理论(modal counterpart theory),都能够抵制住关切的争论。阿希尔·C.瓦兹(Achille C. Varzi)在其论文《为每个人的对应体理论》("Counterpart Theories for Everyone", 2020)中指出了刘易斯的对应体理论与克里普克可能世界语义学的区别,但可以构建一个框架,把二者都包含进去。韩国学者金民硕(Minseok Kim)在《艾文·普兰廷加对刘易斯对应体理论的批评——对应体理论语义论证不充分的批评》("Alvin Plantinga's Critique of David Lewis's Counterpart Theory —Critique on Argument for Semantic Inadequacies of Counterpart", 2017)中指出,普兰廷加对刘易斯对应体理论的批评主要在两方面:一是对应体理论的语义不充分性,二是对应体理论的形而上学缺陷。金民硕在该文中聚焦于普兰廷加提出的刘易斯对应体理论语义不充分性,他认为普兰廷加对对应体理论的批评有两方面的问题:一是普兰廷加没有把对应体理论其中的一个核心前提——所有的对应体关系都是在特定的语境下成立——考虑进去;二是他对对应体理论的跨界同一缺乏认识。所以,普兰廷加对对应体理论的批评是有问题的。

但对刘易斯的反事实分析的评论,很多学者却给予了高度评价。例如,唐纳德·纽特(Donald Nute)在《大卫·刘易斯与反事实分析》("David Lewis and the Analysis of Counterfactuals", 1976)中认为刘易斯的实在论观点和对应体理论非常奇怪,但他高度评价了刘易斯关于反事实条件命题的精确分析。罗伯特·J.弗格林(Robert J. Fogelin)在《大卫·刘易斯对直陈条件句和反事实条件句的分析》("David Lewis on Indicative and Counterfactual Conditionals", 1998)一文中赞同刘易斯关于上下文(情境)在反事实分析中的作用,并认为这就是可变的严格蕴涵的由来。但是,也有一些学者认为刘易斯对反事实的分析存在一些缺陷。例如,罗伯特·帕格特(Robert Pargetter)在《规律与模态实在论》("Laws and Modal Realism", 1984)一文中认为,刘易斯关于反事实分析选择可能世界的范围的时候会导致恶性循环。

有些学者在实在论与反实在论的选择上对刘易斯的模态哲学思想进行了评价。格雷姆·福布斯(Graeme Forbes)在《模态的形而上学》(*The Metaphysics of Modality*, Oxford: Clarendon Press, 1985)一书中指出,从技术上来说,从物模态和从言模态是独立的,不可能将前者还原为后者,因此个体的跨界同一问题是必须要解决的。对于解决跨界同一性问题的一种方法——对应体理论,在给出它的模型论解释后,他从技术和哲学两个方面剖析了该理论的困难。对于可能世界的本体论地位问题,福布斯通过考察模态实在论在认识论上所面临的不可知论的困境,主张采用可能世界的反实在论方案。

在对实在论还是反实在论的选择上,查尔斯·S.奇亚拉(Charles S. Chihara)做出了和福布斯相同的选择。他在《可能性的世界:模态实在论与模态逻辑语义学》(*The Worlds of Possibility: Modal Realism and the Semantics of Modal Logic*, Oxford University Press, 1998)一书中,对刘易斯的模态实在论与普兰廷加的温和实在论进行了详细的分析,并对相关重要的支持与反对意见进行了研究。在此基础上,他认为反实在论更可取。但是在考察了福布斯的反实在论方案之后,他认为这些方案都有或多或少的问题,是难以接受的。为此,他提出了新的反实在论观点。这种观点对模态语句采用一种自然语言的解释,在这种自然语言解释中不会引发对可能世界存在的承诺。比如在这一解释下,◇p的真值条件就是:世界可能是这样的存在方式,使得p成立。也就是说,奇亚拉把可能世界解释为世界的可能存在方式。最后,奇亚拉又把他的这一观点推广到数学哲学中,提出了数学的反实在论思想。

此外,在坚持实在论的模态哲学研究观点中,也存在一些对模态实在论的可能主义与温和实在论的现实主义(actualism)[①]争论的分析。丹尼尔·诺兰(Daniel Nolan)就是其中之一。他在《可能世界哲学中的主题》(*Topics in the Philosophy of Possible Worlds*, Routledge, 2002)中对现实主义与可能主义进行了分析,坚持现实论的观点。他认为模态真理是源于现实世界的,它的真可以清楚地根据现实世界里的事物或事态来加以解释。

除了对模态实在论的反对意见之外,也有部分学者对刘易斯的模态实在论给予了积极的评价。约翰·迪维斯(John Divers)就是其中之一。他在《可能世界》(*Possible Worlds*, Routledge, 2002)一书中,把实在论分为两种:一种是以刘易斯为代表的模态实在论,另一种是以普兰廷加、斯塔尔内克为代表的现实主义的实在论。他认为对模态实在论的批评和反驳是缺乏说服力的,现实论者用以解释可能世界的替代物都没有进行深入的论证。对这两种实在论进行深入的比较之后,迪维斯认为,模态实在论在面对那

[①] 现实主义与可能主义的区分来源于麦克尔·路克斯。他说:"刘易斯的本体论是我们可称之为可能主义的一个实例。他认为,可能而非现实的事物是存在的。然而,大部分哲学家顽固地坚持,唯一存在的事物是构成现实世界的实体。他们是现实主义者。"而且,他还认为普兰廷加的温和实在论就是现实主义。笔者也同意该观点,因而在这里把刘易斯的可能世界理论称为可能主义,而把温和实在论称为现实主义。

些根本的概念以及本体论应用方面,能够给出比现实论者更加合理的回答。因此,他认为,如果在可能世界的观点上坚持实在论的观点,那么模态实在论比现实论的实在论更加可信。

麦克尔·路克斯也部分肯定了刘易斯的模态实在论。他认为,刘易斯所主张的可能世界的模态实在论虽然受到很多人的质疑,但是,"就他的可能世界之观点而言,在处理哲学上是适当的异议方面,他是极有成效的"[1]。而且,他还认为刘易斯的理论是很融贯的,虽然他的可能世界理论让人难以相信,但"相应对象(即对应体,笔者注)这种理论圆满地讨论了刘易斯对可能世界的处理"[2]。并且,他还认为,"且不管你是否喜欢刘易斯的解释,它所取得的似乎正是它所企图达到的,也就是,对可能世界这种框架提供一种彻底的唯名论的解释"[3]。

总体来说,刘易斯的模态实在论受到的批评多于其受到的肯定。之所以受到众多批评,主要是因为他在可能世界特征上的规定,使得他的可能世界被认为是"遥远的星球"或者平行的宇宙,而这一点与目前我们物理学的知识是相悖的。但是对刘易斯的可能世界的这种理解得到了一些物理学家的支持。早在1957年,埃弗莱特就提出量子力学的"多世界"诠释,后来"多世界"也被理解为"平行宇宙"。1985年,A.M.莫斯捷帕年科在苏联《哲学科学》杂志上发表了《"可能世界"思想与现代物理学》一文。他指出,在我们现在的物理学和宇宙学的研究中,越来越多人认识到,在我们这个宇宙和世界之外,还有许多具有其他物理性质的世界存在。美国物理科学家加来道雄在《平行宇宙的设定,具备科学基础吗》(《飞碟探索》,2021年第2期)中指出,虽然现代物理学暂时不能证明平行宇宙的存在,但是平行宇宙的存在与现代物理学的规律并不冲突,平行宇宙的存在在物理学家看来是可能的。但是,对于平行宇宙的认识问题,我们如何能够认识其他物理世界?林德宏在《多重宇宙理论是思辨物理学》(《南京林业大学学报·人文社会科学版》,2017年第4期)中认为,对多重宇宙的认识,不能如同我们认识这个世界一样,而是要通过思辨的方式来认识其他宇宙。但是,这些物理学家们的支持并没有改变刘易斯的模态实在论在竞争中所处的劣势地位,因为到目前为止,平行宇宙仅停留在一些物理学家的理论认知上,而没有转化为全社会的认识,也就不能改变人们对刘易斯可能世界观不符合直观的批评。

---

[1] 麦克尔·路克斯:《当代形而上学导论》(第二版),朱新民译,复旦大学出版社,2008,第206页。
[2] 同上,第204页。
[3] 同上,第205页。

总之，刘易斯的模态实在论自从提出来以后就受到了众多的批评，从而导致了模态实在论在与温和实在论竞争中处于不利地位，但也有些学者对模态实在论给予了积极肯定的评价。在可能世界的解释理论中，模态实在论因为其强大的解释能力与违反直观的代价备受争议。带来如此争议的模态实在论在可能世界的相关竞争性理论中究竟应该处于什么样的地位，具有什么样的价值？这是很有意义的问题。而且，模态实在论与温和实在论作为可能世界的解释理论，它们都以承认可能世界语义学为前提，因而，哪一种理论更适合可能世界语义学就成为判断这两者意义的一个重要标准。现在大多学者都认可温和实在论与可能世界语义学的相容性，那么模态实在论是不是也与可能世界语义学相容？如果相容，那么在什么层面上是相容的？因而，研究刘易斯的模态哲学思想，对于把握可能与必然等模态的层次问题以及对可能世界语义学的理解，都有重要的意义。所以，本书对刘易斯模态实在论的研究，对当代模态哲学研究以及分析哲学的研究都有重要的理论价值与实际意义。

第二章

刘易斯的可能世界理论

可能世界框架是模态逻辑语义学普遍采用的解释方式。对可能世界的研究是现代模态哲学研究中的一个重要课题。在可能世界语义学建立之后,出现了多种可能世界的解释理论,刘易斯的模态实在论就是其中之一。刘易斯的模态实在论是对可能世界以及相关问题的研究,它主要包含三个部分:可能世界理论、对应体理论和归结主义方法。在这三个部分中,可能世界理论是其模态实在论的最核心部分,对刘易斯可能世界理论的研究对于把握其他两个部分以及其模态实在论整体思想都有着重要的意义。

第一节 刘易斯的可能世界思想

一、什么是可能世界

在使用可能世界来解释模态逻辑语义的时候,必然回避不了这个问题:什么是可能世界?无论是把"可能世界"看作初始概念,还是把它看作可以归结的概念,都离不开对"可能世界"概念的理解。而对"可能世界"概念采用什么样的理解,在很大程度上决定了会在可能世界理论上持有什么样的观点。

"可能世界"这个概念是由德国近代哲学家莱布尼茨最先提出来的。他从上帝的角度来论述可能世界。他认为,可能世界存在于上帝的观念中,每一个可能世界因为它所包含的完满性都有成为现实的可能,但是上帝在其中选择了一个最完满的可能世界并把它现实化,这就是我们的现实世界。现实世界是上帝观念中所有可能世界中最完满的世界,因此,现实世界是所有可能世界中最好的一个世界。上帝把这个世界现实化之后,才有了我们关于"现实世界"的概念,而其他的可能世界都处在上帝的观念之中,是未现实化的世界,也是现实世界可选择的替换世界。对于"可能世界是什么"这个问题,他是这样论述的:"世界是可能的事物组合,现实世界就是由所有存在的可能事物所形成的组合(一个最丰富的组合)。可能事物有不同的组合,有的组合比别的组合更加完美。因此,有许多的可能世界,每一个由可能事物所形成的组合就是一个可能世界。"[1]莱布尼茨认为可能

---

[1] 周礼全:《模态逻辑引论》,上海人民出版社,1986,第379页。

世界就是可能事物的组合,一个可能世界就是由无矛盾可能事物组成的世界。简言之,可能世界就是无矛盾的可能事物的组合。

许多当代模态逻辑学家对可能世界的理解,就是把可能世界看作"事物可能显示的方式",有关可能世界的这种提法表明了对可能世界的两种理解方式。一是对可能世界采取现实世界的理解方式:即以现实世界为蓝本,可能世界就是现实世界这样一类事物的理解方式;即可能世界与现实世界一样,不仅是事物可能显示的方式,也是由可能事物构成的整体,是未现实化的可能事物的一致组合。二是把现实世界视为不仅仅是事物实际显示的方式,也是包含所有现实事物的整体世界,而可能世界仅仅是事物可能显示的方式。温和实在论采用的是第二种理解方式。温和实在论的代表人物克里普克是这样来理解可能世界的,他认为:"如果有人想避免许多哲学家用'世界'这样的词带来的'世界忧虑'和某些哲学混乱的话,我倒愿意推荐他使用'世界的可能状态(或历史)',或'非真实的情形'这类说法,这样可能会更好一些。"①他从骰子的例子说明,两粒骰子,每一粒骰子都有6种可能,一共36种可能,而每一种可能都是一个可能世界,而现实的那种可能状态所对应的就是现实世界。在克里普克看来,可能世界只是骰子可能显示的方式,并不包括那些可能事物,只是现实事物的可能显示方式;而现实世界是事物实际显示的方式,而且现实世界还包括这些现实事物,具有具体的实在性。在这一方面,可能世界不同于现实世界,现实世界包含了更丰富的内容。而刘易斯的模态实在论采用的是第一种理解方式,即把可能世界看作类似于现实世界的理解方式。首先,他把可能世界视为和现实世界一样的实体性存在,他指出:

我相信在我们居住的世界之外还有其他的可能世界。如果需要一个论证,那就是这样。事物有可能不同于它们现在的样子,毫无疑问,这是真的。我相信,并且你也相信,事物可能以无数种不同的方式显示出来。但是这意味着什么呢?日常语言允许这样的解释:除了事物现在显示的方式之外,事物还有许多其他可能显示的方式。从表面上来理解,这个句子是一个存在量化式,存在许多满足特定描述的实体,即"事物可能显示的方式"。我相信事物在无数种方式上可能显示差异。从表面上理解这个解释,因此我相信被称为"事物可能显示的方式"这样的实体存在,我宁愿称它们为"可能世界"。②

---

① 索尔·克里普克:《命名与必然性》,梅文译,上海译文出版社,2005,第16—17页。
② Lewis, D.K., *Counterfactuals* (Malden: Basil Blackwell Ltd., 1973), p. 84.

可见,在刘易斯看来,我们都有"事物可能显示的方式"这种日常观念,可能世界是我们给这种日常观念的一个哲学名称,可能世界就是"事物可能显示的方式"。而对于这种日常观念,刘易斯认为,每个人都有这种观念。因此,我们不能否定这种日常观念的存在,我们不能否定"事物可能显示的方式"这样一种实体的存在,即不能否定可能世界的存在。"可能世界"虽然是一个哲学名称,但是这个名称所指称的对象——事物可能显示的方式——是我们无法否认的。因此,刘易斯对可能世界坚持了一种实在论的观点,并且他还认为可能世界作为一种实体(entity)存在于我们居住的世界之外。在对可能世界这种实体的认识上,刘易斯指出:

我强调不会把可能世界在任何方式上与可敬的语言实体同一,我认为它们本身就是可敬的实体。当我承认可能世界的实在论时,我的意思是从表面上来理解。可能世界就是它们所显示的事物,而不是其他的事物。如果问它们是哪种事物,我不能给出提问者也许期望的回答:即把可能世界归结为其他某事物的建议。

我只能让他承认他知道我们的现实世界是哪种事物,然后解释说其他世界就是更多的那种事物,它们在种类上没有什么不同,仅仅在它们发生的一些事情上有差异。我们的现实世界只是它们之中的一个。我们单独称它为现实的不是因为它在种类上和所有剩下的世界不同,而是因为它是我们居住的世界。其他世界的居民可以真实地称他们的世界是现实的,如果他们用"现实的"表达与我相同的意思。因为我们认为"现实的"这个词的意义就是对于任何世界来说指向它本身。"现实的"是索引词,就像"我"或者"这儿",或者"现在"一样。①

从上文可以看出,刘易斯认为,可能世界这种实体不是语言上的实体,也不能和语言上的实体等同,它们本身就是可敬的(respectable)实体。对于这种实体的认识,我们不能把它归结为其他某种事物,因为这种实体是无法归结的。它就类似于我们的现实世界,它和我们的现实世界在种类上没有不同,所不同的只是它们的事物所发生的一些事情有些不同,或者说包含的事态有差异。而且,现实世界相对于可能世界没有特别特殊的地位,现实世界的"现实性"也不是现实世界独有的,现实世界只是可能世界之一。

---

① Lewis, D. K., *Counterfactuals*(Malden:Basil Blackwell Ltd.,1973),p. 85.

此外,即使我们给我们的世界以不同于一般可能世界的名称也不能给现实世界增加什么特殊性。因为,现实世界的现实性只是一种相对属性。"现实的"只是一个索引词,是相对于这个世界的个体来说的。其他世界的居民也可以称他们的世界为"现实的",只要他们和我们在同样的意义上使用"现实的"这个词。

可见,在刘易斯的词典里,"现实的"这个词的意义已经不完全等同于我们日常所使用的意义,刘易斯修改了我们对"现实的"这个概念的日常理解。"现实的"相对性只是可能世界的一个特征,也是现实世界的特征。它只是表明可能世界与其居住者之间的关系。

此外,从词源的角度来分析,"可能世界"是由"可能"与"世界"两个词构成的。而且,刘易斯在对可能世界的理解上,不把它归结为任何其他事物,而把它视为与现实世界一类的事物。因此,要把握可能世界,可以从两个方面来理解:一是从"可能"的角度来理解,二是从"世界"的角度来理解。

首先,从"可能"的角度来看,刘易斯并没有多加规定,因为"可能世界"就是"事物可能显示的方式"。刘易斯认为,我们都有这种日常观念,这种观念是自明的。他只是说道:"我相信存在其他世界,它们与我们现实世界的物理学不同;但不存在这样的世界,它们的逻辑和数学与我们的世界不同。"[1]刘易斯首先承认了那些可能世界的实在(reality),这些可能世界可以与现实世界的物理学不同,但不能跟现实世界的逻辑与数学不同。简言之,其他的可能世界都满足现实世界的逻辑规律与数学规律。莱布尼茨对"可能的"理解就是,"凡可能的存在都足以成为现实的存在"[2]。而这一点与刘易斯的理解在根本上是一致的。因为只有与现实世界具有相同逻辑规律和数学规律的世界才可能成为现实世界。这是可能世界得以存在的根本前提,也是对可能世界实在性的最低要求。所以,刘易斯在对可能世界的理解上,继承了莱布尼茨的思想,他们都认为可能世界必须遵循逻辑规律或数学规律,可能世界首先是逻辑可能世界。

其次,从"世界"的角度来理解可能世界。因为刘易斯对可能世界是采用现实世界的这种理解方式,无论是对"可能世界"概念的解释,还是把现实世界视为可能世界中的一员,都表明了可能世界是如同现实世界一样的世界性的存在。什么是一个可能世界?相比较于现实世界,刘易斯首先定义了"世界伙伴"的概念。他认为:"如果两个事物是同一世界的部分,我称之为世界伙伴(worldmates)……对于任何两个可能个体而言,如果其中一

---

[1] Lewis, D. K., *Counterfactuals* (Malden: Basil Blackwell Ltd., 1973), p. 88.
[2] 莱布尼茨:《莱布尼茨后期形而上学文集》,商务印书馆,2019,第286页。

个可能个体的每一个特定的部分都与同它截然分开的另一个可能个体的每一个特定部分时空相连,那么它们就是世界伙伴。"[1]而一个世界就是所有世界伙伴的部分论的总和。每一个可能世界都是相应的作为世界伙伴的所有事物的总和。所以,刘易斯否定了把可能世界理解为代用主义(ersatzism)的观点,可能世界就如同现实世界一样,由所有满足时空关系的个体组成。

可见,刘易斯认为,"可能世界"这个概念就是"事物可能显示的方式"这种日常观念的哲学表述。但是,这种日常观念的哲学表述——可能世界——都是实在的。它们都是现实世界的替换选项,每一个可能世界都是其所包含的世界伙伴的总和。因此,可能世界不在现实世界之中,而在现实世界之外。可能世界与现实世界在种类上没有不同,因此各个可能世界之间(包含现实世界)没有谁更特殊的问题。

综上所述,逻辑学家们现在几乎比较一致地把可能世界理解为"事物可能显示的方式",但在对这个"方式"的理解上有分歧。大卫·刘易斯坚持一种模态实在论的观点,即可能世界在种类上和我们的现实世界没有不同,它们就是更多的我们现实世界这类事物,并且这种可能世界例示了事物可能显示的方式。

二、可能世界的特征

在对"可能世界"概念理解的基础上,刘易斯对可能世界所具有的特征进行了分析。他认为,可能世界主要有以下几个特征:孤立性(isolation)、具体性(concreteness)、充裕性(plentitude)和现实性(actuality)。

(一)孤立性

刘易斯认为,可能世界的孤立性就是指可能世界之间是相互孤立的,这种孤立性既指可能世界之间不是时空相连的,不能跨界旅行,同时也否定了可能世界之间跨界因果作用的可能。这意味着,各个可能世界之间是完全孤立的,一个世界的变化不会影响其他世界的变化。

在刘易斯看来,一个可能世界就是所有世界伙伴的集合构成的一个整体。两个个体要成为世界伙伴,它们必须具有时空关系,或者直接时空相连,或者间接时空相连。"一个可能世界的组成部分,我们称之为可能个体。如果两个事物是同一个世界的部分,那么我称它们是世界伙伴。一个世界

---

[1] Lewis, D. K., *On the Plurality of Worlds* (Oxford: Blackwell Publishers Ltd., 1986), pp. 69-70.

就是作为其部分的所有可能个体组成的整分论的和(mereological sum),这些可能个体彼此之间互为世界伙伴。世界是部分组成的最大的和:与其中任一部分构成世界伙伴的事物都成为该世界的组成部分。"[1]例如,对于我们这个世界——现实世界来说,所有与我们在一个空间的,无论多么遥远,在巨大的银河系中的星体,在银河系外的星体,只要在我们这个空间中,就是这个现实世界的成员,就与我们具有世界伙伴关系。同样,只要和我们时间相连的,无论是过去多少年前,还是将来多少年后,因为他们都和我们时间相连,因此这些都是现实世界的成员,都是我们的世界伙伴。所有满足时空关系的个体一起构成了一个世界。

鉴于此,他指出:

我们的世界由我们和我们周围的所有事物组成,无论它们在时空上与我们相距多么遥远;就像是一个有其他更小的事物作为部分组成的大事物,其他世界也是由其他世界中的事物作为其部分构成的。这些世界就像遥远的星球,只是它们中大多数比我们的星球大很多,并且,它们并不遥远。当然,它们也不在附近。它们不在相对这里而言的任何空间中,也不在遥远的过去或未来,也不在相对于现在而言的任何时间点上。它们是孤立的:所有隶属于不同世界的事物之间根本没有任何时空联系。在一个世界发生的任何事情都不会导致(cause)另一个世界中的任何事情发生。它们也不互相交叠,除了它们具有重复发生特权的内在共相(immanent universals)之外,这些世界没有任何共同部分。[2]

所以,刘易斯认为可能世界是孤立的,与他对可能世界的理解是一致的。可见,刘易斯不同于现实主义者,他承认不仅存在现实世界的事物,还存在可能世界中的可能事物。因此,刘易斯认为,不仅仅存在一个世界,也不仅仅存在一个世界的事物,而是存在多个世界,存在多个世界的事物。因为一个世界的事物是所有满足时空关系的世界伙伴所形成的整体,那么两个世界中的个体必定不具有时空关系,而且也不具有因果关系。世界之间的个体不可以相互作用,更不能产生跨界因果关系。所以,在刘易斯看来,可能世界之间的个体不具有时空相连的关系,也不具有因果关系。因此,可能世界之间都是相互孤立的。或者说,每个世界都是孤立的,世界之间是不相连的。

---

[1] Lewis, D. K., *On the Plurality of Worlds* (Oxford: Blackwell Publishers Ltd., 1986), p. 69.
[2] Ibid., p. 2.

刘易斯之所以认为世界之间是相互孤立的,还因为他认为可能世界是现实世界的可能替换选项。一个可能世界虽然是由这些世界伙伴所聚集而构成的一个整体,但这个整体不是一个集合,而是一个实体,如同个体一样。在刘易斯看来,这些可能世界,包括现实世界,都是逻辑空间中的一个个个体。既然都是个体,既然可能世界是现实世界的替换选项,那么,可能世界不可能存在于现实世界之中,只能存在于现实世界之外。可能世界存在于现实世界之外,并且每个可能世界和其他的可能世界也是彼此孤立的。

总之,刘易斯认为,世界都是实体,并且世界是时空相连的个体所构成的整体,因此各个可能世界之间必定是没有时空关系的,也没有跨界因果关系;可能世界是孤立的,它们之间是相互孤立的。

(二)具体性

在温和实在论者看来,可能世界虽然是实在的,但这种实在不同于我们的桌子、椅子这类物体,可能世界是一种抽象的实在。但是刘易斯认为,可能世界与现实世界在种类上没有差别,可能世界只是更多的现实世界这种事物,因此刘易斯认为可能世界与现实世界在具体性上应该是一致的。在问到可能世界是否是具体的时候,刘易斯说道:"由于我说过,其他世界和我们这个世界是一类的,无疑你会期待我说可能世界以及可能个体是具体的,而非抽象的。但我并不情愿直接这么说。这不是因为我对此持相反观点,而是因为我还不十分清楚当哲学家们在此谈论'具体'与'抽象'时,他们在意指什么。"[①]刘易斯并没有简单地认为可能世界就是具体的,因为哲学界对具体和抽象的区分并不清楚,因此不能用一对不清楚的概念把可能世界划分进去。但是,如果弄清具体与抽象的区分,那么可能世界是具体的还是抽象的就可以给出相应的判断。

刘易斯列出了哲学史上具体与抽象常见的四种区分标准,并根据这四种区分标准分别对可能世界的具体性给予了说明。这四种区分标准分别是:

"第一,列举的方式:具体存在物是驴、水坑、质子和恒星之类的事物,而抽象实体是数之类的事物。"[②]但是,这种抽象与具体的区分方式并没有给出一个区分的具体标准。就如刘易斯所说,一方面,我们对于"数"这个概念没有毫无争议的说明;另一方面,即使能够给出"数"的具体解释,但是

---

① Lewis, D. K., *On the Plurality of Worlds* (Oxford: Blackwell Publishers Ltd., 1986), p. 81.
② Ibid., p. 82.

数与驴等事物之间的区别也非常多,到底哪一种区分是具体事物与抽象事物的界限也不是很明确。但是根据我们的直观,刘易斯认为,其他世界的部分,某些部分完全类似于驴,因此这些部分是典型的具体。同时,还有一些,比如说数的理论,一些数的结构的共相,就是典型的抽象。作为一整个世界来说,刘易斯认为,他更倾向于认为:"根据列举的方式,一个世界是具体的而不是抽象的。"[1]对于这种倾向,刘易斯认为他并不能给出特别清楚的理由。只是从他对该划分标准的分析可以看出,在他看来,与数相比,可能世界与驴、水坑、质子和恒星更相似。

"第二,混合的方式:抽象存在物与具体存在物之间的区别就是个体与集合之间的区别,或者是殊相与共相之间的区别,或者也许是特殊的个体与任何其他东西之间的区别。"[2]他还举例说:"把驴看作特殊的个体,而不是共相或集合更安全一些;那么把数称为集合,继而可以论证为共相的观点,如果是无故障的,可以作为一个辩护观点。"[3]在这种区分方式上,刘易斯认为,就像第一种划分标准一样,世界是个体,而不是集合;是殊相,而不是共相,所以世界是具体的。

"第三,否定的方式:抽象存在物不具有时空位置;它们不进入任何相互因果作用;它们绝不可能是不可分辨的。"[4]通过否定的方式,刘易斯认为,抽象的事物不具有时空位置,也不进入因果链条,更不是不可分辨的;相反,具体的事物具有时空位置,能够进入因果链条,可能是不可分辨的。

对于这种方式的第一个区分标准,抽象实体不能占据时空位置。刘易斯对此提出了质疑,这个区分方式和第二种混合的方式相悖。他说,集合被认为是抽象的,但是占有具体位置的事物的集合看起来应该占有一个位置,也许是一个分开的位置,就是集合中元素事物所占据的位置。而一个占据时空位置的单元集合就占据该物所占据的时空位置,占据时空位置的具体事物的共相也同样如此,所以不能因此认为像集合这类抽象实体不占据时空位置。因此,他认为这不能成为区分具体与抽象的标准。

第二个区分标准,抽象的实体不能进入因果关系之中。刘易斯认为这也与第二种混合的方式相矛盾,而且,这种区分方式也不合理。为什么我们不能说一个事物导致了一系列结果?或者一系列原因联合导致了一个结果?在因果关系中,一因多果或一果多因是经常出现的。在这种情形

---

[1] Lewis, D. K., *On the Plurality of Worlds* (Oxford: Blackwell Publishers Ltd., 1986), p. 83.
[2] Ibid.
[3] Ibid.
[4] Ibid.

下,可能存在一个集合的原因或结果。这难道不是集合吗？这不是说明作为抽象实体的集合也可以进入因果关系中吗？

第三个区分标准,抽象实体没有不可分辨性。刘易斯认为这是值得怀疑的。例如,对于集合来说,因为两个个体如果是难以分辨的,那么由这两个难以分辨的个体分别组成的单元集合,也必定是难以分辨的。以此类推,如果一个集合是由另一个集合中的元素用不可分辨的个体替换构成的,那么这两个集合是也不可分辨的。但是,集合却被共同认为是抽象的存在物。因此,刘易斯认为这个区分标准也是不合适的。

所以,在刘易斯看来,这种否定的区分方式并没有将共相——或者泛泛而言的集合——归于抽象物之列。但是,如果对这种否定的区分方式做宽容的(charitable)理解,那么刘易斯认为,世界及其部分,包括共相,都是具体的。

"第四,抽象的方式:抽象存在物是从具体存在物抽取出来的抽象物。它们产生于对细节所进行的某种程度的删减,因此对原来的具体存在物的一个不完整的描述将会是对这种抽象物的一个完整的描述。"[①]根据这种方式,刘易斯认为:"世界是具体的。它们并不缺乏明细性,并且不存在任何这样的东西,它们构成了前者的基础。"[②]这是对世界作为整体——严格地说是个体——的情形下来说。但是,可能世界是由满足时空关系的世界伙伴所构成的。而这些世界伙伴之中,至少其中的一些,如驴、水坑、质子等是具体的。如果认为共相或者特普或者殊相的非时空部分也是世界的部分,那么世界中的某些部分也是抽象的。

因此,刘易斯认为,从这四种区分标准来看,可能世界应该被认为是具体的,至少可能世界包含的许多部分事物是具体的,不过可能并非全部都是如此。

(三)充裕性

刘易斯认为,可能世界都是孤立的,从某种程度上来说是具体的实体。这些实体分布在逻辑空间(logical space)之中,而且可能世界是非常丰富的,丰富到足以占据整个逻辑空间而没有缝隙的存在。简单来说,在逻辑空间中,不存在可能而未被可能世界占据的空白。这就是可能世界的充裕性特征。正如刘易斯指出的那样:"看起来意味着可能世界是充裕的,并且逻辑空间从某种程度上来说是完全的。在逻辑空间中没有缝隙,也没有可能所是但实际不是的可能世界的空位。"[③]可见,可能世界的充裕性特征表

---

① Lewis, D. K., *On the Plurality of Worlds* (Oxford: Blackwell Publishers Ltd., 1986), pp. 84–85.
② Ibid., p. 86.
③ Ibid.

示的不是一个世界的特征,而是可能世界的全体所体现出来的特征。

根据刘易斯对可能世界的理解,"事物可能显示的方式"与可能世界是可以被等同看待的。刘易斯对可能世界的理解就是从我们有"事物可能显示的方式"这种日常观念,从理论上分析来说,这种日常观念就是可能世界。我们不能否认这种日常观念的存在,因而必须承认可能世界这种实体的存在。所以,模态实在论承认这些可能世界是一个个实体。因而,刘易斯认为,模态实在论应该包含这两条:"(1)一个世界可能显示的方式必定是某个世界实际显示的方式;(2)一个世界部分可能显示的方式必定是某个世界部分实际显示的方式。"①但是,刘易斯认为,这是模态实在论应包含的部分内容,但它不能表示可能世界的充裕性特征。这只是把可能世界与世界可能显示的方式等同,正如彼得·范·因瓦根(Peter van Inwagen)所指出的那样,只要把可能世界与世界可能显示的方式相等同,那么(1)和(2)都没有丝毫新内容。刘易斯也认识到了,当把世界可能显示的方式等同于可能世界的时候,在(1)(2)中把二者进行替换,就可以得到:(1)仅说每个世界等同于某个世界,(2)其实也是如此。这无论是对没有世界,还是一个世界或者多个世界都是如此。因此,(1)和(2)仅表达了可能世界与世界可能显示的方式之间的等同关系。

对于(1)和(2)是否表达了可能世界的充裕性,刘易斯继续从以下几个方面给予了否定的回答。首先,"假定我们把一个极为确定的'方式'和一个较少确定的'方式'视为同一种事物:即一种属性,被看作一个集合。那么一个极为确定的'方式'将是一个单元集……一个'可能的方式'是一个非空集合,并且(1)现在就是清楚地指出每一个单元集都有一个成员"②。在这种对"方式"的理解情形下,(1)也不能表示可能世界的充裕性。其次,"或者也许一种'方式'应该不是一个单元集,而是不可识别的一个等价类"③。那么在这种情形下,(1)清楚地说每一个等价类都有成员,也不能表示可能世界的充裕性。再次,如果把"方式"理解为世界的内在属性,一种高度复杂的结构共相,那么(1)只是说每一个共相都有一个世界来例示它。最后,刘易斯认为,还有一种方式可以把(1)表示为充裕性的原则,那就是"我们认为的一个世界可能的显示方式就是某个世界实际所显示的方式;即每个看上去对世界可能的描述或设想都的确适合某个世界"④。刘易斯

---

① Lewis, D. K., *On the Plurality of Worlds* (Oxford: Blackwell Publishers Ltd., 1986), p. 86.
② Ibid., p. 87.
③ Ibid.
④ Ibid.

认为,这样理解的确会使(1)成为真正的充裕性原则。但是如果这样理解的话,就会导致对可能的认识产生一个荒谬的结论。因此,这种理解方式是不可接受的。

综上所述,在刘易斯看来,(1)和(2)只是表示了可能世界与世界可能显示的方式的等同,并不能表示世界的充裕性。因此,他只能另外求助其他的原则,这就是重新结合原则(principle of recombination)。

刘易斯认为,通过对重新结合原则的使用,可以在一定程度上实现可能世界的充裕性。对于重新结合原则,刘易斯是这样解释的:"粗略地讲,这个原则就是任何事物都可以和其他任何事物共存,至少是如果他们占有不同的时空位置。同样,任何事物都可以不和其他任何事物共存。"①如果把事物的可共存理解为事物本身之间的关系,那么这个原则只对同一世界的事物成立,对于不同世界的事物就不成立。因为刘易斯认为可能世界是孤立的,可能世界之间是不重叠的,因而任何事物都只能是它所在世界的一部分,而不能成为其他世界的一部分。那么两个不在同世界的对象就不可能共存。因此,刘易斯也说道:"我不能完全接受这样的表述,任何事物都可以和其他任何事物共存。"②他所表达的就是这个意思,即不同世界的限界个体是不可能共存的。如果可共存性是通过事物本身来说的,那么不同世界的个体是不可能共存的,所能共存的只能是同一世界中的个体。如果只是这样,那么这个原则就没有额外的意思,更不能作为充裕性特征的保证原则。

这种共存性是不是可以通过对应体来理解呢?刘易斯也不同意。他说:"我不能接受这个原则:任何事物的对应体都可以和其他任何事物的对应体共存。"③这是因为刘易斯认为:"对应体是通过相似性联系起来的。但是通常相关的相似性主要是外在的,特别是起源上的匹配具有决定性的分量。"④因为外在相似性的冲突可能导致两个事物的对应体不能存在于一个世界之中。例如,刘易斯举出了龙和独角兽的例子。他说:"很可能会发生这样的情形(至少在对应体关系的模糊性得到某种解决的情况下):除非某物的周围环境世界的大部分很好地符合龙的世界,否则没有事物可以是龙的对应体;同样,除非某物的周围环境世界的大部分很好地符合独角兽的世界,否则没有事物可以是独角兽的对应体。"⑤所以,刘易斯认为,仅仅使

---

① Lewis, D. K., *On the Plurality of Worlds* (Oxford: Blackwell Publishers Ltd., 1986), p. 89.
② Ibid.
③ Ibid.
④ Ibid.
⑤ Ibid.

用重新结合原则,无论对于事物本身,还是对对应体来说,都不能完全表达世界的充裕性。因为这和他认为的个体的限界原则以及对应体相似标准的外在性相冲突,刘易斯最终将其诉诸为复制品(duplicate)。刘易斯认为,虽然独角兽和龙的对应体不能共存,但它们的复制品可以共存。对于复制品,刘易斯认为,复制品就是"对完全自然性质的共享……复制是有关共享属性的问题,但不同位置的复制品不能共享他们的所有属性"[1]。所以,在刘易斯那里,复制品和对应体关系都不是同一关系,复制品是内在的相似性,而对应体关系更多体现在外在的相似性上。复制品,不仅可以复制属性,也可以对构成部分复制。通过复制,"不仅两个可能个体,而且任何数目的个体都可以通过共存的复制品来重新结合"[2]。因为复制品可以对对象无限制复制下去,所以这会产生一个新的问题,那就是会导致一个世界包含超出一个世界可以包含的连续统数目的事物这样一个矛盾。为了避免这个矛盾的出现,在满足充裕性的同时,刘易斯又添加了一个条件:"大小和形状允许。"[3]虽然这个条件被认为特设性很强,但刘易斯并不这么认为。刘易斯认为,通过对复制品的重新结合原则,足可以产生并保证可能世界的充裕性特征。

(四)现实性

在模态实在论中,刘易斯认为可能世界都是具体实在的,并且是孤立的。每个世界中的事物都是限界个体,对于每个世界中的个体来说,它们都会认为该世界是现实的(actual)。刘易斯写道:

> 我认为"现实的"和它的同源词都应该被分析为索引词:这些词项的指称会随着它们表达的背景的特征而发生改变。对于这个词项"现实的",其相关的背景特征就是给定的表达发生的世界。根据我提议的索引分析,"现实的"(在它的基本意义上)对于任何世界 w 来说,就指向世界 w。"现实的"就类似于"现在",一个索引词,它的指称会随着不同的背景特征而发生变化:"现在"对于任何时刻 t 来说,就指向 t。"现实的"也类似于"这儿""我""你"和上述的这类词——它们的指称依次依赖于地点、说话者、预期的受众、说话者的指向行为以及前文的论述。[4]

---

[1] Lewis, D. K., *On the Plurality of Worlds* (Oxford: Blackwell Publishers Ltd., 1986), p. 89.

[2] Lewis, D. K., "Anselm and Actuality", *Philosophical Papers Volume* I(1983): 18.

[3] Lewis, D. K., *On the Plurality of Worlds* (Oxford: Blackwell Publishers Ltd., 1986), p. 92.

[4] Lewis, D. K., *Counterfactuals* (Malden: Basil Blackwell Ltd., 1973), pp. 85–86.

在刘易斯的使用中,"现实的"这个词不同于日常所理解的意思。"现实的"是索引概念,即相对概念。说一个世界是现实的,是相对于该世界来说的,或者说是相对于该世界中的居住者来说的。所以,我们这个世界的个体称自己的世界是现实的,其他世界的居住者也可以称他们的世界是现实的。因而,当我们说现实世界是现实的,其他世界是非现实的时候,这并不意味着现实世界与其他的可能世界相比有不同的地位。

此外,刘易斯认为:"每一个世界在其自身当中都是现实的,从而所有的世界都具有同等的地位。这并不是说,所有的世界都是现实的——不存在任何这样的世界,在其中那是真的。"[1]在任何时候,对于任何人来说,不可能所有的世界都是现实的。更准确地说,在任何时候,相对于任何人来说,现实世界都是唯一的。相对于我们来说,只有我们的世界是现实的,其他的世界都是非现实的,因此可能世界不能被理解为遥远的星球,更不是平行的宇宙。

在刘易斯看来,我们所在的现实世界对于我们来说,它与其他可能世界之间的区别不在于具体性上,也不在于它们的存在性上,而是在于它们的现实性上。每个世界都具有现实性,但在任何时候,对于任何主体来说,都不可能所有世界都是现实的。现实性的索引解释表明了刘易斯对现实世界与可能世界的同等地位和逻辑平权性的认识。

总之,刘易斯认为,可能世界同现实世界一样,都是逻辑空间中的一个个个体,都是实在的个体。世界因为所有时空相连的部分而成为一个世界,不能时空相连的部分不属于同一个世界,不同世界之间是不具有时空相连关系的,也是因果孤立的,因此世界之间是孤立的,隔绝的。同时,可能世界也是如同现实世界一样存在的个体,都是具体的存在。可能世界存在于逻辑空间中,任何一个可能世界都存在于逻辑空间中,一切合理可能的可能世界都可以在逻辑空间中找到。因此,逻辑空间中的可能世界是充裕的,例示了一切可能性。这些可能世界之间的区别就在于现实性,虽然"现实性"是一个索引性概念、相对性概念,但是对于站在这个世界中的我们来说,现实世界是不变的,也是唯一的,或者说这时候的"现实世界"就是绝对的概念。

---

[1] Lewis, D. K., *On the Plurality of Worlds* (Oxford: Blackwell Publishers Ltd., 1986), p. 93.

第二节 对可能世界实在论的争议

可能世界是模态实在论的主要概念之一,可能世界的实在论是刘易斯模态实在论的主要构成部分。刘易斯的模态实在论自提出以来,就受到了很多质疑与批判。在这些质疑与批判中,又有很多是针对可能世界的实在论的。对于其中的一些批判,刘易斯给出了一些辩护。通过对这些争议进行分析,可以更好地把握刘易斯的可能世界理论。

对刘易斯可能世界实在论的质疑主要体现在以下几个方面:一是对可能世界存在问题的质疑;二是对可能世界具体理解的质疑;三是可能世界的认知问题。这三个方面的质疑构成了对其可能世界理论批判的主要方面。

一、可能世界实在问题

刘易斯的模态实在论坚持可能世界是实在的,并且是具体的实在,这个观点受到了众多学者的批评。这种批评从大的方面来看,主要表现在两个方面。一是刘易斯的可能世界的实在难以置信。麦克尔·路克斯在谈论刘易斯的观点时说道:"很遗憾,大部分哲学家不喜欢这种解释。对这种解释的典型反应是刘易斯所自称的'难以相信的惊讶'。它的批判者感到,这种解释是一篇神秘的科学幻想小说。他们的反应是,在读完了以上几页之后,读者会难以克制地宣称:'他不可能真的相信所有这些世界以及它们的居住者都真实地存在于那里!'事实上,刘易斯真的相信这种观点。"[1]二是刘易斯关于可能世界实在的论证方式受到攻击。这种攻击者认为,如果按照刘易斯对可能世界实在的论证,那么我们可以把可能世界存在扩大为包括可能世界与不可能世界都存在的论证。这种观点的代表人物是雅戈萨瓦和马杰里·贝德福德·莱勒(Margery Bedford Naylor)。雅戈萨瓦说:"除了世界实际所显示的方式之外还有其他的显示方式,称它们为'可能世界'。我们记得那就是刘易斯的论证。除了世界可能显示的方式之外还有其他的显示方式,称它们为'不可能世界',这就是扩展(的模态实在论)的论证。"[2]雅戈萨瓦主张把刘易斯的模态实在论修改为扩展的模态实在论

---

[1] 麦克尔·路克斯:《当代形而上学导论》(第二版),朱新民译,复旦大学出版社,2008,第205-206页。
[2] Yagisawa, T., "Beyond Possible Worlds", *Philosophical Studies: An International Journal for Philosophy in the Analytic*, vol. 53, no.2(1988):183.

(the extended modal realism)。他之所以坚持这种主张,是因为他认为,一方面是刘易斯对可能世界存在的论证,根据刘易斯对可能世界存在的论证方式,他认为同样可以论证不可能世界也存在;另一方面是刘易斯的模态实在论的优点。雅戈萨瓦认为,刘易斯的模态实在论部分避免了模态现实主义的困境,但不能完全避免外延主义者所主张的可能出现的不同属性等同于相同集合的问题,而通过承认不可能世界的存在,就可以避免这样的问题出现。莱勒认为,根据刘易斯对可能世界存在的论述,我们也可以接受如下论证:

除了事物实际所显示的方式之外,一些事物不可能是其他的样子,这毫无疑问是真的。实际上是蓝色的椅子在同一时刻同一方面不可能既是蓝色的,又是红色的。我相信,并且你也相信,事物不可能在无数种方式上不同。但是日常语言允许这样的解释:除了事物实际显示的方式之外,还有许多种事物不可能显示的方式。从字面上来理解,这个语句也是一个存在量化式。即存在许多特定描述的实体——"事物不可能显示的方式"。我相信我所相信的允许的释义。从字面上来理解这个释义,因此我相信被称为"事物不可能显示的方式"这种实体的存在。我称它们为不可能世界。[①]

雅戈萨瓦与莱勒都认为,如果刘易斯对可能世界存在的论证是合理的,那么对不可能世界的存在的论证也是合理的。

刘易斯没有对这种质疑再提出反驳,但他认为,关于可能世界存在的论证就是我们的直观观念,可能世界就是对这种直观观念的哲学说明。对于可能世界实在的论证方式的质疑,沙娄(Mark F. Sharlow)很好地做了回应。他把刘易斯的模态实在论对可能世界实在的论证总结为如下进程:[②]

(L1)事物可能显现为不同于它们现在所显现的其他状态。

这个前提毫无疑问是真的。从这个前提出发,可以推进为:

(L2)事物可能在无数种方式上显现出差异。

继续推论下去,得到:

(L3)除了事物实际显示的方式之外,它们还有许多种可能显示的方式。

[①] Naylor, M. B., "A Note on David Lewis's Realism About Possible Worlds", *Analysis*, vol.46, no.1(1986):29.
[②] Cf. Sharlow, M. F., "Lewis's Modal Realism: A Reply to Naylor, S 'A Note on David Lewis's Realism About Possible Worlds'", *Analysis*, vol.48, no.1(1988):13.

而这些可能显示的方式,刘易斯称为"可能世界"。刘易斯因而认为可能世界的实在性是毫无问题的。而对于雅戈萨瓦和莱勒对不可能世界存在的证明,沙娄归结为如下:

(N1)一些事物可能不会显现为不同于它们现在显现的其他状态。

进而可以推出:

(N2)事物不可能在无数种方式上显现为不同。

所以,可以类似地得出:

(N3)除了事物现实所显现的状态之外,还有许多种不可能显现的方式。

而这些方式,莱勒称为"不可能世界"。对于这种不可能世界存在的论述,莱勒认为(N3)没有存在量化,也得不出"不可能世界"的存在。(N3)完全可以通过可能世界的表述表示出来:

(H1)在所有的可能世界中,没有一个可能世界显现为事物不可能的状态。

因此,"不可能世界"存在的证明是站不住脚的,更不能谈的是对刘易斯可能世界存在论证的驳斥。

对于可能世界存在的问题,刘易斯认为他的论证是合理的,可能世界是实在的,这种实在性是不能否定的。但是,有些学者在承认可能世界是实在的基础上,在对这种实在的理解,对可能世界的把握上有新的质疑,即可能世界如何理解的问题。

二、可能世界理解上的争议

在解决了可能世界存在争议的基础上,对模态实在论的另一大争议就是可能世界是什么的问题。刘易斯认为,可能世界就是"事物可能显示的方式",因为我们不能否认这种直观的观念,因此也不能否认可能世界的存在。简单地说,可能世界就是对这种直观观念"事物可能显示的方式"的哲学表达。要理解可能世界,只要看看我们这个世界,可能世界就是我们现实世界这类个体,只是我们现实世界中事物或属性的增加或减少。

但这种观点首先遭到了斯塔尔内克的反驳。斯塔尔内克认为:"但是如下是可信的,从'事物可能显示的方式'到'可能世界'的转换必定只是一个无害术语的替换,并且我不相信它就是如同刘易斯对可能世界概念的阐释那样。"①"如果可能世界就是事物可能显示的方式,那么现实世界就是事物实际显示的方式,而不是我和我周围所有的事物。事物实际显示的方式就是这个世界的一种属性或者一种状态,而不是这个世界本身。"②在斯塔尔内克看来,"事物可能显示的方式"是一种属性,而"可能世界"是一种世界,这两种不同的东西根本不能等同起来。因瓦根和克里普克也持有类似的观点,"宇宙是具体的,不是事物可能的显示方式……宇宙当然不等同于宇宙可能的显示方式。这就好像是说,苏格拉底等同于苏格拉底的显示方式,这显然是糟糕的语法"③。克里普克在他的《命名与必然性》一书中也指出,两粒普通的骰子呈现出36种可能状态:"这36种可能性(包括实际的可能性)都是这两个骰子的(抽象的)状态,而不是复合的物理实体。"④对此,刘易斯是这样认为的,"对于模态实在论来说,把'一个世界可能显示的方式'与世界本身等同起来是非常有益的。为什么要区分两个紧密对应的实体:世界和世界所显示的极为具体的方式?经济上的考虑要求把'方式'与世界等同起来"⑤。也就是说,刘易斯之所以把世界和"世界可能显示的方式"等同起来,并不意味着他认为二者是同一实体,而是因为他从本体经济以及实用的角度上考虑,把二者等同起来是有益的。雅戈萨瓦也从本体节约的角度来考虑,支持刘易斯把"世界可能显示的方式"与可能世界等同起来。

刘易斯把可能世界与"事物可能显示的方式"等同起来,这离不开他对"属性"等概念的归结主义解释。的确,如同斯塔尔内克所说,"事物可能显示的方式"是一种属性,而可能世界是一种实体,这二者本不应该等同。但是,在刘易斯看来,一种属性等同于所有具有该属性的事物集合,不仅包括现实世界的事物,也包含非现实世界的事物。"事物可能显示的方式"作为一种属性,等同于具有这种属性的所有个体的集合,而具有这种属性的个体只能是可能世界,即所有具有这些属性的可能事物的集合。作为一种确定的"事物可能显示的方式",这种属性所归结的集合必定包含且仅包含唯一的可能世界,即这种属性等同于包含唯一可能世界的单元集。"但是对我来说,选择是否把一种'方式'看作一个单元集合或者它的唯一成员看起来一点儿都不重要,就类似于在谈论一个集合或者它的特征函数的选择一样。"⑥所以,在刘易斯的模态实在论中,把"事物可能显示的方式"等同于可

---

① Stalnaker, Robert C., "Possible Worlds", *Noûs*, vol.10, no.1(1976):68.
② Ibid.
③ Van Inwagen, Peter, "Indexicality and Actuality", *Philosophical Review*, vol.89, no.3(1980):406.
④ 索尔·克里普克:《命名与必然性》,梅文译,上海译文出版社,2005,第18页。
⑤ Lewis, D. K., *On the Plurality of Worlds* (Oxford: Blackwell Publishers Ltd., 1986), p.86.
⑥ Ibid, p.87.

能世界,与他的归结主义思想是一致的。虽然,在斯塔尔内克等人看来,"事物可能显示的方式"是一种属性,与可能世界这种实体不是同一的,刘易斯也不否认这种认识,但是根据他的归结主义解释,"事物可能显示的方式"可以通过可能世界的集合来归结,而每一种"事物可能显示的方式"与一个可能世界的单独集是对应的。刘易斯把"事物可能显示的方式"与可能世界等同对待。

不可否认,"事物可能显示的方式"与可能世界之间的联系是非常紧密的,但是斯塔尔内克对刘易斯的这种质疑也不无道理。"事物可能显示的方式"与可能世界毕竟属于两种不同的实体,如果把"事物可能显示的方式"也视为实体的话。"事物可能显示的方式"对应着可能世界,每一种确定的"事物可能显示的方式"都对应着一个确定的可能世界,但并不意味着这二者就是同一实体。刘易斯虽然是从本体经济以及实用的角度把二者视为同一,但是这种做法并没有把二者的差异显现出来。我们都有"事物可能显示的方式"这种直观概念,我们不能否定这种直观观念的存在,因此,与"事物可能显示的方式"紧密联系的可能世界也是存在的,是一种实在,因为每一种确定的"事物可能显示的方式"都对应着一个可能世界。可以这么说,"事物可能显示的方式"对应着可能世界,通过可能世界来例示,但不能忽视二者的差异,把二者等同起来。从归结主义的角度来考虑,这种方法的确有它的优点,正如雅戈萨瓦所指出的,刘易斯的模态实在论有三个优点:"正如刘易斯渴望强调的,刘易斯的分析的第一个明显的优点是它们是系统的和统一的。它们都建立在一个单独广泛的本体论基础上。第二个优点是它们能比它们的对手的分析更好地起作用,至少大多数像它们的对手一样起作用。刘易斯花费了许多时间来论证这个优点。第三个优点是它们都是完全外延的。"[①]但是,即使这些优点都是真的,合理的,也不足以使我们决定把紧密联系的两个不同实体视为同一实体。这种决定在归结主义的解释中得到充分的体现,而归结主义之所以受到质疑也正因为如此。

所以,在对可能世界的理解这个问题上,刘易斯的模态实在论从本体节约上、从系统的运行上来说都有它的优点。但不可否认的是,把紧密联系的两个不同实体等同起来的做法并不符合直观。"事物可能显示的方式"这种直观观念的存在,的确可以说明可能世界这种实体的存在,但不能因此把二者等同起来。

[①] Yagisawa, T., "Beyond Possible Worlds", *Philosophical Studies: An International Journal for Philosophy in the Analytic*, vol. 53, no.2(1988):176.

三、可能世界的识别问题

在刘易斯看来,可能世界就如同现实世界一样,它们在种类上没有任何差别,可能世界只是现实世界这类事物的增加。可能世界是具体实在的,并且是相互孤立的,每一个可能世界都是一个时空相连的统一体,各个可能世界之间不具有时空相连的关系。因此,从时空相连的角度来说,可能世界之间是孤立的,相互孤立的,并且也是因果孤立的。

可能世界的具体实在以及相互孤立的观点导致了如下的批判:可能世界如何识别。既然现实世界也是可能世界之一,可能世界之间是相互孤立的,是时空不相连的,那么不能跨越世界而存在的我们如何识别其他可能世界?我们如何能够知道其他世界中具体实在的个体发生的事情呢?汤姆·理查德(Tom Richards)提出:"可能世界语义学的确会产生可能性陈述的真值条件……这个真值条件就是这样的,对于任何给定的陈述,总的来说,不可能决定它们是否被满足并因而决定这个陈述是不是真的……我怎么决定 A 在某个世界或者其他世界中是不是真的?除非它在我们的世界中是真的,否则直接的探查就被排除掉。"[1]

对于可能世界的识别问题,刘易斯认为,数学知识可以作为一个先例。在数学知识中,有很多数学知识的认识对象在我们的因果认知之外,但是我们并不因此怀疑数学知识。可见,不在我们的因果认知范围内的对象,并不必然不能构成我们知识,对于可能世界的知识也是如此。对此,有些学者认为可能世界以及可能世界中的个体与数学对象是不同的,因为前者是具体的,而后者是抽象的。刘易斯认为,具体和抽象的区分不能作为因果孤立者不经过因果认知而得以认知的标准,而且并非任何事物的知识都要通过因果认知来把握。他说:"我认为,因果认知对于一些知识是需要的,但对于其他的一些就是不需要的,这一点是真的。但是,需要因果认知的知识部分不是根据它的具体的对象事由来划分的,而是通过它的偶然性来划分的。"[2]刘易斯还认为:"我们关于在我们世界中有驴这个偶然知识需要对这些驴有因果认知,至少有因果认知产生它们的事物。我们关于在某个世界中有驴——甚至是会说话的驴,驴和龙作为世界伙伴以及你所拥有的东西——这个必然知识,对于驴以及产生它们的事物都不需要因果认知。它不需要对我们环境的观察,因为它不是哪个世界是我们的以及哪些

---

[1] Richards,T.,"The Worlds of David Lewis", *Australasian Journal of Philosophy*,vol.53,no.2(2006):53.
[2] Lewis,D. K.,*On the Plurality of Worlds*(Oxford:Blackwell Publishers Ltd.,1986),p. 111.

个体是我们这类知识的部分。"①从这里看来,刘易斯认为,并不是所有的知识都需要因果认知,即使有些对象不在我们的因果认知范围内,我们也可以有关于它们的知识。而这个标准就是对必然知识和偶然知识的划分,尤其是关于我们这个世界的偶然知识。有关我们这个世界周围事物的知识,我们必须通过观察,通过因果认知才可以得到相关的偶然知识,而关于其他世界的必然知识,我们可以先验地得到,而不需要因果认知。而且,即使通过探查的方式,我们也不能在极短的时间内探查无数的可能世界。所以,我们有关可能世界的知识,不是通过因果认知得来的,也不需要通过因果认知得来。对于可能世界的必然知识,我们先验地具有这些知识,就像我们有可能世界实在的知识一样。

对于可能世界的知识不能通过因果认知得来,那么该如何得到呢?经验主义者对模态问题的批判就在于我们通过经验观察不出必然来。对于这个问题,刘易斯认为,这不仅仅是他的问题,这是所有人都会面临的问题,除非是怀疑论者和约定论者。对可能世界发生的事情如何知道的问题,刘易斯提出了三种可能的认知方式:

(1)我可以把它看作对知识分析的一个要求;并且,对于一个完全普遍的分析,它适用于我们知识的所有范围,包括我们的模态和数学知识……(2)或者我可以把我们怎么知道这个问题看作"自然主义认识论"的要求……在数学情形中,这个答案就是我们主要是从我们已经接受的普遍原则中推理出来的……我想在模态情形中的答案也是很相似的。我认为,在极大的尺度上,我们的模态观点是重新结合原则的结果……(3)最后,我可以把我们怎么知道的问题看作一个怀疑论的挑战:把这个可疑的知识放在一个坚定的基础上,表明它是从一个绝对有效的方法上得出来的。②

通过参照数学的先例,刘易斯认为,模态实在论对于可能世界的认知问题,就如同数学一样,是在坚定的公理的基础上通过合理推导得出来的。而在模态实在论中,这个公理就是重新结合原则。根据重新结合原则,我们可以知道在某个可能世界中,驴可以与龙共存,有会说话的驴。在具体的操作过程中,就是通过重新结合原则以及想象的实验来对可能世界进行把握。

因此,在刘易斯看来,我们先验具有模态这种观念,但这种模态观念的得出不是通过一个一个世界的探查得来的,不仅仅因为我们不能探查其他

---

① Lewis, D. K., *On the Plurality of Worlds* (Oxford: Blackwell Publishers Ltd., 1986), p. 112.
② Ibid., pp.113-114.

可能世界,而且因为我们也不可能在极短的时间内探查所有的可能世界,否则我们不可能有关于必然的模态知识。而可能世界就是我们现实世界中的事物按照重新结合原则组合而成的,这种重新结合原则赋予了我们一项把握可能世界的能力,那就是通过设想的实验来进行推理,从而把握模态命题的真假。

张文琴借用麦克道威尔对于"辩护"(justification)和"因果"(causation)的区分来为刘易斯的认知理论进行辩护。她指出:"麦克道威尔提出了两种解释(explanation),一是给出原因(cause),二是给出理由(reason)。前者属于自然的领域,解释事件在发生学上的起因。后者属于理性的逻辑空间,是对于知识的论证。也就是说,知识是经过辩护的真命题,对于知识,我们不太从因果角度来考量,多从论证角度来考察。从和其他世界缺乏因果联系来否定我们具有和能够获得模态知识,这并不是完全符合对于知识的理解。"[1]在张文琴看来,对于模态问题的认识属于麦克道威尔所理解的给出理由的解释,是对知识的论证,属于理性的逻辑空间。而对知识的论证,可以从多个角度来考察,而不必一定借助于因果关系来考察,因此不能因为其他世界和我们现实世界没有因果关联而否定我们获得这些模态知识的可能性。

很多物理学家也在讨论刘易斯的可能世界。在一些物理学家看来,刘易斯的可能世界观就是多重世界或多重宇宙。多重宇宙超出我们的经验感官,也超出我们的因果关系。如何认识多重宇宙? 林德宏认为:"多重宇宙论是思辨物理学,因为我们不可能获得平行宇宙的任何信息,只能对其作思辨性讨论。多重宇宙论的基本信念是一切皆有可能,所有的可能都会成为现实。其方法原则:思维的逻辑即事物的逻辑,逻辑的可能即现实的可能;数学模型即实体,数学存在即物理存在;想象即现实,随意想象即科学想象。"[2]可以看出,林德宏认为,在多重宇宙中,虽然其他宇宙不在我们的时空关系中,与我们也没有因果联系,但并不意味着我们不能认识其他世界,不能形成有关其他世界的认识。而要认识其他世界,形成有关其他世界的认识,就需要通过思辨的方法。刘易斯的可能世界观不会带来无法识别的问题。

以上三个问题是对模态实在论的主要质疑,刘易斯对这三个问题都给予了回答。在他看来,这三个质疑都不能成为否定模态实在论的理由,模态实在论能够很好地回答这些问题。

---

[1] 张文琴:《大卫·刘易斯逻辑哲学思想研究——以反事实条件句为中心的考察》,上海社会科学院出版社,2018,第126页。

[2] 林德宏:《多重宇宙理论是思辨物理学》,《南京林业大学学报》(人文社会科学版)2017年第4期。

当然,对于刘易斯的模态实在论的质疑不仅仅限于以上三点。除此之外,还有些学者从不同角度对刘易斯的模态实在论进行批评。例如,有学者从可能世界本体承诺的角度批评刘易斯的模态实在论不够节约。刘易斯的模态实在论除了承认现实世界和现实世界中的个体是存在的,还承认可能世界以及可能世界中的个体都是存在的,而这被人诟病为刘易斯的模态实在论本体论过剩,不符合奥康姆剃刀原理的要求。刘易斯从质和量两种俭约性回复了这种质疑,他认为他的理论符合质的俭约性,至多在量上不符合俭约性原则。张文琴对刘易斯的该观点是持支持态度的,她认为,如果考虑刘易斯的归结主义思想[1],刘易斯的模态实在论在本体论承诺上已经非常简约经济了,我们不该在这一点上批评他,而应该支持他。[2]还有学者从可能世界的充裕性角度对刘易斯进行批评,认为刘易斯的模态实在论采用重新结合原则会导致世界过大,从而产生悖论,并认为刘易斯后来增加的限制条件"大小和形状允许"特设性太强。刘易斯对此也做出了回应,并认为该限制条件本就为世界存在的前提条件,不是特设的。

在笔者看来,对上述三个问题的质疑是对刘易斯可能世界理论的根本性的质疑,如果不能回答上述三个问题,那么刘易斯的可能世界理论很难得到学界认可。而其他对刘易斯可能世界理论的质疑,相比较来说,其重要程度就要小一些。所以,接下来本书主要针对这三个问题进行分析,对刘易斯的可能世界理论及这些争论进行分析澄清。

第三节 可能世界理论争议的症结分析

一、可能世界的层次之分

C.I.刘易斯在1918年创立了现代模态逻辑,但是并没有立刻得到学界的承认,相反,现代模态逻辑还受到了众多学者的批判。直到康格尔、克里普克、欣迪卡等人创立了可能世界语义学之后,现代模态逻辑才渐渐得到

---

[1] 张文琴称之为模态归约主义。
[2] 张文琴:《大卫·刘易斯逻辑哲学思想研究——以反事实条件句为中心的考察》,上海社会科学院出版社,2018,第130页。

学界的认可。可能世界语义学之所以有这么大的作用,最主要的原因就在于"可通达关系"这个概念的提出以及应用。"可通达关系"这个概念之所以重要,是因为"可通达关系"的提出使得"可能"与"必然"不仅仅局限于"逻辑可能"与"逻辑必然",还分清了日常模态中各种层次的必然性,尤其是逻辑必然与现实必然的区分。正是由于此,可能世界语义学才能承担起确立模态逻辑合法性的重任。

克里普克在其可能世界语义学的构建中,通过可通达关系,划分可通达的世界,把可能分为各种层次。根据克里普克的可能世界语义学,一个克里普克框架或模态框架就是一个二元组<W,R>,其中W是一个非空的集合,而R就是W上的二元关系。在可能世界语义学中,W就被解释为可能世界w的集合,而R就是可能世界上的二元关系。正是通过可能世界集以及可通达关系,可能世界语义学才把可能与必然分为各种层次。如果可通达关系是可通达所有世界的,那么这种"可能"和"必然"就是"逻辑可能"和"逻辑必然";如果这种关系仅仅可通达现实可能世界,那么这就是"现实可能"与"现实必然"。当需要把可能限制在一定层面时,我们只需要把与它可通达的世界限制在一定的层面和数量上即可。可以看出,克里普克这种技术处理方式的确给模态认识带来了很大的便利,而且也比较符合直观。因此,克里普克的可能世界语义学成为模态逻辑最主要、最基本的语义学。

但是,对于可通达关系问题,很少有哲学家深入探讨过。当我们在面对具体模态问题时,我们就会面临如下问题:该如何设定这个可通达关系?该关系可通达哪些可能世界?或者说,在面对具体问题时,该如何确定这个可通达的标准,以及如何确定可通达的世界?这都是模态逻辑需要解决的问题。简单地说,这些可能的层次该如何具体区分呢?

在可能世界语义学中,一个模态框架就包含了可能世界的集合W与W上的二元关系——可通达关系。对于可能世界集合W中的w,它能够被称为可能世界。从最基本的要求来说,该可能世界不能包含逻辑矛盾,一个包含逻辑矛盾的世界不能被称为一个可能世界。无论是语言极大一致的解释者,还是实在论的解释者,在这一点上,他们都有相同的认识。比如说,莱布尼茨就认为可能世界就是相容的个体观念和可能个体组成的,他所表达的可能世界就是逻辑可能世界。维特根斯坦也认为,可能存在于事物之中。大卫·刘易斯也认为一个可能世界就是所有具有世界伙伴关系构成的逻辑和,这些个体之间都是可以共存的。可以说,遵循逻辑规律,不包含逻辑矛盾是可能世界的最基本的要求。那么其他层次的可能世界如何规定呢?

刘易斯提出了这样一个观点,他认为,可能世界的可能层次的划分一定离不开相似性,即可通达关系的标准必定与相似性相关。甚至可以这么说,相似性是可能世界的可能以及可通达关系的直观表达,而可通达关系是直观的可能的一种技术刻画。对于"相似性的标准",刘易斯承认这是一个模糊的概念。但是他认为,模态问题本来就是模糊的,使用带有模糊性的相似性标准是讨论这类问题本身所必需的。

笔者认为,如果我们承认可能世界存在,并且是类似于现实世界的一种存在,那么通过相似性来解释可能世界之所以可能以及可能的层次划分,从直观上来说也是能够接受的。

首先,什么样的世界是可能的?我们以现实世界为基础,那么可能的世界就是与现实世界相似的世界。这种相似首先体现在规律上,最基本的规律上。我们可以对现实世界进行抽象,最后只剩下最基本的规律。而这些规律也存在层次之分:物理的规律、化学的规律、政治的规律、经济的规律,当然也包括逻辑的规律。在这些规律中,逻辑规律是最基本的规律。如果按照相似性的强弱来分,那么,只包括相同逻辑规律的世界是与现实世界具有最弱相似关系的世界。因为如果在逻辑规律上都与现实世界不同,那么它们就已经不具有丝毫相似性了。所以,以我们的现实世界为基础,可能世界就是和现实世界具有相似性的世界。只要具有最弱的相似性,这种世界就是可能的。

其次,在可能世界语义学中,可通达关系以及可通达的世界决定了可能的层次之分。这种技术方式也可以通过世界的相似性来加以表达。在逻辑规律相同的前提下,随着其他相同规律的增多,相似性就不断增强。最相似的世界就是现实世界本身。但是,世界的可通达不仅仅表现在规律的相同上,也体现在具体的情境上。例如,我们可以通过刘易斯对所举案例的分析明确这一点:

如果美国把它的核武器都扔进大海,那么将会发生战争;但是如果美国和其他的核国家都把他们的武器扔到大海里,那么世界将会和平;但是如果它们这么做的时候没有采取充分的措施来防止对渔业的污染,那么将会发生战争;但是,如果它们这么做之后,立即采取充分的补救措施来治理污染,那么世界将会和平。[1]

---

[1] Lewis, D. K., *Counterfactuals*(Malden:Basil Blackwell Ltd.,1973),p. 10.

刘易斯把上面的命题称为一个反事实条件句系列。他通过这个例子说明，每一个命题都是一个严格蕴涵，而每两个命题结合在一起就产生了不同于严格蕴涵的语义解释，他称之为可变的严格蕴涵。通过这个例子，我们可以看出为什么说它是可变的严格蕴涵。因为每一次都是在上一个命题的基础上增加一个条件，从而改变了结果。而基于相似性，它可通达的世界的规律都是不变的，而改变的就是条件，或者说情境变了。

因此，可通达关系在直观表达中，除了规律之外，背景或条件也是不可或缺的因素。如果把规律和条件一起称为环境的话，那么表达出该命题所存在的环境就决定了相关的可通达世界有哪些，具有什么样的特征。可通达标准的变化，导致可通达世界的变化，从而使得它所表达的必然性的层次也会发生相应的变化，而且不同层次的必然性导致它所可通达的世界的特征或要求发生改变。

二、实在概念的层次之分

"可能世界"是莱布尼茨最初提出的一个概念，但是，对可能世界的解释很长一段时间都只是停留在概念的使用上。直到C.I.刘易斯建立现代模态逻辑，更恰当地说，是到克里普克、欣迪卡等人创立了可能世界语义学之后，对可能世界的解释理论才得到蓬勃的发展。这些对可能世界的解释理论都遵循了一个前提，那就是接受可能世界语义学的合理性，因而这些可能世界理论都在思考如何通过对可能世界的解释来更好地使用可能世界语义学对日常模态观点和模态问题进行解释。这些可能世界理论，无论如何争论，最终都是为解决模态问题服务，但同时也要满足我们日常的模态观念。这些理论竞争的要点，表现为实在论与反实在论之争、模态实在论与温和实在论之争。在这些理论之争的过程中，都离不开一个概念——实在。因而，对"实在"概念进行澄清，可以使得我们对可能世界的相关哲学问题有一个更清楚的把握，也能更好地理解刘易斯的模态实在论。

那么什么是实在？如何理解实在？对于这些问题，模态哲学家们并没有具体深入地论述，但从他们有关可能世界的观点中我们可以看出一二。

首先，从实在论者和反实在论者的争论来看，实在是一种存在。根据可能世界的实在论，可能世界是一种实在。无论是温和实在论者，还是模态实在论者都坚持此观点，虽然他们在对可能世界的实在的具体规定上有差异。而反实在论者认为,可能世界不是一种实在。例如,语言替代论者认为,可能世界就是一个专业术语,它不是一个具体的存在物,而是语言的极大一致命题集。从他们的观点可以看出,他们首先讨论的是可能世界是否存在。无论是模态实在论者,还是温和实在论者,他们都认为可能世界是存在的;而反实在论者认为,可能世界并不存在。所以,实在的首要含义就是存在,这也是实在论者与反实在论者的一致认识。

其次,从实在的层次上来看,模态实在论者与温和实在论者持有不同的观点。在温和实在论者看来,可能世界就是"可能的状态"或者"事物可能显示的方式",这是一种抽象的存在,并不是像现实世界一样的存在;这些"可能的状态"或者"事物可能显示的方式"存在于现实世界之中,而不是在现实世界之外;可能性虽然在现实世界中没有实现,但存在于现实世界之中。所以,可以把他们对实在的这种观点理解为现实世界的存在。反观刘易斯的模态实在论,他认为可能世界不是存在于现实世界之中,而是如同现实世界一样,是具体的,它们存在于逻辑空间中。模态实在论认为可能世界是实在的,这种实在必定不仅仅局限于现实世界中的存在,而是包括了逻辑空间中现实世界之外的非现实世界的存在。

从温和实在论与模态实在论之间的争论来看,温和实在论虽然对模态实在论有很多批评,但并没有否定模态实在论有关可能世界实在的观点,并没有认为存在于现实世界之外的可能世界的实在不是一种实在。很显然,温和实在论没有否定在现实世界之外的存在也是一种实在。他们都认可,现实世界中的存在是一种实在,非现实世界中的存在也是一种实在,即只要是存在,都是实在。但不能否认的是,在现实世界中存在的事物,与不在现实世界中存在的事物,相对于我们来说,是不同的一种存在。

所以,对于"实在"的概念,应该有一个全新的理解。可能世界的反实在论、温和实在论与模态实在论都表达了对实在的某种理解,或者说是某种含义,但并没有清楚准确地表达出来。现实世界中存在的事物,这是实在,这是毫无疑义的,但是不能否定现实中不存在的事物。比如说事态,它在现实世界中没有实现,但是这种可能性是无法否认的,因而也是一种实在,就如同刘易斯对可能世界存在的论证一样。作为表达事态的非现实的可能世界,虽然都是实在的,但是它们的实在程度是有差别的。在现实世界中得到实现的可能世界,是相对于现实规律与事实的实在,这是最高程度的实在,是现实论者认为的存在。现实论者认为一切都存在于现实世界之中,现实世界之外不存在任何事物。在现实世界可能实现但未实现的可能世界,它们与现实世界具有相同的规律,是相对于现实规律的实在,但它们又不同于现实世界中如太阳、石头等具体存在物的存在,是不能通过我们的感觉而感觉到的,因而是弱于现实世界实在程度的一种实在,可以称为现实可能的实在。还存在一些不能在现实世界中得以实现的可能世界,它们在某些规律上与现实世界不同,但它们相对于逻辑规律来说是实在的,即它们不违反矛盾律。这种实在没有在现实世界中实现的可能性,但在逻辑空间中存在实现的可能性。这种实在又弱于现实可能的实在,在这里称其为逻辑可能的实在,是最弱的实在。这种对实在的三个层面的划分是根据在现实世界中实现的可能性标准进行的最常见、最粗略的划分。在实在的层面之分上,并不仅限于这三层,在这三层之间,还有众多层次的实在。譬如说,"羊会说话"与"石头会说话"这两个命题,在现实世界以及现实可能世界中都是不可能命题,仅在逻辑可能世界中是可能命题。也就是说,它们都是逻辑层面的实在。但是,一般人都会认为,"羊会说话"比"石头会说话"更加可能。也就是说,同属于逻辑可能层面,但它们的可能性仍然存在差别。如果给予更细致的划分,那么这些可能世界之间的实在有着更多乃至无穷的层次。虽然有众多层次之分,但诸多层次的实在在质上是相同的,即它们都是某种层面上的存在。如果从实在的层次上来分,可能世界的实在在最基本的逻辑规律的遵守上是一致的,即无论是哪种实在的可能世界,它们都满足矛盾律。不满足矛盾律的世界是不可能世界,在逻辑层面上都不可能。所以,不可能世界是不存在的,显然不是一种实在。

因而,对于"实在"的概念,它其实是一种存在(exist),我们可以对它做狭义和广义的理解。在狭义的层面上,实在就是存在于现实世界之中,不在现实世界之中存在的就不是实在,它是一种相对于事实的存在。在广义的层面上,实在不仅指存在于现实世界中的事物,也包括存在于现实世界之外的事物。这种实在是相对于规律的实在,根据规律的层次不同,可以分为不同层次的存在。最宽泛的"实在"概念就是指逻辑层面的存在,最狭窄的"实在"概念就是指现实世界中的存在,常见的实在还有相对于现实规律的存在。日常理解的实在就是狭义理解的实在,或者说是广义实在的最狭窄的层面。

三、对刘易斯可能世界理论的重新解释

可能世界理论是模态实在论的重要构成部分,对可能世界的研究也是模态实在论的一个重点。模态实在论受到了很多学者的批评,而且这些批

评又有很多都是对可能世界的批评。通过对模态实在论的分析可以看出，很多批评的出现，都在于没有正确地理解刘易斯的可能世界理论。因此，对刘易斯的可能世界理论进行正确的理解，就显得非常重要。本书认为，刘易斯可能世界可以理解如下。

首先，可能世界是实在的。这是刘易斯可能世界实在论的基本立足点。之所以说可能世界是实在的，一方面如刘易斯自己所论证的，我们都相信我们居住的世界之外还有其他的世界，因为我们有"事物可能显示的方式"这种日常观念。这种观念不是凭空出现的，它之所以存在，是因为这种观念所对应的事物的存在。所以我们不能否认"事物可能显示的方式"，那么我们也不能否认可能世界的存在。另一方面，"可能性"的存在是与规律相关的，违反规律的"事物可能显示的方式"根本不可能在相应的层面上存在。我们认为一个命题是可能真的，那是因为它并不违反相应层面的规律。但是，当它符合相应层面的规律，它在相应层面的存在就不能被否认，因为我们不能否定规律的存在。譬如说，亚里士多德不是哲学家是可能的。该命题为真，表明存在一种可能性，亚里士多德不是哲学家。因为这种可能性并不违反现实的规律，因而它相对于现实规律是存在的。如果是违反逻辑规律的可能性，那么这种可能性就是不可能性，相对于逻辑规律这个层面也是不存在的。譬如说，2+2=5，这个命题在现实中为假，不存在任何现实的可能性使得它为真，也不存在任何逻辑的可能性使得它为真。因为它不仅违反了现实规律，也违反了逻辑规律，因而这种可能性是不存在的。而日常所宣称的"事物可能显示的方式"因为不违反现实规律或逻辑规律，因而这种可能性的存在是不能否认的。在不违反规律的基础上，可能性或者"事物可能显示的方式"都是实在的。从实在性的质上来说，它们是毫无差别的，但是在实在性的层次上，这些可能性是有区别的。现实世界中例示的可能性，不仅在逻辑规律上为真，在现实规律上为真，还在事实上为真。这种可能性的存在是最真实的存在，也是最狭义的实在。在现实世界中不为真，而在满足现实规律的世界中为真，这种可能性是相对于现实规律的实在，是弱一层次的实在；不能相对于现实规律为真，但在逻辑规律的层面上为真的可能性，这种可能性的实在是最弱层次的实在。在这些实在的层次之间，还存在其他层次的实在，这些实在都是相对于相应的规律而存在的，它们的实在的层次也是由相应的规律来决定的。但是，虽然有这些实在的层次，但是这些实在在质上是没有区别的，都是一种存在。此外，我们不能否定规律的存在。规律之所以是规律，就在于它普遍适用于这些可能世界。根据规律，我们可以判断相应的可能性的存在。无论是现实的情形,还是非现实的情形,承认这些可能性,就在于承认它们所依据的规律。违反规律的可能性相对于该规律就是不可能的,就像违反逻辑规律的可能就是逻辑上不可能的,违反现实规律的可能就是现实不可能的。但遵从规律的可能就是相应规律层面的可能。无论是哪一种可能,它与"事物实际显示的方式"之间,在相应的规律层面,都是平权的。因而,作为表征这种"事物实际显示的方式"的可能世界,相对于相应的规律,它们与现实世界都是平权的。所以,根据对实在的层次的分析,刘易斯并不是在最狭义的意义上来理解"实在"概念的。他所理解的实在,不仅仅包含现实世界的事实存在,也包括相对于现实规律或逻辑规律的可能存在,是从广义上理解的实在。从广义上理解的实在,并不都是存在于现实世界之中,因而就没有可能世界是"遥远的星球"的说法,因为各种可能世界之间是没有时空关系的。而且,正是由于刘易斯对实在的这种广义的理解,使得刘易斯的可能世界理论表达了可能世界与现实世界之间的一种平权性。从本体层面上来说,可能世界与现实世界都是相对于相应规律的实在,它们是平权的。相反,温和实在论的观点在本体层面上就显示不出这种优越性来。温和实在论承认可能性在现实世界之中,持现实主义的观点。的确,从我们的认识来看,现实世界本位是我们认识的出发点。承认可能性在现实世界之中,是我们模态认识得以成立的前提。从认识论的角度来解释可能世界问题,的确有其合理之处,但这种合理性不能成为否定可能世界的本体论的理由,更不能成为否定可能世界与现实世界相对于规律的平权性的理由。

其次,在对可能世界的理解上,从"事物可能显示的方式"的存在到"可能世界"的实在,刘易斯在这里做了一步跳跃,他把"事物可能显示的方式"等同于可能世界,这种观点遭到了斯塔尔内克的批驳。斯塔尔内克指出:"但是如下是可信的,从'事物可能显示的方式'到'可能世界'的转换必定只是一个无害术语的替换,并且我不相信它就是如同刘易斯对可能世界概念阐释的那样。"[1]"如果可能世界就是事物可能显示的方式,那么现实世界就是事物实际显示的方式,而不是我和我周围所有的事物。事物实际显示的方式就是这个世界的一种属性或者一种状态,而不是这个世界本身。"[2]对于这个批评,刘易斯辩护说:"对于模态实在论来说,把'一个世界可能显示的方式'与世界本身等同起来是非常有益的。为什么要区分两个紧密对应的实体:世界与世界所显示的极为确定的方式?经济上的考虑要求把

---

[1] Stalnaker, Robert C., "Possible Worlds", *Noûs*, vol. 10, no. 1(1976):68.
[2] Lewis, D. K., *On the Plurality of Worlds*(Oxford:Blackwell Publishers Ltd., 1986), p. 86.

'方式'与世界等同起来。"①刘易斯也认识到"事物可能显示的方式"与可能世界之间的不同,但是考虑到二者联系上的紧密性以及经济性,他仍然把二者等同起来。这种理解方式是完全从使用的价值上来考虑的。其实,承认"事物可能显示的方式"与可能世界之间的差别,并把二者分开来,恰恰能够更好地坚持可能世界的实在论。我们都有"事物可能显示的方式"这种日常观念,这种观念是存在的。这种观念不同于可能世界,但它是可能世界的属性,或者说每一个可能世界都例示了一种"事物可能显示的方式","事物可能显示的方式"的存在正是对可能世界存在的最好说明。从刘易斯对归结主义的认识来看,属性可以归结为具有该属性的事物的集合,那么作为可能世界属性的"事物可能显示的方式",正好可以归结为相应的可能世界的集合。而且,把"事物可能显示的方式"与作为个体的可能世界分开,也与模态实在论坚持的可能世界是实在的个体,属性可以通过个体的集合来归结的观点保持了充分一致。因而,在模态实在论中,可能世界并不是如同"事物可能显示的方式"一样的事物,后者只是前者的属性而已。

在确立可能世界与"事物可能显示的方式"之间的联系与区别之后,我们可以从现实的角度来理解刘易斯的可能世界。刘易斯的模态实在论被称为极端(模态)实在论,这与他对可能世界的特征的理解相关。可能世界有四个特征:孤立的、具体的、充裕的和现实的。孤立的是说可能世界都是一个个孤立的个体,每一个可能世界都是时空相连的极大统一体,但是可能世界与可能世界之间不具有任何的时空关系,也没有任何的因果关联。但是这些存在于逻辑空间中的可能世界充满了逻辑空间,不存在一种可能性没有可能世界来表达,可能世界是充裕的。具体的是指可能世界都是具体的个体。现实的是指每个世界都具有相对的现实性。"现实的"是一个索引概念,每个世界相对于该世界中的居住者都是现实的。正是可能世界的这些特征,使得模态实在论被称为极端的实在论。克里普克对可能世界的理解就充分表明了他对刘易斯可能世界观点的批评。他说:"如果有人想避免许多哲学家用'世界'这样的词带来的'世界忧虑'和某些哲学混乱的话,我倒愿意推荐他使用'世界的可能状态(或历史)',或'非真实的情形'这类说法,这样可能会更好一些。"②相对于刘易斯的可能世界观,克里普克对可能世界的理解就是刘易斯的"事物可能显示的方式"这种日常观念,是可能世界的属性。克里普克针对刘易斯的"可能世界"观点提出了他的反

---

① Lewis, D. K., *On the Plurality of Worlds*(Oxford:Blackwell Publishers Ltd., 1986), p. 68.
② 索尔·克里普克:《命名与必然性》,梅文译,上海译文出版社,2005,第16-17页。

对意见:"我反对对这个概念的误用,即把可能的世界看成遥远的行星。"①很多模态逻辑学家都持有类似的观点:很遗憾,大部分哲学家不喜欢这种解释;对这种解释的典型反应是刘易斯所自称的"难以相信的惊讶";它的批判者感到,这种解释是一篇神秘的科学幻想小说;他们的反应是,在读完了以上几页之后,读者会难以克制地宣称,"他不可能真的相信所有这些世界以及它们的居住者都真实地存在于那里"! 事实上,刘易斯真的相信这种观点。②通过这些评论可以看出,在这些批评者看来,刘易斯的可能世界因为是具体的、孤立的个体,并且具有相对的现实性,因而可能世界就如同遥远的星球那样的存在。

所以,克里普克所理解的可能世界与刘易斯所理解的可能世界是不同的。克里普克理解的可能世界就是"世界的可能状态"或"反事实的情形",而刘易斯仅仅把这理解为世界所显示出来的属性。克里普克的可能性存在于世界之中,与刘易斯的可能世界存在于世界之外,二者从根本上并不冲突。刘易斯认为可能世界在现实世界之外,并不意味着刘易斯也认为"可能性"或者"事物可能显示的方式"这种属性也在现实世界之外,因为这些"可能性"都是相对于规律的可能性,逻辑可能性是相对于逻辑规律的,现实可能性是相对于现实规律的。正是这些可能性存在于现实世界之中,我们才能有"事物可能显示的方式"这种日常观念。但不可否认的是,无论现实可能性,还是逻辑可能性,它们与实然这种"事物实际显示的方式"之间是平权的。就如同掷骰子,每一粒骰子都是6面,在未掷之前,每一面都有成为现实的可能,但最终只有一面成为现实。这6种可能之间是等可能的,并且相对于现实规律是平权的。而模态实在论所主张的可能世界在现实世界之外,恰恰表达了可能性之间的平权性。并且,可能世界在现实世界之外,这种"之外"绝对不是物理上的之外,不是时空上的之外,这种"之外"只是一种平权上的之外。

因而,刘易斯一直不同意"极端实在论"的称呼,他也不认为模态实在论是一种极端的理论。他的"现实的"观点,是一个索引概念。每个世界相对于该世界的居民都是现实的,可以说,每个世界都可能会被称为现实的,但不存在任何一个情形下所有的世界都是现实的。克里普克的"遥远的星球"的观点恰恰是把模态实在论的可能世界理解为它们同时都是现实的或者物理上的之外。"每一个世界在其自身当中都是现实的,从而所有的世界都具有同等的地位。这并不是说,所有的世界都是现实的——不存在任何

---

① 索尔·克里普克:《命名与必然性》,梅文译,上海译文出版社,2005,第15页。
② 参见麦克尔·路克斯:《当代形而上学导论》(第二版),朱新民译,复旦大学出版社,2008,第205-206页。

这样的世界,在其中那是真的。"① 正因为任何一种情形下现实世界的唯一性,所以模态实在论的可能世界观不是极端的实在论。如前所述,虽然现实世界与可能世界一样都是实在的,但是这些实在性还是存在差异的,而这种差别正是站在现实世界的我们的立场上来看的。虽然刘易斯修改了我们对"现实的"这个概念的日常理解,但刘易斯并没有完全否定日常语言中对"现实的"理解。刘易斯认为,每个世界都是相对现实的。这是什么意思呢?这绝不意味着"现实的"完全变成了相对概念,而是指这些可能世界都有现实化的可能。如果借用莱布尼茨对可能世界的用法,这些可能世界都可以被上帝给现实化,因为这些世界都具有一定程度的完满性。而刘易斯的可能世界的"现实性"的相对性是针对这些可能世界的,而不包括不可能的可能世界。但这种现实化的可能不是我们现实必然意义上的现实化,而是逻辑意义上的现实化。从这个角度来说,刘易斯认为的可能世界的"现实性"其实承认的是可能世界对一致性的要求。因此,刘易斯认为可能世界与现实世界一样,在种类上没有任何差别,它们在"现实性"上是平权的,都没有特殊的地位。这是刘易斯的"现实性"的第一层含义。之所以说刘易斯的"现实性"的相对性没有完全否定日常意义上的"现实性",是因为从站在这个世界的我们的立场上来说,现实世界的"现实性"相对于我们就是绝对的现实性。刘易斯理解的"现实性"虽然是相对的,但在相对对象或立足点不变的情形下,"现实性"的绝对性就体现出来了。这意味着,我们日常所理解的"现实性"就只是这种意义上的现实性。正如刘易斯所说,我们对这种绝对现实性的理解,并不能否定对现实的相对性的理解。

所以,"现实的"这个概念一方面表达了可能世界的实在性,无矛盾性;另一方面也体现了现实可能性。站在这个世界的我们的立场上,现实世界就是我们的世界,"现实的"世界是相对现实的,具有现实化的可能,是现实可能的世界。从这种角度来理解刘易斯的可能世界观,那么无论是可能世界的"实在性"还是可能世界的"现实性"都应该站在这个世界的我们的立场上来认识,从我们的认识论角度来理解,即所谈论的世界就是相对于现实规律的现实可能世界。

此外,刘易斯对"具体的"概念的理解也充分说明了他的可能世界实在观。对于"具体的"概念的理解,不同的哲学家可能有不同的理解。刘易斯选择了西方哲学界常见的四种区分:第一是列举的方式,第二是混合的方式,第三是否定的方式,第四是抽象的方式。根据这四种具体与抽象的区

---

① Lewis, D. K., *On the Plurality of Worlds* (Oxford: Blackwell Publishers Ltd., 1986), p. 93.

分方式,刘易斯最终根据分析得出,可能世界是具体的,可能世界中的个体也是具体的。这并不能说明刘易斯就认为可能世界以及可能世界中的个体都在现实世界之中,即具体的未必是现实的,非现实的也可以是具体的,而在日常的理解中,具体的与现实的具有天然的相关性。

最后,在区分了可能世界与"事物可能显示的方式"之后,并且明确确立可能世界在现实世界之外;可能性是相对于规律的可能性,是在现实世界之中,那么,对于模态的认识问题就不是一个不能回答的问题了。刘易斯认为对模态问题的认识于所有人都是难题,他试图解决这个问题,提出了三种可能方式。从这三种可能方式的分析中可以看出,刘易斯或者把"模态"观念看作先验的知识,或者是由先验的或普遍接受的原理推导出来的。但是,承认可能世界在现实世界之外,可能性在现实世界之中,那么对模态问题的认识就是对可能性或必然性的认识,而这些可能性或必然性都存在于现实世界之中。我们通过对现实世界的认识,通过对规律的把握,是可以对模态问题进行认识的。笔者认为,这也是我们能够讨论模态问题的根本原因。

所以,结合刘易斯对"实在"概念的理解,以及"现实性"特征与"具体性"特征跟日常理解的差异,我们可以给刘易斯的可能世界观一个新的解释。刘易斯的可能世界的实在并不仅仅相对于事实的存在,而是扩大了实在的范围,包含了相对于规律的存在,而且他对"现实的"概念的理解,一方面体现了可能世界是相对于逻辑规律的实在,可能世界与现实世界相对于规律是平权的,体现了模态实在论在本体论上的优越性;另一方面,从现实世界的我们的认识角度来理解,可能世界就是相对于现实规律的可现实化的世界,而从这种角度理解的可能世界,正是现实可能的可能世界。把可能世界与可能性或"事物可能显示的方式"区分开来,可能世界在现实世界之外,可能性在现实世界之中,恰恰反映了可能世界与现实世界相对于规律的平权性,并且可能世界与模态是可以通过对现实世界及其规律的把握来认识的。从可能世界的使用角度来说,刘易斯的可能世界实在论可以理解为,它们就是相对于现实世界规律的实在的可能世界,是现实可能的可能世界,而对这种现实可能的可能世界的理解正好对应着他对反事实条件句的分析。

小 结

刘易斯的可能世界理论是对可能世界的解释理论,它是其模态实在论的重要组成部分。它主张可能世界是实在的个体,并把可能世界与"事物可能显示的方式"等同起来。可能世界中的个体也是实在的个体。"可能世界"作为初始概念,不能归结为其他任何事物。可能世界就是如同现实世界一样的事物。要想理解可能世界,只需要看看现实世界。可能世界就是现实世界某种属性的增加或减少,可能世界是所有具有时空关系的个体的组合。可能世界因而具有以下几个特征:孤立性、具体性、充裕性和现实性。

通过对刘易斯的文本解读,对其他一些学者就模态实在论的批评与刘易斯的答复进行研究,本书认为刘易斯的可能世界理论并不极端。在此基础上,笔者对刘易斯的可能世界理论提出一种新的理解方式,并且认为采取这种理解方式可以更好地体现模态实在论的价值。具体理解如下:

首先,可能世界是实在的。实在就是一种存在。刘易斯的实在不同于现实主义的实在。本书通过分析,把实在分为三个层次:一是现实世界中的事物的存在,这种存在是相对于规律与事实的存在,是最狭义的实在;二是相对于现实规律的现实可能的存在,这是较弱意义上的实在;三是相对于逻辑规律的逻辑可能的存在,这是最弱意义上的实在,也是最广义的实在。并且,这三个层次的实在恰好对应于可能与必然的三层次:事实(实然)、现实必然(可能)和逻辑必然(可能)。本书指出可能世界的实在是相对于规律的实在,不能否定规律的实在性,因而也不能否定相应的可能性以及可能世界的实在性。

其次,通过对可能世界与可能性或"事物可能显示的方式"的区分,指出刘易斯的可能世界在现实世界之外,而可能性可以在现实世界之中。前者正好从本体层面上表达了可能世界与现实世界相对于规律的平权性,后者表达了可能性以及模态问题的可认识性。

最后,通过分析指出,温和实在论坚持的可能世界现实主义的主张之合理性是在于以现实世界的认识论来看待可能世界,而刘易斯的模态实在论表达了可能世界本体上的平权地位。在这个方面,模态实在论优于温和实在论。而且,从对刘易斯使用的"现实的""具体的"等概念分析出发,本书认为对刘易斯模态实在论的误解主要源于把这些概念的使用与日常的使用等同起来。刘易斯使用的一些概念不同于日常理解的概念。而且,站在现实世界个体的视角来看,刘易斯的可能世界理论也可以被视为现实可能的可能世界理论。

第三章
刘易斯的对应体理论

第一节 刘易斯的个体观

一、个体的概念

在刘易斯的模态实在论中,在本体上他承认两类实体:一类是可能世界;另一类就是可能世界中的可能个体,也就是可能世界中的居住者,而可能世界中的居住者也是对应体关系的构成主体。因此,要了解刘易斯的对应体理论,首先需要了解刘易斯的"个体"的概念。

在上一章中,我们谈论了可能世界,指出刘易斯的可能世界是由所有满足时空关系的个体构成的。这些满足时空关系的个体,无论在空间距离上多么遥远,还是在时间距离上多么久远,只要它们是通过时空相连的,它们就是世界伙伴。而可能世界就是所有世界伙伴构成的整体。可能世界是由这些部分构成的整体,那么组成可能世界的可能个体是什么呢?

刘易斯认为,可能个体就是可能世界中的居住者,就像现实世界[①]中的驴、太阳、人及其周围的事物一样,它们作为一个整体存在于某个世界中。刘易斯在论述可能世界时就指出:"我们居住的世界是包含一切的事物。你所看见的每一根棍子、每一块石头都是它的部分,也包括你和我,还有行星地球、太阳系以及我们通过望远镜看见的整个银河系。"[②]这些都是我们现实世界中的居住者,都是个体,而其他可能世界中的居住者也是与现实世界中的居住者同样的存在,无疑也是这里所谈论的个体。根据刘易斯的理解,个体就是我们自己以及我们周围所有的事物。如果确定一个标准的话,那就是我们能谓述、能作为约束变元的事物,诸如驴、石头、星球以及我们等。

因为这些个体都居住于世界之中,而可能世界之间是相互孤立的,每个可能个体都完整地存在于某个可能世界之中,所以,这些可能个体都是

[①] 注:刘易斯所说的现实世界只是我们所居住的世界,在这里谈论的是索引世界,它没有相对于其他可能世界的特殊性。

[②] Lewis, D. K., *On the Plurality of Worlds* (Oxford: Blackwell Publishers Ltd., 1986), p. 1.

限界存在的。正如刘易斯指出的:"某物可能存在,当且仅当它是整个地存在,也就是说,当且仅当它整个地存在于某个世界中……这就是说,当且仅当它是某个世界的部分——不是一个跨世界的个体。世界的部分是可能个体;跨世界的个体因此是不可能个体。"①

所以,刘易斯的可能个体包含了现实世界及其他可能世界中的居住者,当然包括我们的物理对象。但是他还指出:"也许,正如我认为的,这个世界是一个巨大的物理对象,也许还存在一些不为我们物理学所知的部分,比如说,隐德莱希②(entelechies)、灵魂、气息、神或其他一些东西。"③刘易斯的可能世界除了包含物理对象之外,可能还包含一些不为我们物理学所认知的部分,那么这些部分是否属于刘易斯所谈论的个体,刘易斯并没有明说。但是如果从对应体理论的应用来看,只要是从物模态可以谈论的对象,或者说按照刘易斯的理解,只要能作为约束变元的事物,都应该被视为刘易斯的个体领域,否则就面临着存在一些对象的从物模态而对应体理论无法表达的问题。很显然,刘易斯所提出的这些为物理学未知的对象,也可以作为模态谈论的对象,应该视其为对应体理论的谈论对象。

所以,笔者认为,只要是可能世界中的居住者,能够作为认知和模态谈论的对象,可以作为约束变元的事物,无论它是为现代物理学所熟知的物理对象,还是可能存在的不为物理学谈论的对象,都应该被视为刘易斯所谈论的个体。

二、个体的构成

在讨论具体的个别的构成上,哲学家们通常认为个别是由形而上学上更基本的元素构成的,但是在具体的观点中,他们经常持有两种相反的立场:基础论(substratum theory)和组合论(bundle theory)。基础论者主张作为一个整体的个别是由该个体所具有的性质与这些性质的承载体——处于底层的主体或者基础构成的,该主体是不依赖于这些性质的独立存在,是一个纯粹的个体,该个体例证了这些性质。组合论者认为这个底层的基础是不存在的,个体是由该个体所具有的性质组合而成的,它们是这些性质构成的组合体。这两种理论预设了具体的个别是由更基本的元素构成,

---

① Lewis, D. K., *On the Plurality of Worlds* (Oxford: Blackwell Publishers Ltd., 1986), p. 211.
② "隐德来希"是亚里士多德哲学用语,它表示已达到的"目的",潜能的"实现",运动的"完成",还表示运动、创造的本源,是推动整个世界的"第一推动者"。
③ Lewis, D. K., *On the Plurality of Worlds* (Oxford: Blackwell Publishers Ltd., 1986), p. 1.

但该预设遭遇的困难使得很多哲学家放弃了该假设,转而采用亚里士多德的实体理论(substance theory)。该理论认为,具体的个别就是基本的实体,该实体就是与其有关的一般的实际例证。[①]比如说某实体所具有的属性,有的属性是该实体外在的一般,只是偶尔被该实体例证;当然,也有一些从属于该实体的一般,就被该实体必然例证,也就是该实体的本质例证。

刘易斯没有像基础论者和组合论者那样把实体和其例证的一般分开,他采用的思想类似于亚里士多德的实体理论。他认为,我们日常的事物处于时空关系之中,而时空关系就是点大的(point-size)事物之间的局部关系。这些点大的事物可以是时空中的点,也可以是场中的状态或点大的物质。在事物构成上,他引入了整体和部分的关系。这些日常事物整体是由它的部分构成的。这些部分之间在空间上十分相近,并且作为整体的构成部分而存在。例如,一张桌子是由桌面、桌腿等部分构成,桌面、桌腿是空间上相近的,并且它们都是桌子的组成部分。他把这种方法称为整分论(mereology),并提出了整分论的标准:"我断定的整分论的构成是没有限制的:任何类的事物都有一个整分论的和。无论什么时候只要存在某些事物,也无论它们是多么不同,多么不相关,都会有个事物恰由它们构成。即使是不同世界中的一类事物,也有一个整分论的和。这个和是一个跨世界的个体。它与组成该和的部分所在的世界交叠(overlap),所以它也存在于众多世界中的每一个之中。"[②]可见,刘易斯在这里使用的整分论的方法已经不局限于具体个别的构成了,他把集合和类都包含进去。因为,在谈论个体时,他把个体都限制为限界个体,但是由整分论方法构成的和可以跨越世界而存在。这在刘易斯那里被称为类,他使用的方法是集合论的方法。

但是,刘易斯本人在讨论本体论基础时,认为整体和部分的关系不需要纳入进去,因为整体是由部分构成的,整体的不同依赖于组成部分的不同,只要把握住组成整体的部分,那么整体也可以得到认知。

三、个体在时间中的持存

刘易斯在论述他的可能世界时,认为可能世界是由所有具有时空关系的世界伙伴构成的。对于具有时空关系的事物来说,它们都占据一定的空间,那么它们在时间中又是如何存在的呢?

在关于具体的个别在时间中如何存在的问题,刘易斯首次引入了两个

[①] 参见麦克尔·路克斯:《当代形而上学导论》(第二版),朱新民译,复旦大学出版社,2008,第98—99页。
[②] Lewis, D. K., *On the Plurality of Worlds* (Oxford: Blackwell Publishers Ltd., 1986), p. 211.

哲学术语,提出了事物在时间中持续存在的两种解释:整存论(endurantism)和分存论(perdurantism)①。他是这么论述的:

> 当我们说某物持存(persist),当且仅当它以某种方式或其他方式在不同的时刻存在,这是一个中性词。某物分存(perdure)是指当且仅当它在不同的时刻通过不同的时间部分或场景持存,但是没有一个部分整个地出现于超过一个时刻。而一个事物整存(endure)当且仅当它整个地在不止一个时刻持存。分存(perdurance)对应的是一条道路在空间中延伸的方式,它的一部分在这里,一部分在那里,但没有一个部分完整地出现在两个空间。整存(endurance)对应的是共相(universal)的方式,如果存在的话,当共相例示的时候,无论在什么时候什么地方都是完整地存在。整存涉及交叠:两个不同时刻的内容可以由一个整存的事物作为共同的部分,而分存则不涉及交叠。②

根据刘易斯的观点,事物在时间中持存的两种方式分别是整存和分存。整存论者认为,对于一个具体的个别来说,它在时间内的持续存在是指它在不同的时间点完全地和整体地存在。比如说,"昨天的奥巴马"与"今天的奥巴马"都是奥巴马在不同时间点的完整存在。我们一般都认为,"昨天的奥巴马"与"今天的奥巴马"是同一个人,都指称奥巴马这个个体。这种时间同一性符合我们的常识和直观,所以整存论这种观点比较符合日常理解。而分存论者认为,同一个具体的个别不能存在于不同的时间点。那么分存论者如何认识具体个别的持续存在呢?他们认为,一个具体的个别在每个不同的时间点都是一个不同的部分,它是由这些不同的部分所构成的一个整体,或者说是这些部分的一个堆积体。按照这种观点,"昨天的奥巴马"是指奥巴马昨天存在的部分,而"今天的奥巴马"是指奥巴马今天存在的部分,它们都是奥巴马在不同阶段的存在,都是奥巴马的组成部分,但它们都不是奥巴马,而这些不同的部分根据时间关系相连在一起构成了奥巴马这个具体的个体。

两种观点的不同,对个体的存在也表现出不同的理解。整存论者认为,事物作为一个整体完全地存在于不同的时间点,所以具体的个别只是

---

① 参见麦克尔·路克斯:《当代形而上学导论》(第二版),朱新民译,复旦大学出版社,2008,第245—250页。在该书中,这两种解释被翻译为延续论和持久说,笔者认为整存论和分存论更直观地说明了两种观点,故采用这种翻译。

② Lewis, D. K., *On the Plurality of Worlds* (Oxford: Blackwell Publishers Ltd., 1986), p. 202.

三维存在,它们存在于三维空间中,每个个体都由其空间部分构成。比如说,桌子由桌面、桌腿等空间部分构成。而分存论者认为,个体不仅在不同时间点存在于不同的部分,同时也在空间中存在,所以具体的事物不是三维的存在,而是四维的存在。时间被视为第四维,无论时间部分还是空间部分都是个体的部分,不是个体本身。比如说,"昨天的奥巴马"与"今天的奥巴马"都是奥巴马的时间部分,而奥巴马的手是奥巴马的空间部分,他们都是奥巴马的组成部分,但不是奥巴马本身。

在个体的持续存在中,刘易斯坚持的是分存论立场。他认为,他坚持四维时空观点,把事物分为独立的时间部分和空间部分,事物是这些时间部分和空间部分的组合物。从前面的分析来看,整存论更加符合直观。那么刘易斯为什么会坚持分存论呢?从刘易斯的论述看,他认为,与整存论相比,分存论能更好地解释了他的模态实在论,并且他认为分存论与模态实在论在思想上是一致的。刘易斯指出:

> 跨时间的整存与所谓的(alleged)交叠世界的共同部分跨世界同一很相似。如果我们可以把它称为在不交叠世界的不同部分构成的跨界个体,那么跨时间的整存就像跨界同一。我支持分存,是因为时间事例(temporal case),它与为模态事例(modal case)主张的对应体理论更接近。不同之处在于对应体理论聚焦于部分,而忽视由它们组成的跨界个体。[1]

可见,刘易斯坚持的分存论立场,与他坚持对应体理论的立场在思想上是一致的,分存论处理的是时间事例,而对应体理论处理的是模态事例。

除了保持理论的一致性之外,刘易斯坚持分存论立场,最大最主要的原因在于暂时的内在属性(temporary intrinsics)疑难。"对整存论最主要的决定性的反驳意见是暂时的内在属性的问题,这也是对像人和小水坑等日常事物分存论的说明。持存的事物会改变它们的内在属性。例如形状,当我坐着时,我的体型是弯曲的;当我站着时,我有一个挺直的体型。两种形状都是我的暂时的内在属性,我只是在某些时候具有它们。"[2]刘易斯之所以认为这是疑难,在于莱布尼茨的同一律要求。其中一个方面就是同一物不可辨别性原理。如果坐着的我与站着的我是同一物,那么坐着的我具有的属性,站着的我也必定具有。但事实上,坐着时弯曲着和站着时挺直的两种属性都不为对方所拥有。因此,刘易斯认为,在坚持莱布尼茨同一物

---

[1] Lewis, D. K., *On the Plurality of Worlds* (Oxford: Blackwell Publishers Ltd., 1986), p. 203.
[2] Ibid., pp. 203-204.

不可辨别性原理的前提下,暂时的内在属性就成为一个难题。如何解决该问题?对此,刘易斯提出了三种解决方案:

第一种解决方案:和我们考虑的相反,形状不是真正的内在属性。它们是伪装的关系,是整存的事物和时间的关系。同一个整存的事物在某些时刻具有弯曲的形状关系,在其他时刻则具有笔直的形状关系。①

第二种解决方案:一事物仅有的内在属性都是它在当前时刻所拥有的属性。其他时间就像虚假的故事,它们都是抽象的表征,它们不是由当前的原料(material)构成的,它们表征或不表征事物实际所是的方式。当某物在这些虚假的其他时刻具有不同的内在属性的时候,那并不意味着它或它的任何部分或其他的任何事物就具有这些属性。②

第三种解决方案:不同的形状,不同的暂时的内在属性,整体来说属于不同的事物。我拒绝整存,支持分存。③

第一种解决方案采取的方式是将内在属性理解为相对于时间的关系。刘易斯认为,如果把暂时的内在属性都解释为相对于时间的关系,那么就没有任何的暂时的内在属性,而这是令人难以信服的。第二种解决方案是把暂时的内在属性理解为当前的属性,其他时刻的属性都是虚幻的,是不存在的。刘易斯认为,这种解决方案比第一种更难以令人信服。如果按照这种解决方案,其实就意味着不存在其他的时刻,那么对于一个人来说,只有现在,没有过去,没有未来,这是难以想象的。所以,刘易斯主张采取第三种解决方案。第三种解决方案就是把事物在不同时刻的存在视为不同的物体,那么暂时的内在属性就是不同事物的属性。在这种情况下,在不违反莱布尼茨的同一物不可辨别性原理的前提下,暂时的内在属性疑难就可以解决。这种解决方案就是刘易斯所坚持的分存论,整存论很难在坚持同一物不可辨别性原理的前提下圆满地解释该问题。

这是刘易斯拒绝整存论、坚持分存论的主要理由。虽然在很多学者看来,整存论更符合我们的常识和直观,但是刘易斯最终还是选择了分存论立场,并为此做了充分的论证。刘易斯选择分存论,还与他的时间观有着必然的联系。

---

① Lewis, D. K., *On the Plurality of Worlds* (Oxford: Blackwell Publishers Ltd., 1986), p. 204.
② Ibid.
③ Ibid.

四、刘易斯的时间观

刘易斯之所以在个体的持存问题上坚持分存论的立场,这与他在时间上的观点是一致的。

如前所述,整存论把我们和我们周围的事物看作一个整体存在于不同的时间点,它们在时间上是持续的,不同时刻的它们通过事实上的同一性相连;而分存论把我们熟悉的个别视为不同时间点上的事物的堆积体或整体,它们在时间内的持续性是指这些不同时间点的较小的事物的相连。所以,整存论者把具体的个别视为存在于不同时间点的三维实体,而分存论者则把具体的个别视为在时间和空间上都不断延伸的四维实体。这种差异反映了它们在时间观上的不同。整存论者一般在时间上持有的观点是现实论。所谓现实论,是指他们认为只有现在发生的事物才能算是真正地发生,只有现在存在的事物才算真正地存在,过去发生的,或者将来发生但现在还没有发生的,不能算是真正地存在和发生。对于过去发生过的事情或存在的事物,或者现在还不存在但将来存在的事物,现实论者并不完全否定它们的存在。然而,他们认为这些事物是过去存在或将来存在,但现在不存在。在现实论者看来,"现在""当前"这类词具有特别的意义。这些词与温和实在论者的"现实世界"具有类似的意义,这些词都体现了他们的现在或现实本位。

与之不同,分存论者没有现实本位思想,他们认为事物是不同时间点的较小事物的堆积体。这些较小的事物都是不同的事物。这些较小的事物没有一个具有特殊的地位,它们共同构成了具体的个别。因此,分存论者认为"现在""当前"这些词没有特殊的本体论地位,所有的时间点以及在所有时间点存在或发生的事物都是真实的。这种时间观被称为"永恒论"。刘易斯就是永恒论的支持者。他在批评暂时的内在属性疑难的第二种解决方案,即整存论的解决方案时,就对整存论的时间现实论观点进行了批评:

说不存在其他的时刻,与其说这是一个错误的表述,不如说它与我们的信念相悖。没有人会相信他没有未来,除非他被立刻处决。更少有人会去相信他没有过去。[1]

在刘易斯看来,我们很难相信整存论者只有现在是真实存在的,过去

---

[1] Lewis, D. K., *On the Plurality of Worlds* (Oxford: Blackwell Publishers Ltd., 1986), p. 204.

和未来都不是真实存在的观点,他认为这与我们的常识是相悖的。我们总是在谈论过去和未来,如果过去和未来都不是真实的存在,那么我们谈论过去和未来有什么意义？所以,在时间观上,刘易斯坚决拒绝现实论,坚持时间上的永恒论。

刘易斯在时间观上坚持永恒论的观点,与他在事物在时间的持存中支持分存论的立场是紧密联系的。对于现实论来说,只有现在的事物是真实存在的,过去和未来都不是现实存在的。所以,对于一个具体的个体来说,他现在的存在必定是完整的存在,不能是部分的存在。而对于永恒论来说,所有的时间点都是存在的,真实的,"现在"与"过去""未来"这些词相比没有特殊的本体论地位。所以,对于一个具体的个别,不同时间点的存在都是同样真实的。这与分存论的立场是一致的。分存论认为具体的个别是不同时间点的事物的堆积体,而不同时间点的事物都是同样真实的存在,它们都是更小的不同的事物。所以,一般的整存论者在时间上都持有现实论的观点,而分存论者在时间上都持有永恒论的观点,这是由于理论上的必然联系和推导。刘易斯在时间上坚持永恒论,与他的分存论立场是一脉相承的。

第二节　对应体理论的提出及对应体关系

一、对应体理论提出的背景

如前所述,模态观念的存在以及对模态观念的研究都有悠久的历史。从模态逻辑发展的历史来看,模态命题的类型可以分为两类:一是对整个命题的模态性断定;二是对个体具有什么性质或者个体之间具有什么关系的模态性断定。前者被称为从言模态,后者被称为从物模态。无论是从言模态还是从物模态,现在都普遍接受了可能世界语义学的解释。但除此之外,还存在很多分歧。譬如说,可能世界的存在问题,模态命题的承载主体问题。在对前者的争论上,主要体现的是对可能世界的解释理论;而对于后者,主要争论就在于个体是否可以跨界问题,以及跨界同一性问题。前文已经讨论了可能世界的解释理论,而对于模态命题的承载主体,个体的跨界问题以及跨界同一问题就成了模态哲学家们争论的另一个焦点问题。在对这个问题的争论中,一些学者认为模态命题的承载主体是个体,跨界个体是同一关系;但也有些学者认为,没有跨界问题,跨界问题是个伪问题。而刘易斯的模态实在论就是后者的代表,在关于承载主体——世界中个体——的跨界上,刘易斯的主张主要体现在他的对应体理论中。

刘易斯认为,我们每个人都有事物可能显示为其他状态的观念,而这种观念表明了可能世界是实在的个体,并且这些个体之中还包含了众多更小的个体——可能世界中的居住者。这种日常观念一方面论证了刘易斯所说的可能世界的实在观点,另一方面也涉及模态命题的承载主体的跨界问题。如果说刘易斯有关可能世界的理论是处理可能世界这种个体的,那么对应体理论就是处理可能世界中的居住者这种个体的。该理论与克里普克等人的跨界个体的观点是相互竞争的关系。就如刘易斯所说:"卡尔纳普、康格尔、欣迪卡、克里普克、蒙塔古和其他一些人都主张在量化模态逻辑的解释上,一个事物被允许存在于几个世界之中。"[①]而刘易斯是否定这种主张的,他主张个体都是限界个体,每一个事物都只能存在于一个世界之中。正如他对可能世界的理解一样,刘易斯主张可能世界之间无论在时空关系上还是在因果关系上都是孤立的,它们都是具体的实在。从在逻辑空间中的存在来看,它们都是相同的,而且,刘易斯还认为,一个世界就是所有满足时空关系的个体构成的最大统一体。因此,作为在可能世界中存在的个体,只能是限界个体,不可能跨越世界而存在。试想,如果有某个个体a存在于两个世界w_1、w_2之中,那么在w_1中有个体b与a时空相连,在w_2中有个体c与a时空相连,那么与a时空相连的两个世界中的个体b和c是否也是时空相连呢?如果是时空相连的,那么b和c就是世界伙伴关系,b所在的世界w_1与c所在的世界w_2就不是两个世界,而是同一个世界。如果b与c不是时空相连的,因为b和c都与a是时空相连的,所以b与a是世界伙伴,c与a也是世界伙伴,那么b与c必定也是世界伙伴关系,b与c就具有时空关系,它们就在一个世界之中。这与它们分别处于两个世界是相矛盾的。因此,刘易斯认为,可能世界中的个体都只能存在于一个世界之中,而不能存在于几个世界之中,任何一个个体都是限界个体,没有跨界个体存在,因此不会存在跨界同一问题。

不承认个体的跨界存在,否认跨界同一问题,是不是意味着从物模态不存在呢?实际上,刘易斯并不否认从物模态的存在。那么他又如何表示

---

① Lewis, D. K., "Counterpart Theory and Quantified Modal Logic", *Philosophical Papers*, *Volume* I (1983):26.

从物模态呢？譬如说，虽然我写了这篇论文，但我完全可能没有写这篇论文。这如何理解呢？既然我不能跨界，我只能存在于现实世界中，那么如何表示我可能没有写这篇论文呢？用温和实在论的观点，个体可以存在于几个世界之中，可以这么解释：现实世界中，我的确写了这篇论文，但是在某个可能世界中，我并没有写这篇论文。在那个可能世界中，我存在，但我并没有写这篇论文，这种解释很容易得到大家接受，也是目前比较符合直观的说法。刘易斯认为可能世界是具体的，孤立的，所以可能世界中的个体都是限界个体，不能跨界存在。那么，如何解释这个模态命题呢？刘易斯认为，在不承认跨界个体的情况下可以这样理解：现实世界中我写了这篇论文，但是在另外某个可能世界中，一个与我非常相似的个体没有写这篇论文，并且在那个世界中没有其他个体比他与我的相似度更高，这个个体就是我在那个世界中的对应体，但他并不是我，他没有写这篇论文，表示我可能没有写这篇论文，他与我的关系就是对应体关系。用刘易斯的话语来说："对应体关系就是我们对不同世界中的事物之间的同一的替换。"[①]由此可以看出，刘易斯提出对应体理论，与他关于可能世界的界定是相关的，即他的对应体理论与他的可能世界理论保持着理论一致性。

此外，刘易斯之所以提出对应体理论，还在于他对莱布尼茨同一物不可辨别性原理的理解。莱布尼茨的同一物不可辨别性原理告诉我们，任何两个事物，如果是同一的关系，那么任何一个事物具有的属性另一个必然具有，用公式可以表示为：

$$(\forall x)(\forall y)(x=y \rightarrow (F(x) \Box F(y)))$$

也就是说，对于任何两个对象来说，如果 x 与 y 是同一的，那么任何 x 具有的属性，当且仅当 y 必定具有。但是，根据我们的模态直观，相对于不同世界中的个体来说，这两个个体之间即使再相似，也必定有不同的属性或关系，因为每个可能世界中的事物就是其他可能世界中的事物可能显示的方式，而这两个物体必定在某些属性或关系上表现为不同。如果认同跨界同一，那么必定存在违反莱布尼茨同一物不可辨别性原理的情形。在不违反莱布尼茨同一物不可辨别性原理的前提下，又需要解释日常模态观念，必须回避跨界同一问题。所以，刘易斯否认跨界同一关系，代之以对应体关系。他认为，对应体理论是能把二者结合起来的最好选择。

[①] Lewis, D. K., "Counterpart Theory and Quantified Modal Logic", *Philosophical Papers*, Volume I(1983):27.

所以,对应体理论的诞生,既是模态哲学家们有关可能世界立场争论的延续,也是对刘易斯理论一致性的追求,更是刘易斯对他所理解的莱布尼茨同一物不可辨别性原理的坚持。坚持可能世界孤立、具体的立场,坚持同一物不可辨别性原理,刘易斯提出的对应体理论就是在这种背景下推论出来的产物。

二、对应体关系

在对应体理论的讨论过程中,"对应体关系"是其中的核心概念,把握对应体以及对应体关系是非常重要的。

(一)对应体关系的理解

根据刘易斯的可能世界理论,可能世界都是时空孤立的,但同时也是具体的。对于可能世界的构成,刘易斯认为:"一个可能世界有很多部分,即可能个体。如果两个事物是同一个世界的构成部分,那么我称它们是世界伙伴。一个世界就是所有作为其部分的可能个体的整分论的和(mereological sum),也是彼此作为世界伙伴的整分论的和。"[①]也就是说,可能世界包含了这些构成部分,同一个世界的构成部分称为世界伙伴,而所有世界伙伴的整分论的和构成了一个世界,即世界就是所有世界伙伴的总和。对于世界伙伴,刘易斯是这么定义的:"我们有一个充分条件——如果两个事物是时空相关的,那么它们就是世界伙伴。"[②]从这可以看出,刘易斯对世界伙伴的定义是建立在对现实世界认识的基础上的,并且认为世界就是满足时空关系的事物构成的一个整体。一个世界中的居住者是时空相关的,但所有的可能世界之间都是孤立的。这种孤立性体现在哪里呢？从对世界的认识就可以看出,这种孤立性体现在时空不相关与因果关系的孤立上。因此,不可能存在跨界个体,任何个体都是限界个体。同时,刘易斯承认日常模态观念是不可否定的,包括从言模态与从物模态。对于从物模态,该如何理解个体可能具有或不具有什么属性呢？譬如说,亚里士多德可能不是《形而上学》的作者。根据可能世界语义学,这个模态命题可以理解为,在某个可能世界中,亚里士多德没有写《形而上学》。既然个体不能跨界而存在,那么现实世界中的亚里士多德必定不能存在于其他可能世界,即其他可能世界的亚里士多德必定不是这个世界的亚里士多德。而且,根据莱

[①] Lewis, D. K., *On the Plurality of Worlds* (Oxford: Blackwell Publishers Ltd., 1986), p. 69.
[②] Ibid, p. 71.

布尼茨同一物不可辨别性原理,这两个亚里士多德必定在属性或者关系上有不同的地方,因而也不能认为是同一关系。那么,这种紧密相关的模态承担者之间的关系是什么呢？刘易斯称之为"对应体关系"。

因为对应体关系是对跨界同一关系的替换,是为了表示从物模态的模态承载者之间的关系。所以,作为对应体关系的对象,必定是个体,而且是除可能世界这种大的个体之外的个体,即可能世界中的居住者。此外,作为成为对应体的两个不同个体,不可能存在于同一个世界之中,因为任何事物在与其同一世界中的对应体都是其自身。所以,如果作为对应体的二者不是同一的,那么它们必定处于不同的世界之中。也就是说,作为对应体,或者二者处在同一世界中,二者是同一关系,即事物的对应体是其自身;或者二者处在不同的世界中,这二者不是同一关系,不满足莱布尼茨的同一物不可辨别性原理。而且,即使是前者,刘易斯的对应体理论本来并不包含这点。因为,对应体理论本意是为跨界同一寻找一个替换的理论,之所以包含了前者,是为了处理问题的统一与方便。

(二)对应体关系的标准

如何判断一个事物是否是另一事物的对应体？在同一世界中的事物,其对应体就是其自身,因为没有事物与其自身更相似了。那么在两个不同世界中的事物,对应体关系又该如何判断？刘易斯提出了对应体的判断标准——相似性。"你的对应体在内容和背景等重要方面与你非常相似。他们比他们世界中的其他事物都更加相似于你。"[1]但是,刘易斯还认为:"但他们并不是真正的你。因为他们中的每一个都存在于他们的世界中,并且仅有你在现实世界中的此处。的确,我们可能会说,非正式地说,你的对应体就是其他世界的你,他们和你是相同的;但是这种相同不像今天的你和明天的你的相同这样的字面的同一。这样说可能更好,如果世界可能是其他的样子,那么你的对应体就是你可能所是的人。"[2]虽然非正式地说,你的对应体就是其他世界的你,但这种同一性不是个体与其自身的同一。刘易斯的这个观点和他对同一的理解有关。他认为:"同一当然不是一个程度的问题。"[3]而对于对应体关系,刘易斯认为,这种相似性涉及一个程度的问题。因为,"对应体关系就是一个相似的关系。所以它就面临所有相似性关系所面临的问题:它是众多方面的相似性与非相似性、各种方面的重要

---

[1] Lewis, D. K.,"Counterpart Theory and Quantified Modal Logic", *Philosophical Papers*, Volume I(1983):28.
[2] Ibid., 28–29.
[3] Lewis, David K.,"Survival and Identity", *Philosophical Papers*, Volume I(1983):67.

性权重以及相似的尺度共同作用的结果"[1]。所以,刘易斯认为,对应体关系不是同一关系,除非超本质情况的出现,即任何事物除了自身之外,都没有其他的对应体。所以,在刘易斯看来,对应体关系的标准就是相似性,他提出了一个词:比较全面相似性(comparative overall similarity)。

比较全面相似性这个标准一经提出,就受到了学界很多人的质疑。最主要的质疑就在于这个标准过于模糊。相似性的标准体现在哪些方面?这些方面在整个相似性标准中占据的比重是多少?以及达到多少程度的相似性才可以成为对应体关系?对于这些质疑,刘易斯本人也有清楚的认识,他也承认比较全面相似性的标准存在模糊性引起了一些不确定的问题。他指出:"就像任何比较全面相似性关系一样,它有太多的不确定性。(1)哪些方面的相似和差异被计入其中,(2)被计入的这些方面的相对比重,(3)所需要的最小的相似标准,以及(4)当一些足够相似的候选者被更强断定的竞争者击败的时候,我们在什么程度上剔除这些候选者。"[2]对于对应体关系相似性标准的模糊性所引起的上述问题,刘易斯并不否认,但他认为这些模糊性所引起的问题是不可避免的。一方面是因为对应体关系涉及亚里士多德的本质主义,而本质主义就是相对模糊的概念;另一方面是因为对应体关系是为表示模态问题设立的,而模态问题本身也是模糊的。

对于比较全面相似性标准的模糊性所引起的上述问题,刘易斯没有给出一个比较圆满的解决方案。但他认为,对应体关系标准的模糊性的解决,也许要归结于实效的要求,并且在不同的背景下也应该有不同的解决方式。也就是说,刘易斯认为,对应体关系的比较全面相似性标准不是固定的,一成不变的,而是要随着使用环境的变化而随之确定。在相似性标准的方面及权重上,有的学者持有不同的观点。例如,欣迪卡特别看重起源的匹配在相似性中的比重,他认为起源的匹配在对应体关系的相似性标准中起着决定性的作用。但刘易斯并不这么认为,他认为起源仅仅是相似的一个方面。而且,刘易斯不仅认为在不同的背景下应该采取不同的解决方式来应对对应体关系的相似性,他还认为,即使在单一的背景下,我们也需要在不同的对应体关系中相互竞争,相互比较。也就是说,在刘易斯看来,对应体关系的相似性标准没有一个统一的标准。在标准的选择上,具体要看讨论问题的背景,需要在不同的语境、不同的背景下采取不同的判断标准。在不同的背景下,应根据实际情况,具体确定相似性标准的方面及其权重;即使在同一语境中,也要进行相互比较。简单来说,就是要根据实际情形具体分析。

---

[1] Lewis, D. K.,"Counterpart Theory and Quantified Modal Logic", *Philosophical Papers*, Volume I(1983):28.
[2] Ibid., 42.

可见,在对应体关系的相似性标准中,刘易斯没有给出一种非常清晰明确的标准,而是给出了一个模糊的标准,而这种标准就是比较全面相似性。这种相似性因为具体选择哪些方面以及各方面所占据的比重等因素的不确定性,从而使得对相似性标准给出唯一明确标准的愿望难以实现。因此,刘易斯才提出,在使用对应体关系的相似性标准时,我们应该结合不同的背景,在不同的情形下,根据不同的方面所占据的比重来确定。但这终究是一个模糊的标准,而且是没有给出形成标准程序的模糊标准,从而在讨论过程中不同的人必定会得出不同的结果。这为对应体关系的讨论留下了阴影。这也是使其成为被温和实在论者批评的一个重要原因。

(三)对应体关系的特征

对应体关系是根据相似性标准来确定的,虽然这种标准具有非常大的模糊性。除了个体在其所在世界中的对应体以外,对应体关系就是一种非同一的相似关系。即对于跨越世界的对应体关系而言,这种关系仅只是相似关系,而不是同一关系。这也是对应体关系与先前一些模态逻辑学家们所主张的跨界同一观点所不同的地方。根据刘易斯对对应体关系的讨论,对应体关系具有以下特征:

(1)对应体关系是单向的,或者说是非对称关系。如果 w_1 中的 x 是 w_2 中的 y 的对应体,即 Cxy;但反之不一定成立,即 w_2 中的 y 不一定是 w_1 中的 x 的对应体,Cyx 不一定成立。

对应体关系之所以是非对称关系,与对应体关系的相似性标准的不统一有关。当谈论 x 是 y 的对应体时,那么有一定的标准,不妨设定这个标准就是 A_1、A_2…A_n 等方面按照一定顺序及比重确定的相似性标准;而当谈论 y 是 x 的对应体时,这个标准可能就会发生改变,不妨设定这个标准是 B_1、B_2…B_n 等方面按照一定顺序及比重确定的相似性标准。只要在这两个标准形成的过程中,存在 i 使得 $A_i \neq B_i$,或者 A_i 与 B_i 的比重不同,就会导致 Cyx 不一定成立。而且,还存在这样一种可能,x 很相似 y,并且 y 也很相似 x,但在 w_2 中还存在另外一个个体 z,它比 y 更相似于 x,那么 y 也可能不成为 x 的对应体,即 Cyx 不一定成立。

(2)对应体关系是非传递的。如果 x、y、z 分别是 w_1、w_2、w_3 中的个体,现在有 Cxy、Cyz 成立,但不能因此推导出 Cxz 成立。

对应体关系之所以是非传递关系,在于对应体关系是一种相似关系,并且每一次相似都不一定是一个标准。而且这种标准有时候差异可能还较大,从而使得这种相似性标准在传递过程中不足以保证在传递后的相似性还满足对应体关系。譬如说,x是y的对应体,y是z的对应体。这都表明,在该背景下,x与y足够相似到成为y的对应体,同样y也与z足够相似到成为z的对应体。但是,这种相似的传递并不足以保证x与z的相似度能使之具有对应体关系。完全可能在x所在的w_1世界中存在某个个体a,a比x更相似于z,并且使得a成为z在w_1世界中的唯一对应体。

(3)对应体关系不一定是一一对应关系。这种并非一一对应关系主要有以下三种可能:一是一个事物在另外一个可能世界中可能不只有一个对应体,可能存在两个或两个以上的对应体,即一对多的情形;二是同一个世界中的两个不同的事物在另外一个世界中可能有一个共同的对应体,即多对一的情形;三是一个事物在另一个世界中可能不存在对应体,即一对空的情形。

譬如说,对于可能世界w_1中的个体x来说,在另外一个可能世界w_2中可能存在两个非常相似的个体x_a、x_b,用刘易斯的例子来说,它们可能是双胞胎,根据该背景下确定的标准,它们与x的相似度是同样很高的,无法区分的,并且在w_2世界中没有比这二者更相似于x的其他个体。根据对应体关系的相似性标准,那么x_a、x_b都是x在w_2中的对应体。反过来说,虽然对应体关系不必然是对称关系,但不排除对称关系的出现。对于x_a、x_b来说,在w_1世界中只有个体x与它们紧密相似,那么根据对应体的相似性标准,x就是x_a、x_b的对应体,即在w_2中的两个不同事物在w_1世界中共同拥有同一个对应体。同样,还存在这样一种情形,对于可能世界w_1中的个体x来说,在可能世界w_2中找不到一个与w_1中的个体x非常相似的事物,那么在这种情形下,个体x在可能世界w_2中就不存在对应体,这种情形就是一对空的情形。

(4)对于任意两个可能世界来说,一个可能世界中的事物在另一个可能世界中不一定有对应体,反之亦然。一个可能世界中的事物也不必然是另一个可能世界中某物的对应体。

对于这个问题,在上述谈论对应体关系不是一一对应关系的特征时已经指出。根据对应体关系相似性标准,这是明显成立的。因为对应体关系是按照相似性标准来确立的。对于世界w_1中的个体x来说,在w_2世界中可能找不到一个与x足以相似的个体。虽然在w_2中总会存在某个个体与x最相似,但只要这种相似性标准不足以达到一定的程度(虽然这个程度没有明确地给定),那么就不能称该物是x的对应体,从而也使得w_2中不存在x的对应体。同理,w_1中的个体x可能都不足够相似于w_2中的任何个体,使得x是某物的对应体。在这种情形下,个体x不是w_2中任何事物的对应体。

作为从物模态命题承载主体的关系,对应体关系的几个特征都是从对应体的相似性标准合理地推导出来的。正是相似性标准的模糊性以及不唯一确定性,使得对应体关系具有不必然传递性、不必然对称性、不必然唯一性以及不必然存在性等四个特征。

(四)刘易斯提出对应体关系的原因分析

对应体关系是刘易斯取代跨界同一而提出来的。刘易斯之所以提出对应体关系,主要有以下两个方面的原因:

1.偶然的内在属性难题

一个个体,拥有很多属性。有的属性是外在的。例如,一个人的装扮,一个人与不同个人的关系。有的属性是内在的。例如,一个人的外形、身高等。从时间上的持存来看,有的内在属性是暂时的,刘易斯称之为暂时的内在属性。从模态角度来看,有的内在属性是偶然的,这就是偶然的内在属性。在面对暂时的内在属性疑难时,刘易斯主张用分存论来取代整存论。在面对偶然的内在属性难题时,刘易斯主张使用对应体关系来取代温和实在论的跨界同一。

刘易斯认为,像身高、外形等这些属性,都是人的内在属性,并且是偶然的。他举例说,如果汉弗莱(Humphrey)在我们的世界中有五根手指,而在另一个世界中有六根手指,那么温和实在论如何解决这个跨界同一矛盾的问题?克里普克曾经也对这个问题有所忧虑。刘易斯认为,温和实在论要解决这个问题,很可能的方法是把外形视为与不同世界的关系。他在我们的世界中有五根手指,就是指他具有五根手指相对于我们世界的关系;而在另一个世界中有六根手指,就理解为他具有六根手指相对于那个世界的关系。但是,在刘易斯看来,把手指这种外形看作关系,是很牵强的理解,我们更愿意相信把它理解为内在属性。所以,作为偶然的内在属性,在不同世界中呈现为不同,那么跨界同一理论就很难解决此难题。

要解决该问题,刘易斯主张用对应体理论,他认为该理论能够很好地避免偶然的内在属性难题。我们的世界中的汉弗莱拥有五根手指与另一个世界中的汉弗莱拥有六根手指是不矛盾的。因为汉弗莱只能在我们的世界中存在,他具有五根手指;在另一个世界中,有一个与我们世界的汉弗莱很像的个体,但他不是我们世界的汉弗莱。他们不是同一关系,他具有六根手指,与我们世界的汉弗莱具有五根手指并不矛盾。所以,刘易斯认为,偶然的内在属性难题,是跨界同一理论很难解释的,但不构成对对应体理论的挑战。

2.模态实在论系统的一致性要求

在模态实在论中,刘易斯认为,可能世界是由具有时空关系构成的世界伙伴构成的整体,它们都是孤立的,隔绝的。不同可能世界中的个体,它们之间不能时空相连,也没有因果关联。可能世界中的个体都是限界的,不能跨越世界而存在。如果刘易斯在模态实在论中承认跨界同一,那么必定会导致可能世界之间的孤立消失,这与刘易斯的可能世界特征是相悖的。所以,刘易斯坚决否定个体可以跨界存在,拒斥个体的跨界同一问题,否定温和实在论的跨界同一。因此,从模态实在论的一致性要求来看,跨界同一是模态实在论必须舍弃的。在个体都是限界的情况下,要承认从物模态,那么必定要用一种新的理论来取代。

无论是跨界同一问题,还是对应体关系,都与对象的模态属性相关。在从物模态中,一个对象可能具有什么属性,或者必然具有什么属性,如果使用可能世界来解释,可以解释为该对象在某个可能世界中存在并具有该属性,或者该对象在所有包含它的可能世界中都具有该属性。这里就面临一个对象在其他可能世界中的存在问题。根据温和实在论,个体可以跨越世界而存在,并且由跨界存在的个体来承载对象的模态属性。在他们看来,这是非常符合直观的。譬如说,奥巴马可能不是美国总统。用跨界同一的话语来解释,在某个可能世界中,奥巴马存在并且不是美国总统。但是,在否定个体可以跨界的理论背景下,刘易斯采取了对应体关系来解释该语句。在某个可能世界中,存在一个非常相似于奥巴马的人,他就是我们这个世界的奥巴马的对应体,他不是美国总统。对应体理论的这种解释方式,很多人难以接受,他们认为这不是对象本身可能发生的事情,与对象的模态属性没有关系。正如上面这个例子所说,那个非常相似于奥巴马的人不是美国总统,由于他不是奥巴马,因而他是不是美国总统,与奥巴马是不是美国总统根本没有任何关系。在他们看来,对应体关系不能取代跨界同一来表达从物模态。

虽然面临着各种质疑,但在刘易斯看来,他在可能世界上的主张必定要求他在从物模态的承载主体上采取对应体关系的表达方式,对应体关系是他在可能世界实在论基础上必须采用的关系,这是系统一致的要求。

当然,无论是偶然的内在属性难题,还是模态实在论系统一致性的要求,都与刘易斯对莱布尼茨同一物不可辨别性原理的坚持是密切相关的。在偶然的内在属性难题中,刘易斯认为不同世界中的事物,因为偶然的内在属性的差异,从而不能认为它们是同一关系,因为这违反了莱布尼茨同一物不可辨别性原理的要求。在模态实在论系统的一致性要求上,刘易斯也认为,不同世界中的对象因为具有的属性可能不同,而坚持跨界同一的理论不能有效解决这个问题,所以他拒斥了跨界同一,而采取了对应体关系。在坚持莱布尼茨同一物不可辨别性原理的前提下,他把不同世界中的相应对象之间的关系以相似取代同一,因为他认为同一的要求太高了。所以,刘易斯在从物模态的载体上提出对应体理论,与偶然的内在属性难题相关,更多的是缘于他对莱布尼茨同一物不可辨别性原理的坚持,以及其可能世界实在论的理论主张的系统一致性的要求。

第三节　对应体理论及优点分析

一、对应体理论

对于本质与偶然、必然与可能等问题的讨论,有着悠久的历史。但直到20世纪初,C.I.刘易斯建立了S1-S5五个严格蕴涵系统之后,模态逻辑学家普遍才接受了必然、可能等模态算子构成的逻辑系统。但由于模态逻辑系统包含了必然与可能,涉及内涵对象,从而造成经典逻辑的一些规则失效,因此面临诸多责难,受到很多学者的质疑。刘易斯从这点出发,认为量化模态逻辑对模态问题的系统化方案并不是一种很好的选择,也不是对量化理论的一种合乎习惯的发展。他说:"我们有一个选择。我们能够遵从我们日常的做法来代替通过模态算子来对我们的模态论述进行形式化的方式。我们可以坚持我们的标准逻辑(包含同一以及不包含不可消除的单称词项的量化理论)并且提供一些谓词和适合模态论题的一个论域。"[1]而这种替换理论就是对应体理论。对应体理论主要由几个谓词再加上几个公设构成。

对应体理论有四个初始谓词:

Wx(x是一个可能世界)
Ixy(x在可能世界y之中)
Ax(x是现实的)
Cxy(x是y的对应体)

---

[1] Lewis, D. K., "Counterpart Theory and Quantified Modal Logic", *Philosophical Papers*, Volume I(1983):26.

对应体理论有八条公设：

P1：∀x∀y(Ixy→Wy)

P2：∀x∀y∀z(Ixy∧Ixz→y=z)

P3：∀x∀y(Cxy→∃z Ixz)

P4：∀x∀y(Cxy→∃z Iyz)

P5：∀x∀y∀z(Ixy∧Izy∧Cxz→x=z)

P6：∀x∀y(Ixy→Cxx)

P7：∃x(Wx∧∀y(Iyx≡Ay))

P8：∃xAx

这八条公设意思依次为：
(1)任何事物都仅存在于世界中；
(2)任何事物只能存在于一个世界中；
(3)作为对应体的事物一定存在于世界中；
(4)有对应体的事物一定存在于世界中；
(5)在个体所在的世界中只有它本身才是它的对应体；
(6)在一个世界中的任何事物都是它本身的对应体；
(7)任何一个世界包含所有并且仅包含现实的事物；
(8)有的事物是现实的。

这八条公设实际上是对对应体理论的形式刻画。根据这八条公设，刘易斯的对应体理论可以简要地归结为以下几条：

(1)作为对应体关系的双方都是个体，并且是不包含可能世界这种大的个体，只是可能世界中一个个小的个体。所以，对应体关系涉及的双方，必定都在可能世界之中，不存在不在可能世界中却能成为对应体关系者。这条可以通过P1、P3、P4三条公设得来。

(2)任何个体都是限界个体，即任何个体都只能存在于一个可能世界中，不存在跨世界而存在的个体。这可以通过P2这条公设得来，这也是对应体关系代替跨界同一的前提条件。

(3)任何事物在其所在的世界中的对应体都是它自身，并且也仅有它自身才是它的对应体。除此之外，该世界中的任何事物都不是它的对应体。这条可以通过P5、P6两条公设得来。

(4)现实世界不是绝对的，只是相对的，而这种相对性是针对认知主体来说的。对于认知主体来说，他所在的世界就是现实世界，他所在的世界中的事物就是现实世界中的事物。但同时,在任何时刻,对于任何认知主体来说,现实世界都是唯一的。不可能存在两个或两个以上的世界在同一时刻对于同一对象来说都是现实的。"现实的"是一个索引概念,我们称我们的世界为现实世界并不表示我们的世界跟其他可能世界相比有其特殊性。刘易斯还指出:"每一个世界在其自身当中都是现实的,从而所有的世界都具有同等的地位。这并不是说,所有的世界都是现实的——不存在任何这样的世界,在其中这句话是真的。"[1]这条涉及可能世界的现实性问题,该条可以通过P7、P8两条公设得来。

(5)作为对应体理论的核心概念的对应体关系,前面已经讨论过,任何事物在其他世界中不一定只有一个对应体,可能存在两个或两个以上的对应体,也可能不存在任何一个对应体。同样,一个世界中的事物也不一定是另一个世界某事物的对应体。而这条规定不能从八条公设中明显推导出来,但是八条公设也没有强行把这种可能性排除掉。可以说,这条规定是一种涉及对应体理论的可能性规定。虽然该条规定不能在形式推理中给予太大的帮助,但只有补充上这条,对应体理论的表达才算完整。

二、对应体理论的优点分析

一个理论的存在价值可以从两方面来衡量:一是它的创建是否能更大程度地解决现在所面临的问题,二是该理论是否符合我们的直观。刘易斯之所以提出对应体理论来代替量化模态逻辑,就是因为他认为对应体理论有很大的存在价值,这种价值就体现在这两方面。

首先,从哲学层面上来说,刘易斯认为,相比较于量化模态逻辑,对应体理论是对现代逻辑的更好的继承。无论是传统逻辑还是现代逻辑,无论是处理性质还是关系或者集合等,我们都可以通过量化理论以及一个合适的论域来处理。但是量化模态逻辑的出现打破了这个传统。量化模态逻辑通过引进"必然"与"可能"这类模态词,添加到量化理论中,从而构建了量化模态逻辑。刘易斯认为,这种处理方式把该理论变成了一个内涵理论,这不符合我们的传统。而对应体理论坚持了标准逻辑的通常习惯,是一种外延性的逻辑,是比量化模态逻辑更好的一种替代理论。

其次,从技术层面上来说,刘易斯认为,对应体理论比量化模态逻辑有更强的解释能力。为了对这两种理论系统进行比较,刘易斯给出了从量化

---

[1] Lewis, D. K., *On the Plurality of Worlds* (Oxford: Blackwell Publishers Ltd., 1986), p. 93.

模态逻辑到对应体理论的翻译方式。翻译方式如下：

(1) 对于一个只包含一个处在首要位置的模态算子的闭语句：□Φ 和 ◇Φ，可以翻译如下：

$$□Φ ≡ ∀β(Wβ → Φ^β)$$
$$◇Φ ≡ ∃β(Wβ ∧ Φ^β)$$

前者意思就是：Φ是必然的，当且仅当对于所有β来说，如果β是世界，那么Φ在世界β中是真的。

后者就是说，Φ是可能的，当且仅当至少存在一个可能世界β，Φ在β中是真的。

(2) 对于一个只包含一个处在首要位置的模态算子的一元开语句：□Φa 和 ◇Φa，可以翻译如下：

$$□Φa ≡ ∀β∀γ(Wβ ∧ Iγβ ∧ Cγa → Φ^βγ)$$
$$◇Φa ≡ ∃β∃γ(Wβ ∧ Iγβ ∧ Cγa ∧ Φ^βγ)$$

前者的意思就是：Φa是必然的，当且仅当对于所有可能世界β来说，对于β中任何个体γ，如果γ是a的对应体，那么Φγ在β中是真的。

后者就是说，Φa是可能的，当且仅当存在某个可能世界β，在β中存在某个个体γ使得γ是a的对应体，并且Φγ在β中是真的。

(3) 对于模态算子不在首位置的量化模态命题，刘易斯说：

如果模态算子不在初始位置，我们将翻译它所辖的子语句。并且如果有量化词位于模态算子的辖域之外，那么我们必须把变化范围限制在现实世界的事物范围之内，因为那就是在量化模态逻辑中的变化范围。而在对应体理论中一个不受限制的量化词将至少在所有世界以及所有在这些世界中的事物范围中变化。一个不包含模态算子的量化模态逻辑的语句——在模态背景下的非模态语句——直接把量化词限制在现实世界中的事物范围内而翻译过来。[①]

刘易斯认为对于不同于前面两种简单类型的量化模态命题，可以按照前面两种方式把模态算子所辖的命题翻译过来；对于不在模态算子范围内

---

① Lewis, D. K., "Counterpart Theory and Quantified Modal Logic", *Philosophical Papers*, Volume I(1983):30.

的量化词,应该把量化词的论域限定在现实世界之中。因为这就是对量化模态逻辑中非模态辖域中量化词的理解,也是不同于对应体理论的根本之处。只有这样,对量化模态逻辑的翻译才能更好且更准确地反映量化模态命题。

所以,对于模态算子不在首位置的命题,刘易斯认为,根据这条规则,我们需要做的是:一是对不在模态算子辖域中的命题进行限制量化,即由 Φ 获得 Φ^β,其中 Φ^β 是指 Φ 在现实世界中为真;二是对剩余的处在模态算子辖域的命题部分进行翻译。

而把 Φ 翻译为 Φ^β 为真,刘易斯提出了以下几条规则:

T1:把 Φ 翻译为 $\Phi^@$(即 Φ 在现实世界中为真),用初始概念可以翻译如下:

$$\exists\beta(\forall a(Ia\beta\equiv Aa)\wedge\Phi^\beta)$$

而由 Φ^β 定义的一些递归性命题,可以定义如下:

T2a:Φ^β 是 Φ,如果 Φ 是原子命题。
T2b:$(\sim\Phi)^\beta\equiv\sim\Phi^\beta$。
T2c:$(\Phi*\Psi)^\beta\equiv\Phi^\beta*\Psi^\beta$(其中 * 可表示为:$\wedge,\vee,\rightarrow,\equiv$)
T2d:$(\forall a\Phi)^\beta\equiv\forall a(Ia\beta\rightarrow\Phi^\beta)$
T2e:$(\exists a\Phi)^\beta\equiv\exists a(Ia\beta\wedge\Phi^\beta)$
T2f:$(\Box\Phi a_1\cdots a_n)^\beta\equiv\forall\beta_1\forall\gamma_1\cdots\forall\gamma_n(W\beta_1\wedge I\gamma_1\beta_1\wedge C\gamma_1a_1\wedge\cdots\wedge I\gamma_n\beta_1\wedge C\gamma_1a_1\rightarrow\Phi^{\beta_1}\gamma_1\cdots\gamma_n)$
T2g:$(\Diamond\Phi a_1\cdots a_n)^\beta\equiv\exists\beta_1\exists\gamma_1\cdots\exists\gamma_n(W\beta_1\wedge I\gamma_1\beta_1\wedge C\gamma_1a_1\wedge\cdots\wedge I\gamma_n\beta_1\wedge C\gamma_1a_1\wedge\Phi^{\beta_1}\gamma_1\cdots\gamma_n)$[①]

卡普兰提出,如果按照这个计划来翻译,那么对于下面这个命题 $\forall x\Box\exists y(x=y)$ 来说,无论 x 在某个世界中是否有对应体存在,该命题都是真的。该命题表达了如下意思:一切现实的事物都是必然的,而这样理解是值得怀疑的。为了避免从量化模态逻辑到对应体理论的翻译引起的这种反例,卡普兰提出用如下两个翻译公式代替 T2f 和 T2g:

[①] Lewis, D. K., "Counterpart Theory and Quantified Modal Logic", *Philosophical Papers*, Volume I(1983):30–31.本书略做改动。

T2f′: $(\Box \Phi a_1 \cdots a_n)^\beta \equiv \forall \beta_1 (W\beta_1 \rightarrow \exists \gamma_1 \cdots \exists \gamma_n (I\gamma_1\beta_1 \land C\gamma_1 a_1 \land \cdots \land I\gamma_n\beta_1 \land C\gamma_1 a_1 \Phi^{\beta_1}\gamma_1 \cdots \gamma_n))$

T2g′: $(\Diamond \Phi a_1 \cdots a_n)^\beta \equiv \exists \beta_1 (W\beta_1 \land (\forall \gamma_1 \cdots \forall \gamma_n) I\gamma_1\beta_1 \land C\gamma_1 a_1 \land \cdots \land I\gamma_n\beta_1 \land C\gamma_1 a_1 \rightarrow \Phi^{\beta_1}\gamma_1 \cdots \gamma_n)$

但刘易斯在他的对应体理论的翻译中并没有采纳这种建议。他认为，之所以不接受这种改变，一是因为这会导致量词解释的前后不一致，从而产生混乱；二是"会导致一波未平一波又起：如果使用T2j′(即上文的T2g′，本书注)，∃x◇(x≠x)(某些现实的事物是可能不自身同一的)就是真的，除非现实的一切事物在每个世界中都有对应体"①。而如果妥协选择T2f′和T2g′，"就会付出对可能性与必然性的日常成对理解的代价"②。所以，刘易斯最终还是使用他先前的翻译公式来翻译。

刘易斯认为，根据这种翻译方式，可以把量化模态逻辑的所有公式都翻译为对应体理论的公式，但并非任何对应体理论的公式都可以通过量化模态逻辑的表达式来表达，即存在某些对应体理论的公式在量化模态逻辑中不能表达出来。譬如说，对应体理论P1—P7这七条公设就不能通过量化模态逻辑来翻译。从这方面来说，刘易斯认为，他的对应体理论相比量化模态逻辑来说，表达能力和解释能力更强。从理论的竞争性来看，刘易斯认为，对应体理论相比量化模态逻辑既具有哲学上的合理化解释，同时也具有更强的解释能力。所以，对应体理论是处理模态问题的一种更有竞争力的理论。这是其第一个优点，而且也是最主要的优点。

除此之外，刘易斯还认为，对应体理论还具有以下两个优点："(1)对应体理论不是一个特定目的的内涵逻辑，而是一个理论。(2)量化模态逻辑的晦暗性已经被证明是难以处理的，而对应体理论的晦暗性如果不能被克服，至少是可以被分开的。我们可以追溯到两个独立的根源。一是我们对分析的不确定，因此不确定特定的摹状词是否描述了可能世界；二是我们对不同方面的相似与不相似的相对重要性不确定，因此不确定哪些事物是哪些事物的对应体。"③就第(1)条优点而言，这和量化模态逻辑的内涵性相关。在刘易斯看来，量化模态逻辑是一种专门为模态问题设置的有特殊目的的内涵性逻辑。而在量化模态逻辑出现之前，出现了许多处理相关问题的逻辑，比如说处理集合等问题的逻辑。这些逻辑都具有一个特征，那就

---

① Lewis, D. K., "Counterpart Theory and Quantified Modal Logic", *Philosophical Papers*, *Volume* I(1983):32.
② Ibid.
③ Ibid.

是它们都遵从标准逻辑的特征，都是外延性逻辑。而量化模态逻辑引入了模态算子"必然"与"可能"，从而引入了必然命题与可能命题这类内涵性实体，是一种内涵性逻辑。这种内涵性逻辑没有沿着标准逻辑的方向前进，而是为了这种目的专门创立的一种内涵性逻辑。并且，处理模态问题，不一定需要内涵性逻辑，可以用对应体理论来替代。对应体理论是符合标准逻辑方向的，是一种外延性逻辑。

与此相关，第(2)条优点也是如此。量化模态逻辑是一种内涵性逻辑，而量化模态逻辑的晦暗性就与这种内涵型实体相关。对于这种内涵型实体的晦暗性，目前并没有一种好的方法来处理，刘易斯也承认这种涉及模态问题的晦暗性即使采用对应体理论来处理，也并不能完全消除。虽然不能消除，但可以分解为两个较小问题，可以通过对这两个较小问题的解决来消除模态问题的晦暗性。这两种晦暗性的根源有两个。一是分析的不确定性，即一个摹状词是否描述了可能世界。这是对什么是可能世界的理解问题。也就是说，一个标准的摹状词是否真正描述了一个可能世界，这是对可能世界之可能的理解的不确定。二是对应体关系是一种相似的关系，而这种相似关系在标准的选择上并不确定，而且在这些相似标准的各个方面的比重上以及相似程度上都没有一个确定的标准，而这种不确定也导致了对应体关系的模糊性。在刘易斯看来，只要解决了这两个方面的问题，那么模态问题的晦暗性就可以消除。把一个大的问题分解为两个较小的问题，从刘易斯的论述中可以看出，他认为这是解决该问题的一个过程，是一种进步。

综上所述，在刘易斯看来，对应体理论相比量化模态逻辑有以下三大优势。一是理论上的更强竞争性。这主要体现在对应体理论在技术上解释能力更强。二是外延性的处理避免了量化模态逻辑为解决模态问题而特设的内涵性逻辑的处理方式。三是对应体理论可以把模态的晦暗性分解为两个更小的问题。相对于量化模态逻辑来说，这是一种进步。对于刘易斯所宣称的对应体理论的三个优势，第一个优势是因为对应体理论可以翻译所有的量化模态逻辑公式，但反过来不成立；第二个与第三个都与量化模态逻辑的内涵性处理方式和对应体理论的外延性处理方式相关，即量化模态逻辑是为处理模态问题而特别设立的内涵性逻辑，对应体理论是一种外延性逻辑。但是，对内涵性实体的理解并不像外延性实体那样明确，具有晦暗性，这也是导致模态逻辑受到非议的原因。

刘易斯关于对应体理论优势的分析是否真的具有说服力？先从第一个优势来看。对应体理论因为存在不能被翻译为量化模态逻辑的公式而被认为解释力不如对应体理论。关于这一点,可以把对应体理论与量化模态逻辑进行整体对比,而不是仅仅比较形式化。从量化模态逻辑公式到对应体理论的翻译可以看出,不可否认,量化模态逻辑的公式都可以翻译为对应体理论的公式。是不是有的对应体理论的公式就完全不能通过量化模态逻辑来解释呢?先看看从量化模态逻辑到对应体理论的翻译方法。

先看(1):

$$□Φ≡∀β(Wβ→Φ^β)$$
$$◇Φ≡∃β(Wβ∧Φ^β)$$

□Φ与◇Φ在量化模态逻辑中是合适公式,它们为真,在其解释中分别是在所有可能世界中为真和在有的世界中为真。而对应体理论的翻译就是对这种语义解释用形式化的方法表达出来。

再看(2):

$$□Φa≡∀β∀γ(Wβ∧Iγβ∧Cγa→Φ^βγ)$$
$$◇Φa≡∃β∃γ(Wβ∧Iγβ∧Cγa∧Φ^βγ)$$

□Φa与◇Φa在量化模态逻辑中为真,其语义解释分别是Φa在所有可能世界中为真和在有的可能世界中为真。对应体理论的翻译就是对这种语义解释的表达,只不过C被解释为对应体关系,在可能世界语义学中不是对应体关系,而是同一关系。但从根本上来说,它们的意义是一样的。

至于(3),是对(1)与(2)的综合运用,在(1)与(2)都是如此的情形下,那么(3)也必定就是如此。

同理,T2a—T2g也是如此。这里的差别只在于它们对现实世界的理解上的区别以及跨界同一与对应体关系的竞争。在模态实在论者看来,一切世界皆可为现实世界,不具有绝对性,一个世界是否为现实世界取决于认知主体,认知主体所在的世界即为现实世界。而量化模态逻辑所使用的可能世界语义学主要是由克里普克等人所创,而克里普克是典型的现实主义者,他认为现实世界是绝对的,就是我们所生存的世界,其他世界都不是现实世界。正因为有如此分歧,所以刘易斯在对应体理论中特别用形式把他的可能世界的现实观点刻画出来。

从这些翻译公式可以看出来,从量化模态逻辑到对应体理论的翻译公式其实就是把量化模态逻辑公式所表达的语义表达了出来,只不过在翻译过程中对对应体理论与可能世界语义学不同的哲学观点所表达的公式进行了相应的修正。反过来看，对应体理论的公式是不是就不可以解释为量化模态逻辑呢？譬如刘易斯所指出的P1—P7：

P1：$\forall x \forall y (Ixy \rightarrow Wy)$
P2：$\forall x \forall y \forall z (Ixy \wedge Ixz \rightarrow y=z)$
P3：$\forall x \forall y (Cxy \rightarrow \exists z\, Ixz)$
P4：$\forall x \forall y (Cxy \rightarrow \exists z\, Iyz)$
P5：$\forall x \forall y \forall z (Ixy \wedge Izy \wedge Cxz \rightarrow x=z)$
P6：$\forall x \forall y (Ixy \rightarrow Cxx)$
P7：$\exists x (Wx \wedge \forall y (Iyx \equiv Ay))$

P1所表达的语义是任何事物都在可能世界之中，P2就是任何事物都只存在于一个世界之中，P3与P4是指作为对应体关系的双方都存在于可能世界之中。P5与P6表达的是在一个世界中的事物的对应体是它本身，并且仅是它本身。而P7就是现实世界的索引问题。可以说，P1—P4以及P7都是模态实在论不同于其他理论哲学观点的阐释，但这些观点在可能世界语义学的解释中都有相对应的观点。至于P5和P6，这二者与可能世界语义学的解释的差异仅在于使用对应体关系代替了跨界同一，只要把C换成同一关系，那么该式在量化模态逻辑中仍然成立。

从以上两方面的分析来看，对应体理论的确可以翻译量化模态逻辑的公式，但量化模态逻辑也可以对对应体理论的公式给出相应的解释。所以，并不能因此认为对应体理论比量化模态逻辑的解释力更强。如果把对应体理论加上其语义解释与量化模态逻辑加上其语义解释做比较，只能说二者是相互竞争的关系，并不意味着对应体理论的解释能力比量化模态逻辑更强。

对于第二个优势，刘易斯认为，我们的标准逻辑都是外延逻辑，而量化模态逻辑是一种内涵逻辑。这种内涵逻辑的引进是一种特别为模态问题所设的逻辑，而对应体理论延续了标准逻辑的外延趋势，从逻辑发展的衔接上来说更加有继承性。这种理由未必有充分的说服力。模态问题不同于传统逻辑以及现代逻辑所讨论的问题，前者涉及内涵性实体，而后者不涉及内涵性实体。为了处理内涵性实体而坚持外延性的方法，这二者本身的衔接就是一个问题。内涵性实体和外延性之间如何通过形式的方法表示出来，二者是如何对接的？这也是这种处理方法所面临的问题。刘易斯的对应体理论是刘易斯认为处理模态逻辑的一种外延性方法的尝试，但这种尝试是以扩大该理论的本体范围以及不同本体的识别上的差异为代价的。这种代价也导致了模态逻辑的晦暗性处理的艰辛在对应体理论中也同样如此,并且后者也没有彻底解决这个问题。

这其实也是刘易斯所宣称的第三个优势。模态逻辑的晦暗性是难以消除的,即使刘易斯以一种外延的方式所建立的对应体理论也同样如此。从形式上来看,对应体理论是一种外延性理论,表面上消除了内涵性实体这种东西。但是刘易斯把本体的范围从现实世界中的事物扩大到所有可能世界及可能世界中的居住者,这种扩大从有利的方面来说,它使得所有模态命题都可以通过这些可能世界及其可能世界中的个体反映出来。但这种反映也面临着如下问题:除了现实世界之外,我们如何把握其他可能世界中的事实?对应体理论只是把这种把握内涵性实体的困难转移到对其他可能世界中的事实的把握上来。

虽然说刘易斯宣称的对应体理论相对于量化模态逻辑的优势并不是那样充分,但也不是说对应体理论没有它的优势。首先,从大的方面来说,对应体理论给出了一种不同于量化模态逻辑处理模态命题的新的尝试,也提供了一种新的形式化处理模态问题的可选择方案。其次,这种尝试虽然没有解决量化模态逻辑的难题,但它通过一种外延性的处理方式把这种难题进行了分解,而这种方式可能进一步推动模态逻辑的发展。最后,对应体理论的提出,也对可能世界以及相关的哲学问题的解决提出了一个新的选项,例如通过对应体关系来代替跨界同一关系,这为对可能世界的解释提供了一种与之前不同的选择。

第四节　对应体理论的争议分析

对应体理论作为模态实在论的一个重要组成部分,与模态实在论受到的"待遇"一样,自从提出来以后,就面临诸多争议,受到了多方面的批评。在对应体理论中,刘易斯用对应体关系代替了个体的跨界同一关系,通过对应体来表示事物在其他可能世界中发生的事态。"对应体关系"是对应体理论的核心概念,因此,对应体理论所受到的很多批评也都聚集在对应体关系上。此外,对应体关系与跨界同一等问题也涉及对个体的识别以及本质问题。所以对对应体理论的批判主要表现在以下几个方面。

一、对应体理论与模态的关系

对应体理论的核心是对应体关系。在刘易斯的模态实在论中,每个个体都是限界个体,不存在任何可以跨越世界的个体。刘易斯还认为,这些个体,无论是现实世界中的个体还是可能世界中的个体,它们都与现实世界中的事物一样,有具体与抽象之分。类似于牛、马这类事物的个体,无论在哪个世界中,都是具体的。每个个体都只能存在于一个世界中,这些承载模态关系的不同世界中的个体之间的关系就是一个问题。在温和实在论者看来,这些个体之间是同一关系,都是同一个对象。但刘易斯本人并不认同,这与他对"同一"概念的理解相关。对于"同一",刘易斯是如此理解的。他指出:"同一是十分简单和没有问题的。每个事物都与其自身相同一,没有事物与除它之外的任何事物同一。在使某物与其自身同一的关系上从来没有任何问题,没有情形能够使之不成立。并且在两物同一的关系上也没有任何问题,两个事物从来都不可能是同一的。"①即在刘易斯看来,同一只能是事物与其自身相同一,同一不能适用于两个事物,两个事物是不可能具有同一关系的。所以,在认定事物都是限界个体的前提下,刘易斯对跨界同一问题给出了否定的回答,代之以对应体关系。对应体关系表示的是这些不同世界中的个体之间是不同一的,它们之间具有对应关系,一事物可能发生的事态就是通过它在其他世界中的对应体在该世界中所发生的事实来表示的。这种观点受到了很多模态逻辑学家们的批评。他们认为通过对应体关系来表达不同世界中对应的个体之间的关系,这种表达与模态无关,也与主体没有任何关系,主体也不会关心。譬如说,亚里士多德可能不是哲学家。根据对应体理论的解释,即在某个可能世界中,某个很相似于我们这个世界中的亚里士多德的某个对象,他是亚里士多德的对应体,但他不是亚里士多德,他不是哲学家。在很多哲学家看来,这种解释与亚里士多德无关,那个很相似于亚里士多德的对象不是亚里士多德,他不是哲学家不能断定亚里士多德可能不是哲学家。而且,温和实在论的解释很符合直观。他们把这个模态命题解释为,那个可能不是哲学家的亚里士多德是一种可能情形,在某个可能世界中,亚里士多德不具有哲学家这个性质。

对于刘易斯对应体理论的这种质疑首先是由克里普克提出来的。克里普克以汉弗莱为例,他指出:"某事物在另一个可能世界中的对应体从来不会和该事物本身相同一。这样的话,如果我们说'汉弗莱可能赢得选举(仅当他做了如此的事情)',我们不是谈论可能发生于汉弗莱的某事,而是

---

① Lewis, D. K., *On the Plurality of Worlds* (Oxford: Blackwell Publishers Ltd., 1986), pp. 192-193.

其他的某人,一个'对应体'。但是,也许汉弗莱根本不关心在另一个可能世界中其他某人是否将会胜利,无论这个人是多么相似于他。如此,刘易斯的观点看起来比它所替换的跨界同一的通常观念甚至更加古怪。"①这个质疑也被称为汉弗莱质疑(the Humphrey objection)。

关于这个问题的争论,根源在于对同一问题理解上的争议以及可能个体的实在性的理解。从日常的模态观念来说,"亚里士多德可能不是哲学家"这个模态命题表达的是:存在某种情形,亚里士多德没有去研究哲学,也没能成为哲学家。那么根据可能世界语义学的解释,即在某个可能世界中,亚里士多德没有成为哲学家。这个世界的亚里士多德与我们现实世界的亚里士多德的关系如何呢?这是两派争论的焦点。正如前面所说,刘易斯认为,这两个亚里士多德是对应体关系,而不是同一关系。如果是同一关系,那么这种同一是什么样的一种同一呢?根据刘易斯对同一的认识,同一只能是个体与其自身的同一,那么在刘易斯的可能世界实在性的基础上,这种跨界同一必然会导致双重生命(double life),而且跨越世界的同一还会导致与莱布尼茨同一物不可辨别性原理的冲突。对于刘易斯的这个思想,路克斯做了清晰的说明:"刘易斯要求我们假定某个个别(称之为x)存在于一对世界w_1和w_2之中,既然它在w_1内被发现,我们可以叫它w_1的x;还有,既然它在w_2内被发现,我们可以叫它w_2的x。如果w_1和w_2是真正的不同世界,w_1的x和w_2的x的情况会是不一样的。假定w_1的x是个深色皮肤的海滩狂,他在夏威夷以冲浪度日。w_2的x是个苍白的形而上学学者,他几乎从不离开他的书房。如果是这样的话,w_1的x所具有的一些性质并不被w_2的x所具有,这些性质是深色皮肤的,是海滩狂和冲浪者。所以,如果x存在于w_1以及w_2内的话,这个实例违反了同一事物的不可区分性这个原理。刘易斯断定,因为基本上无人准备抛弃那个原理,我们必须抛弃这个个人存在于不止一个世界内的假设。"②正因为刘易斯坚持个体是限界的,只能存在于一个世界之中,再加上他对莱布尼茨同一物不可辨别性原理的坚持,所以,他否定了跨界同一的可能性。

在否定了个体可以跨界的情形下,对于"亚里士多德可能不是哲学家"这个模态命题,刘易斯只能使用对应体关系来解释。根据他的对应体理论,刘易斯可以接受的解释是:在某个可能世界中,存在一个个体,他非常相似于亚里士多德,是亚里士多德的对应体,但他不是哲学家。但是,这种解释遭到了以克里普克与普兰廷加为代表的众多学者的批评。他们认为这种解释导致那个个体与亚里士多德无关,也导致该命题的解释与模态无关。普

---

① Kripke, S., *Naming and Necessity* (Oxford: Harvard University Press, 1980), p. 45.
② 麦克尔·路克斯:《当代形而上学导论》(第二版),朱新民译,复旦大学出版社,2008,第201页。

兰廷加说:"根据对应体理论,存在一个世界 w……它包含了苏格拉底的一个愚蠢的对应体……并且它怎样与苏格拉底本身——我们世界的苏格拉底——可能是愚蠢的这个宣称相关?可能有一个愚蠢的人,他非常相似于苏格拉底;这个事实怎样表明苏格拉底可能是愚蠢的?"[1]在普兰廷加和克里普克等人看来,刘易斯的对应体理论因为讨论的不是和主体同一的个体,即使再相似于该主体,那也和该主体无关。因此,该个体所完成的任何事情都不能表明主体可能具有的属性,也就与主体的模态没有任何关系。

对于这个批评,刘易斯自己并没有给出特别的辩护。J.贝诺夫斯基(J.Benovsky)对该批评为刘易斯做了辩护。他认为,对应体从事的行为虽然不是个体的行为,但并不表示我们不会关心,也并非与我们毫无关系。他指出,对于汉弗莱质疑,"回答该问题的一种方式就是坚持,例如,'(杰瑞)可能身高175厘米'就是'(杰瑞)有一个对应体,他的身高是175厘米',后者是对前者的分析。但是,这样一种处理方式将很难使反对者信服。更好的,现在也是十分标准的方式是把它视作表征(representation)"[2]。他举例说,如果现实世界中的杰瑞(Jerry)和他非常相似,杰瑞登上了珠穆朗玛峰,他会为此很高兴。杰瑞虽然和他很相似,但杰瑞不是他,那么他为什么会高兴呢?"因为假定我们非常相似,他完成了登顶珠峰的壮举,意味着我也能完成。这也是常识和最自然的事情,也是我们经常思考从物模态的方式。"[3]在贝诺夫斯基看来,我们的对应体虽然不是我们,但并不意味着他们的事情和我们无关,我们不会关心。正是因为它们和我们很相似,所以它们完成的事情正好表达了我们可能完成的事情,这就是从物模态的思考方式。

哈瑞特·E.巴伯赞同贝诺夫斯基对模态对应体理论遭受"汉弗莱质疑"的辩护,并且在此辩护的基础上阐明了模态对应体理论能够承受汉弗莱质疑的原因。他认为:"(1)当 x 与 y 在完成 Φ 行为的相关特征上非常相似,那么 y 能完成 Φ 行为,代表 x 也可能完成 Φ 行为。(2)正是对应体理论所需要的东西。我们假定,汉弗莱和汉弗莱的对应体在政治成就的相关特征方面是相似的,所以,汉弗莱的对应体赢得了大选,代表了汉弗莱也可能赢得大选。"[4]他认为,正是相似性,特别是相关特征上的相似性,从而导致对应体所完成的行为表示了个体可能完成的行为,完成了对应体关系对从物模态的表达。在为贝诺夫斯基的辩护进行说明的基础上,他还对时间对应体理

---

[1] Plantinga, A., *The Nature of Necessity* (New York: Oxford University Press, 1974), p.116.
[2] Benovsky, J., "Alethic Modalities, Temporal Modalities, and Representation", *Kriterion: Journal of Philosophy*, vol.29, no.1(2015):22.
[3] Ibid.
[4] Baber, H. E., "Counterpart Theories: The Argument from Concern", *Metaphysica*, vol.22, no.1(2021):18.

论(temporal counterpart theory)和模态对应体理论[1]进行了区分,对时间对应体理论也进行了类似的辩护。他认为模态对应体理论能够承受汉弗莱质疑,时间对应体理论也能承受汉弗莱质疑。

笔者也认可贝诺夫斯基和巴伯为对应体理论所做的辩护。刘易斯之所以采取对应体理论,与他的可能世界观是一致的。在刘易斯看来,可能世界都是实在的个体,这是不可否认的,而作为可能世界中的个体,必然也是实在的。这种可能个体,与现实世界中的个体一样,都是具体的存在。但是可能个体不同于现实个体的是,它们是非现实的,因而不能把它们看作与现实世界和现实个体在同一个空间中。既然不在同一个空间中,那么它们就不是同一的,因为只有个体与自身才能同一,两个不同的物体不可能是同一的关系,所以刘易斯选择了对应体关系来代替同一关系。而且,根据上文的分析,如果从认识论的角度来理解,把对应体关系理解为情境的相似关系,对应体关系对从物模态的表达可被视为从物模态断定的一个理由,使用对应体来表达从物模态也是合理的。贝诺夫斯基也有相同的看法:"存在一个与我的情境非常相似的情境,在这个情境中,某件事发生了。所以,它也能在我的情境中发生。情况就是这样。事实是其他非常相似的情境的存在代表了我的情境的可能性,就像杰瑞(在现实世界)的成功表征了我(在现实世界)里成功的可能性,只要我们足够相似。主要的对应体理论的观点不比这更有说服力。"[2]所以,在表达模态问题时,对应体关系的相似性与情境的相似性,说明对应体关系与模态的关系并非如克里普克等人所说的毫无关系。

对于从物模态,从直观上来说,一个事物可能具有什么属性或者可能不具有什么属性,它的意思是说,在某种可能情形下它具有该属性。譬如说,小王可能会考上大学。该命题的直观解释就是,在某种情形下,小王考上大学,这是对该模态命题的直观表达。但是,从认识论的角度来看,当我们做这样一个断定时,我们是如何判断该命题为真或为假呢?当我们对这样一个模态命题进行断定时,我们必定有些依据。我们可能发现以前有一个学生,他的学习成绩和小王差不多,经过努力,他最终考上了大学。因此我们断定,也许小王现在成绩很差,但是他考上大学也是可能的。也就是说,在某种情境中,如果某个对象与小王非常相似,并且他考上了大学,那

---

[1] 刘易斯的对应体理论就是贝诺夫斯基和巴伯所指称的模态对应体理论。时间对应体理论是指个体在不同时间的瞬时阶段(有些学者翻译为"相")的相似性,从而称它们为"时间对应体关系"。
[2] Benovsky, J., "Alethic Modalities, Temporal Modalities, and Representation", *Kriterion : Journal of Philosophy*, vol.29, no.1(2015):23.

么我们就可以断定小王可能会考上大学。按照巴伯的说法,这就是时间对应体理论。从认识论的角度来说,断定一个从物模态为真,就是找到或者可设想一个非常相似于现实世界的情境。在该情境中,某个非常相似于该对象的个体,能够具有该属性,就表明对象可能具有该属性。可能命题如此,必然命题同样如此。一个从物模态命题被断定为真,它对应的是情境,这种情境非常类似于现实世界的情境,而这种非常类似于现实世界的情境在模态实在论中就是通过对应体来表达的。对应体关系就是一种相似性关系,并且外在的相似性在相似的权重中占有重要的地位,这与情境的相似性不谋而合。如果从这个角度来理解对应体关系,那么对应体的特征就能得到很好的解释,而且这种解释也使得使用对应体关系来取代跨界同一有了直观的背景。

如果从认识论的角度来理解一个从物模态命题的真,并且把对应体关系理解为情境的相似关系,那么用对应体关系来表达模态承载主体之间的关系就不是那么难以接受了。根据这种理解方式,跨界同一是从从物模态表达的角度来说的,对应体关系是从认识论的角度对从物模态进行断定来说的。从这点来说,对应体理论在哲学辩护上就有了不弱于跨界同一的存在理由,而这两个关系的竞争也就成为它们所具有的解释能力以及面临的其他问题的竞争。在对应体关系中,刘易斯并没有完全放弃从物模态的表示功能。在刘易斯看来,对应体理论和模态实在论一样,正是由于其强大的解释能力而著称,这是对应体理论,也是模态实在论存在的理由与最大价值。

反过来看,把跨界承载主体之间的关系视为同一关系的观点,也是坚持了本质的共有性。克里普克在讨论本质主义的时候,就是把本质作为不同世界中的个体同一的标准。当一个物体跨越不同世界的时候,只要它的本质是不变的,那么它还是它本身;或者说当不同世界中的两个个体具有相同的本质,那么它们就是同一的。这就是跨界同一的识别标准,而这与刘易斯的对应体关系有异曲同工之妙。刘易斯的对应体关系是一种相似关系,这种相似关系涉及多个方面,而这些相似方面最终还是离不开本质。这就是对应体理论受到批评的第二个方面,即对应体关系的识别问题。

二、对应体关系的识别标准

对应体关系在对应体理论中占有重要地位,起着核心的作用,它在对应体理论中的地位就如同跨界问题在温和实在论中的地位。刘易斯正是用对应体关系代替跨界同一关系而创立的不同于温和实在论的一种关于可能世界的理论——模态实在论。在温和实在论中,跨界同一问题经常引起人们的争论;在模态实在论中,对应体关系也面临着如此的问题。而关于对应体关系的一个重要的问题就是如何判别对应体。

对于对应体关系,刘易斯认为,这不必然是一一对应关系,可能是一对多,可能是多对一,也可能是在某个世界中没有对应体。这种对应体关系之所以如此复杂,一方面是因为对应体标准——比较全面相似性,另一方面也与刘易斯把可能世界与可能性分开有关。刘易斯并不把可能性等同于可能世界,即一个可能世界就是一种可能性,而是把可能性等同于对应体。一个对应体所表示的状态表达一种可能性,不排除一个可能世界包含多个非常相似于对象的个体——对应体,所以一个可能世界中就包含了多种可能性。从这两方面来说,刘易斯也承认第一方面所面临的模糊性更大。刘易斯说:"就像任何比较全面相似性关系一样,它受到大量的非决定因素影响:(1)关于哪些相似和差异的方面计算在内;(2)关于这些被计算在内的方面的权重;(3)关于所需要的最小的相似标准;(4)关于在什么程度上消除那些足以相似的竞争者,当他们面对那些呼声更强的候选者竞争的时候。"[①]从这里可以看出,刘易斯本人是意识到对应体关系的相似性标准的模糊性的。并且他也认为,相似性标准的模糊性,是不可避免的。因为,在刘易斯看来,相似性标准是为了说明模态问题的,模态问题本来就是模糊的。正是模态问题的模糊性,导致了相似性标准不可能是清晰的。他还认为,与其把模糊的问题建立在错误的坚实的基础上,不如建立在可变的基础上,让模态问题的可变性与可变的基础共变。相似性虽然是模糊的,但这种模糊还是具有相对清晰性的,正如青和蓝,它们都是模糊的,但是它们之间的相对关系是清晰的。

不可否认,相似性标准太模糊了,比较全面相似性都没有一个相似方面的次序排列以及相似方面的相对权重的确定的大致标准,从而使得对应体的判定困难重重。虽然在这些相似标准中,刘易斯特别强调起源的重要性,但仅凭这一点也是无法确定对应体的。在面对那些对对应体关系相似性标准的模糊性的批评时,刘易斯还是做了一定的阐释,试图从理论上给出一个可以接受的对应体关系的相似性标准,那就是本质。他认为:"本质和对应体是相互定义的。我们把某物的本质定义为它所有对应体并且仅有它的对应体所具有的属性;某物的对应体就是任何拥有它本质属性的事

---

① Lewis, D. K., "Counterpart Theory and Quantified Modal Logic", *Philosophical Papers*, Volume I(1983):43.

物。(这不是说这个属性是这个对应体的本质,或者甚至不是这个对应体的一个本质属性。)"[1]他通过本质以及本质属性把个体与它的对应体联系起来,使得本质成为判断是否是对应体关系的一个标准。刘易斯把本质与对应体关系相互定义,在某种程度上也回答了对其对应体理论的另一个质疑,即任何事物的任何属性都是其本质属性,甚至就是它的本质。刘易斯对本质与对应体的相互定义,从另一个方面可以看出,刘易斯仅仅是把温和实在论在处理模态承担载体之间关系的跨界同一替换为对应体关系,因为无论是跨界同一还是对应体关系,它们都有一个理论上的识别标准,那就是本质。跨界同一的两个个体之所以同一,是因为它们都具有该事物的本质;对应体关系的两个对象之所以为对应体,也是因为它们都具有原对象的本质。但不同的是,在对应体理论中,满足对应体关系的对应体具有原对象的本质,并不意味着该属性就是该对应体的本质,甚至都不是其本质属性。从这点可以看出,刘易斯对本质的理解与日常理解的本质不同,即本质不是事物成为其自身的充分且必要条件。在刘易斯这里,本质似乎更多表现为它的必要条件,而不是充分条件,但这个必要条件也不是一般意义上的必要条件,而是必要条件加上一定程度的充分条件,或者说是弱化的充分条件。这一点可以从他对对应体关系的相似度来理解。并不是具有了本质就一定是它的对应体,必须具有足够的相似度才能成为对应体。

如果把本质理解为事物的必要条件和弱化的充分条件,那么刘易斯的对应体关系的解释可能更加明了。刘易斯宣称对应体关系大多数是一一对应,可能是一对多对应,也可能是多对一对应,也存在在某个世界中没有对应体的可能。因为,弱化的充分条件就对应着比较全面相似性的模糊性,从而使得对应体关系除了一一对应之外,还有其他的对应可能。

如果这样来理解对应体关系,那么刘易斯的相似性标准就可以得到解释。虽然该解释不能完全消除对应体关系的模糊性,但在某种程度上给予了对应体关系一定的确定性。这种确定性就类似于跨界同一的本质识别标准,只是对这种对应体关系的识别标准进行了弱化处理。

至于对刘易斯的对应体理论与模态无关,可能世界中发生的事实与现实世界中的主体无关的批评,这还在于对不同世界中两个个体的关系的理解。笔者认为,当温和实在论承认跨界同一的时候,不可避免地承认了两个世界中有两个实体存在。这与对应体理论的区别就在于把它们视作什

---

[1] Lewis, D. K., "Counterpart Theory and Quantified Modal Logic", *Philosophical Papers*, *Volume* I (1983):35.

么样的一种关系,在于对同一关系的理解。对这个观点,张文琴提出了两个反对意见。一是"承认跨界同一的哲学家强调的是个体不是限界的,它们整个地存在于两个不同的世界中,他们并没有承认有两个实体(个体),而是强调一个个体整个地存在于两个世界中"①。笔者认为,整存论和分存论是相对于个体在时间中的持存来说的,不能因此推论出温和实在论认为的个体在不同世界中整存。在对个体的界定中,温和实在论主张个体都是三维的实体,而三维是空间关系,不同可能世界具有不同的时空关系。而且,如果个体都是整个地存在于不同的世界中,那么个体的跨界同一就只能是个体与其自身的同一,就无法回避"偶然的内在属性难题"。因此,笔者认为,不能因此主张温和实在论认为实体也是在不同世界中整存的。跨界同一关系与跨时间同一关系虽然具有一些类似的特征,但不能简单地混为一谈。二是"至于通过本质属性进行跨界识别的问题,寻找一个个体事物的对应体是否要根据其本质属性来确定?按刘易斯的看法,本质是模态概念,需要用对应体理论来说明。如果用本质属性来识别对应体,似乎会陷入循环定义"②。笔者认为,对应体关系与本质的相互确定就像跨界同一与作为识别标准的本质的相互确定一样,似乎都陷入了循环定义的怪圈。在温和实在论识别不同世界中的对象跨界同一时,其判断标准是它们具有相同的本质。反过来看,本质就是事物成其为自身的属性,不会随着世界的改变而改变。简而言之,本质就是一事物在不同世界中都具有的属性。如果说对应体关系与本质的相互确定犯了循环定义的错误,那么温和实在论的跨界同一与本质的相互确定也犯了类似的错误。就如同模态算子"必然"与"可能"的关系一样,必然=不可能不,可能=不必然不,那么这是不是也属于循环定义呢?但是当我们在确定其中之一的情况下,另一个也随之确定了。对于对应体关系的识别与本质的关系,可以把其中一个设为既定概念,另一个概念可以根据它来确定。同理,对应体关系与本质可以相互定义的问题不能简单视之为循环定义的谬误问题。所以,笔者认为,温和实在论的跨界同一与模态实在论的对应体理论之间的区别主要就是对不同世界中的相应对象是理解为同一关系还是相似关系。

之所以有这种差异,在于刘易斯与克里普克等人在对同一的理解上存在较大的差异。刘易斯理解的同一关系标准太高了,同一关系就是满足莱

---

① 张文琴:《大卫·刘易斯逻辑哲学思想研究——以反事实条件句为中心的考察》,上海社会科学院出版社,2018,第94-95页。
② 张文琴:《大卫·刘易斯逻辑哲学思想研究——以反事实条件句为中心的考察》,上海社会科学院出版社,2018,第95页。

布尼茨同一物不可辨别性原理,即任何两个对象如果同一,那么一个对象具有的属性,另一个对象必定也具有。根据这个标准,一个对象只能与其自身同一,不可能存在两个不同的对象满足同一的标准。而温和实在论的同一关系仅仅要求都具有共同的本质,而这正是刘易斯对应体的要求,只是刘易斯所理解的本质是一种弱化的本质。这也就意味着,刘易斯主张的对应体关系是弱于温和实在论的跨界同一的要求的。但是无论对这两个世界中的个体主张什么样的关系,根据温和实在论与模态实在论,另一个世界中相应对象所发生的事实就是这个世界中的主体可能显现的状况。对应体理论的主要问题就是刘易斯对同一物不可辨别性原理的错误使用——同一物不可辨别性原理不能跨越时间、空间使用,更不能跨越世界使用——这是对同一物不可辨别性原理适用范围的任意扩大化。

第五节　对应体关系与情境

一、对应体关系替换跨界同一的原因

模态命题在日常生活中也是经常出现的一种命题,正是因为模态命题在日常生活中的频繁出现,对模态命题的研究才会有如此悠久的历史。但对模态命题的研究,现在主要表现在对模态命题的形式表达和语义解释上。比如说,一般认为,一个命题是必然的,那么该命题在所有可能世界中为真;一个命题是可能的,那么该命题在至少一个可能世界中为真。可能世界语义学是对该解释的一种更系统、更形式的刻画。还比如对于本质的解释,一个事物必然具有某属性,可以表示为该事物在它所存在的任何世界中都具有该属性。这些都是对模态命题的表达上的解释。但是,从人类的认识来看,我们更关注的是一个模态命题如何被发现和认识的问题。虽然,对一个模态命题进行表达,进行语义解释,从表面来看它们都可以被视为对模态命题断定的一种形式,但是用这种语义表达断定一个模态命题的真假是相当困难的,甚至是不具有可操作性的。无论是对于从言模态命题还是从物模态命题,都是如此。根据对从言模态的表达,一个必然命题为真,就是指在所有可能世界中该命题都是真的;而对于从物模态的表达,一个事物必然具有某属性,就是指该事物在所有它所存在的世界中都具有该属性。这些都涉及可能世界问题。无论对可能世界持有哪一种观点,但是在这一点上是共同的,即可能世界是在经验的探查之外,这就使得模态命题的解释方式不足以帮助我们在日常使用中断定一个模态命题的真假。而从模态命题的断定上来看,尤其是从从物模态命题的断定来看,刘易斯的对应体理论是一个很好的尝试。

对应体理论是模态实在论的另一重要构成部分,"对应体关系"是对应体理论的核心概念,刘易斯正是使用对应体关系代替跨界同一来表达事物的模态属性。因此,正确地理解对应体关系,对于对应体理论的把握有着重要的价值。根据模态实在论的观点,每个世界都是孤立的,每个世界中的个体都是限界个体,都只能存在于它所在的那个世界中,没有任何个体可以跨越世界而存在。刘易斯的对应体关系是在否定个体的跨界同一的基础上,主张通过其他世界中相似的个体来表达事物的模态属性。

刘易斯否定跨界同一的原因有两个。一是他的可能世界主张。可能世界都是孤立的,隔绝的,世界中的每个个体都是限界个体,只能存在于它所存在的唯一的世界之中。二是对莱布尼茨的同一物不可辨别性原理的坚持。在对该原理坚持的前提下,那么偶然的内在属性难题就成为其不可回避的问题。由于每个世界中的个体与其他世界中的个体都会表现为在某些属性或关系上的差异,因而,根据同一物不可辨别性原理,跨界同一是不存在的。如果我们坚持跨界同一关系,那么就会违反同一物不可辨别性原理。在刘易斯看来,这个代价太大了,是难以接受的。但实际上,在笔者看来,刘易斯在这里使用同一物不可辨别性原理是对该原理的误用。同一物不可辨别性原理只能针对同一时间、同一地点、同一对象,跨越时间或空间的个体就不适用于该原理。按照刘易斯本人在个体持存中的分存论观点,一个个体在不同时刻的瞬时部分都是不同的,因为不同时刻的瞬时部分必定具有不同的属性或关系。譬如说,成为美国总统之前的奥巴马和成为美国总统之后的奥巴马,前者不具有美国总统这个属性,而后者具有美国总统这个属性,但他们是相同个体在不同时间的瞬时部分,就不遵循该原理。因而,按照刘易斯对同一物不可辨别性原理的理解,该原理是不能跨越时间来使用的。当然,对于跨界问题来说,更不能拿来使用。所以,刘易斯以同一物不可辨别性原理来否定跨界同一关系,是对该原理的误用。但是,从模态实在论的理论一致性来看,因为刘易斯主张每个可能世界是由所有具有时空关系的世界伙伴构成的整体,而可能世界都是孤立、具体的个体,因而每个世界中的个体与其他世界中的个体都不具有时空关系,也没有因果关系,因而更谈不上同一关系。所以,刘易斯否定了跨界同一,代之以对应体关系,实际上也是其可能世界理论的一致性要求。当然,从他的分析中可以看出,他采取对应体理论也是为了回避偶然的内在属性难题,他认为跨界同一不能解决偶然的内在属性难题,而对应体理论不会出现该难题。

二、对应体关系与情境的相似性

对应体关系不是同一关系,而是一种比较全面相似关系,但是这种比较全面相似关系的模糊性受到了大多数人的诟病,而且刘易斯本人也不否认该关系的模糊性。但是他认为这种模糊性是不可避免的,因为这根源于模态问题本身的模糊性。关于对应体关系的相似性标准,刘易斯对此做过多次论述,他强调起源的重要性,但又否认起源在所有情况下都是最重要的观点。他还认为,相似性标准的具体确定要看语境,在什么情况下使用对应体关系要看所表达的内容。例如,汉弗莱可能赢得大选,那么在寻找汉弗莱的对应体时,他的起源可能未必是最重要的。这时候更关注的应该是他相关的政治特征,因为这些特征才与他赢得大选有特殊的关系。虽然根据语境的判断方式给出了相似性标准的判定标准,但其任意性和不确定性还是很大。最终,为了说清楚相似性标准,刘易斯在他的对应体关系中引入了本质主义,但他对本质的理解与一般的理解存在些许差异。"本质和对应体是相互定义的。我们把某物的本质定义为它所有对应体并且仅有它的对应体所具有的属性;某物的对应体就是任何拥有它本质属性的事物。(这不是说这个属性是这个对应体的本质,或者甚至不是这个对应体的一个本质属性。)"[1]但是,刘易斯的本质不同于亚里士多德的本质,他的本质更像是一种弱化的本质,因为这种本质不足以决定具有该本质的对应体成为其本身。刘易斯的本质是事物及其对应体都具有的,但不必然决定该物成为其自身。这种本质不是事物成为其自身的充分且必要条件,而是必要且不充分或者说弱化的充分条件。正是因为如此的标准,对应体关系才满足并非一一对应、非对称以及非传递的特征。

如何理解这种对应体关系?为什么刘易斯主张如此特征的对应体关系?结合刘易斯对可能世界的理解,从这个世界的我们的立场上以及认识论的角度来考虑,那么对应体关系就有一个很合理的解释。对应体关系是

---

[1] Lewis, D. K., "Counterpart Theory and Quantified Modal Logic", *Philosophical Papers*, Volume I (1983): 35.

一种相似关系,正是这具有充分的相似关系的对应体表达了事物的模态属性。刘易斯认为,这种相似关系的标准并非事先确定的,而是受到大量的非决定因素的影响。比如说,两个事物有很多相似方面和差异方面,究竟选择哪些相似的方面和差异的方面？它们各自的权重是多少？相似度要达到什么程度才构成对应体关系？当有多个竞争者时,确定什么样的相似度能够排除其他的竞争者？确定什么样的相似度使得这些竞争者都成为其对应体？而且,相似关系标准并非事先确定,可以推论出在模态判断中选择相似的对应体时,是受到具体背景影响的。这也意味着,对应体的选择不仅仅与对象相关,还与该对象所表达的命题所处的背景相关。这种背景与对象一起构成的相似性标准就表现为该命题为真的情境,也就意味着对应体的相似关系表现为情境的相似关系。

对于情境,巴威斯和佩里指出:"实在是由情境构成的,而情境则是在各种各样的时空场点上具有性质和处于关系的个体。我们总是处于情境中,我们看到它们,引起它们的出现,并对它们持有态度。"①他们对情境的界定是从现实世界出发的,情境是现实世界的构成部分。从这个定义可以看出,情境与可能世界具有密切的关系。贾国恒指出,情境不同于传统意义上的可能世界,二者存在明显的区别。根据情境语义学,情境与可能世界的区别主要表现在情境是小的,局部的,是现实世界的部分;而可能世界是大的,整体的。但他还指出,可能世界与情境有着密切的联系。"情境语义学设定一个最大的情境,即现实世界。为了理解的方便,可以把现实世界视为普通情境的巨大的理想化投射。同样,也可以设定最大的可能情境,即现实世界的可能呈现状态,这显然就是指可能世界。"②所以,这种依据于情境的识别方式并没有完全脱离可能世界。

对于克里普克、普兰廷加等人对对应体关系与模态无关的批评,前文也做过分析。刘易斯本人虽然没有对这些批评给予有力的回应,但贝诺夫斯基和巴伯都在论文中给予相应的辩护,认为对应体理论表示的虽然不是与主体同一的个体的行为,而是与主体非常相似的个体的行为,但该个体的行为并不是与主体无关的,主体也并非不关心对应体的行为。而且,贝诺夫斯基也特别指出,对应体行为是主体可能的行为的表征,并不是主体不关心的行为,也并非表示与主体无关的行为。所以,根据前面对可能世界的了解以及对应体关系与情境的对应关系,那么对对应体关系与模态无关的质疑就不成为一个重要的问题。在对可能世界的理解上,刘易斯是站

---

① 乔恩·巴威斯、约翰·佩里:《情境与态度》,贾国恒译,南京大学出版社,2015,第6页。
② 贾国恒:《情境语义学研究》,中国社会科学出版社,2012,第140页。

在现实世界的立场上,以现实世界为蓝本,从认识论的角度来理解其他可能世界。在对对应体关系的理解上,我们是否也可以同样如此?我们在谈论模态命题时,总在谈论模态命题的表达问题,但对于一个模态命题,我们是如何认识的呢?汉高祖刘邦起义的成功,说明了"王侯将相,宁有种乎"的可能性,也让后来的李自成等农民起义者看到了他们起义成功的可能性。刘邦不是李自成的对应体,更不是李自成自身,为什么可以从"刘邦起义成功了"看到"李自成等农民起义者成功"的可能?而这正是由于相似的情境关系,才导致了该模态命题的断定。"刘邦起义成功了"肯定不能被视为"李自成起义可能成功"的模态表达,因为根据模态表达的观点,这句话可以表示为"在某个可能世界中,李自成起义成功了"。很显然,"刘邦起义成功了"不是"在某个可能世界中,李自成起义成功了"的表达,也不是"在某个可能世界中,李自成的对应体起义成功了"的表达。所以,"刘邦起义成功了"不能被视为"李自成起义可能成功"的表达,但是从"刘邦起义成功了"可以认识到"李自成起义可能成功"的可能性。可见,在对模态问题的认识上,对应体关系所表达的情境的相似也正是日常判断模态命题真假的方式。正是由于情境关系的相似性,对应体关系才不会是一一对应关系,一个可能世界才可能包含多于一种的可能性。

所以,对模态命题进行研究,我们可以从两个角度入手。一是最直观的方式,即模态命题如何表达,如何进行形式解释;二是从模态命题断定、对日常使用中的模态命题的真假进行判断的角度来研究。前者就是温和实在论的处理方式,其主张跨界同一,"汉弗莱可能赢得大选"就是"在某个可能世界中,汉弗莱赢得了大选","汉弗莱必然赢得大选"就是"在所有可能世界中,汉弗莱必然赢得大选"。这是对模态命题表达的方式,不同世界的"汉弗莱"是同一的,也是汉弗莱本人关心的问题。后者就是模态实在论的处理方式,对应体理论可以被理解为此种方式的一种尝试。"汉弗莱可能赢得大选"就是指"在某个可能世界中,汉弗莱的对应体,但不是汉弗莱本人,赢得了大选"。"汉弗莱必然赢得大选"就是指"在所有可能世界中,汉弗莱的对应体,但不是汉弗莱本人,赢得了大选"。虽然这些"汉弗莱的对应体"不是汉弗莱本人,但他们赢得大选并非汉弗莱不关心的问题。在汉弗莱看来,这些非常相似于他的对象赢得了大选,那么他很可能赢得大选;这些非常相似于他的对象都赢得了大选,那么他一定会赢得大选。所以,这些"汉弗莱的对应体"赢得大选对于汉弗莱本人来说,对于我们旁观者来说,都会得出"汉弗莱可能赢得大选"的模态认识。

综上所述,刘易斯主张对应体理论,是他模态实在论的系统一致性追求。但是,对应体理论并非如同克里普克等人批判的那样,与模态无关,主体也不关心。他与温和实在论者主张的跨界同一的区别首先在于二者对于同一的理解的差异。如果忽略二者对同一的理解差异,对应体关系与跨界同一有诸多共通之处。从模态表达来看,温和实在论的跨界同一确实更符合我们的常识和直观,更胜一筹;但从认识论上来说,对应体理论能更好地说明我们对模态可能和必然的认识的来源。因为,对应体关系与情境具有高度相似性。相似情境发生的事情说明了另一情境事件发生的可能与必然。所以,如果把对应体关系视为情境相似,对应体关系在具体的模态命题中的使用表现为具有相似情境的相似个体的真假的断定,而跨界同一理论难以说明模态认识的来源问题。在这一方面,对应体关系更胜一筹。

小　结

对应体理论是刘易斯模态实在论的重要构成部分。"对应体关系"是对应体理论中最核心的概念。对对应体关系以及对应体理论的研究是刘易斯模态哲学思想研究的重要构成部分。

本章通过对对应体理论的研究,对刘易斯对应体关系以及对应体理论进行了系统的阐释。刘易斯采用对应体关系来取代跨界同一关系,最根本的依据就在于莱布尼茨的同一物不可辨别性原理。笔者认为,这是对同一物不可辨别性原理的误解,该原理不能适用于跨界同一问题。而且,刘易斯采用对应体关系,有以下两个原因。一是刘易斯对同一关系的理解。刘易斯认为同一只能是个体与自身的同一,并且是不跨越时间、地点、世界的同一,即只要是同一,就必须遵守同一物不可辨别性原理。二是可能世界理论一致性的要求。刘易斯对可能世界的主张要求否定个体跨界存在,由此必然否定跨界同一问题,对应体关系的选择是其可能世界理论对一致性的要求。

在阐释对应体理论的优点的同时,寻找哲学上的解释来说明对应体理论的合理性。对应体理论的核心概念是"对应体关系",根据对对应体关系的相似标准的研究发现,对应体关系的相似性标准与情境的相似性标准是非常一致的。因而,对应体关系的来源可以从情境的角度来理解。而且,在使用情境来解释对应体关系的情况下,对应体关系的不必然传递性、不必然对称性以及不必然一一对应等特征就能很好地得到解释。

所以,在对应体关系面对与模态无关的批评下,我们可以从两方面来看待:一是模态命题的表达,二是模态命题的认识与断定。对应体关系受到的与模态无关的批评,正是从模态命题的表达方面来说的;但从模态命题的认识与断定方面来说,对应体关系恰好表达了对事物模态的认识与断定。从认识与断定的角度来理解对应体关系,以及从对应体关系相似标准中外在方面占有很大的权重来看,对应体关系的相似标准的根源就在于情境。而且,从认识的角度来理解对应体关系,与站在这个世界的我们的立场上来理解可能世界,是一脉相通的。

第四章

归结主义方法

刘易斯的模态实在论除了包含可能世界理论以及对应体理论之外,还包含了把可能个体(包含可能世界以及可能世界中的居住者)与模态论述中的一些概念联系起来的方式——归结主义。总体来说,模态实在论就是由这三部分构成的。可能世界理论与对应体理论是关于模态实在论的形而上学的设定——可能世界以及可能世界中的居住者这两种可能个体的理论。这两种个体也被称为可能个体,是模态实在论本体设定的两种事物,而其他的相关概念都是通过这两种个体来表达的。在通过这两种个体来表达这些概念的时候,刘易斯借用了集合论的工具,通过集合把这两类个体与所要表达的其他一些概念联系起来,并且把这些概念归结为这两类个体的集合,这种方式被称为归结主义。

第一节 归结主义的基础及原因分析

一、模态实在论的本体论

可能世界的理论是有关本体论层面的一个理论,但是对可能世界理论的讨论必定涉及该理论的本体承诺问题。可能世界是不是实体?除此之外还包含哪些实体?对这些问题的不同回答也决定了对可能世界持有不同的观点。

在关于可能世界的理论中,实在论是其中主要的一种类型。而在这种类型中,温和实在论与模态实在论是其中两种代表性的竞争性理论。这两种理论,它们的首要设定,或者说它们在承诺的本体上都有很大的差异,而这种差异在很大程度上决定了两种理论的不同发展。这两种理论,虽然它们都认为可能世界以及可能世界中的个体都是实在的,但是对于这种实在的性质以及与现实世界的关系有不同的理解。在温和实在论者看来,可能世界都是实在的,但是这种实在与现实世界的具体事物的实在是不同的。现实世界中的具体事物,例如,牛、马等,都是一种具体的实在,而可能世界中这种事物的实在是一种抽象的实在。根据刘易斯的模态实在论,可能世界以及可能世界中的事物都是实在的,而且这种实在并不是像温和实在论者认为的抽象的实在。从对具体与抽象的四种常见的区分方式来看,刘易斯更倾向于认为可能世界以及可能世界中的事物都是一种具体的实在,和现实世界中的事物是一种类型的实在。可能世界与现实世界,可能世界中的事物与现实世界中的事物也没有根本性的区别,它们的区别只在于立足点不同。温和实在论者更多的是坚持现实主义,他们认为可能世界这种抽象的实在,并不是存于现实世界之外,而是存在于现实世界之中的,是现实世界内的抽象实在。而模态实在论者则相反,刘易斯认为,可能世界与现实世界是完全平权的具体实在,可能世界以及可能世界中的事物,都不在现实世界(即我们这个世界)[1]之中,而是在现实世界之外,它们共同存在于逻辑空间之中。因此,温和实在论坚持的是一种现实主义的观点,他们承认的本体存在仍旧是现实世界以及现实世界中的事物。而刘易斯的模态实在论认为,可能世界与现实世界在实在类型上没有区别,它们都是一样具体的,可能世界中的居住者也与现实世界中的居住者一样具体,都是实在的,没有任何区别,而这也构成了模态实在论本体承诺的范围。

  相对于温和实在论,刘易斯的模态实在论在本体承诺上扩大了,其本体承诺包含了两种对象:可能世界(包含现实世界,现实世界也是可能世界之一)这种大个体和可能世界中的居住者这种小个体。对于刘易斯的这种设定,很多人都批评说它承诺的本体太多了,所有可能的个体都在实在的范围之内,不仅包含可能世界,还包含可能世界中的个体。相对于现实主义,刘易斯的模态实在论扩大了本体的范围,把本体论从现实世界扩展到所有可能世界。他们批评这种本体论是难以接受的。正如路克斯所说:"它的批评者感到,这种解释是一篇神秘的科学幻想小说。他们的反应是,在读完了以上几页之后,读者会难以克制地宣称:'他不可能真的相信所有这些世界以及它们的居住者都真实地存在于那里!'"[2]还有的学者认为,刘易斯的本体论承诺的事物太多了,不符合原则。例如,约瑟夫·米利亚(Joseph Melia)认为:"刘易斯的模态实在论要求本体论中包含独角兽、灵魂、金山、(北欧神话中的)巨人、平行的宇宙——实际上,每一种可能的东西。"[3]威廉·莱肯(William Lycan)也认为,刘易斯承认可能世界以及可能世界中的居住者与现实世界中的居住者是一样的,这种观点类似于奥地利哲学家迈农的理论。迈农认为任何一个合适的指称表达式都对应于一个实体,并且这种实体都是存在的,即使是一些矛盾的实体,比如,圆的方。刘

---

[1] 刘易斯因为对现实世界采取索引性解释,因此,他所说的"现实世界"不是一个绝对概念,而在这里所说的现实世界是根据日常理解来说的,即这里的现实世界就是指我们这个世界。
[2] 麦克尔·路克斯:《当代形而上学导论》(第二版),朱新民译,复旦大学出版社,2008,第205-206页。
[3] Melia, J., "A Note on Lewis's Ontology", *Analysis*, vol. 52, no.3(1992):191-192.

易斯因为承认这些可能个体的实在,因此,在量化的范围上也扩展到这些可能个体。因此,莱肯说:"我的意思是我根本就不能理解严格的迈农式的量化;对于我来说,它实际上只是垃圾或噪声。"①他们都认为,刘易斯的本体承诺了太多的对象,是难以接受的。

对于这些批评,刘易斯是这样回答的。他首先承认他的本体论承诺了比一般的本体论更多的东西,但他认为这种更多的东西只是类所包含的事物的增加,而不是类上的增加。刘易斯是这样论证的:

可能世界的实在论在俭约性的立场上可能被认为是不合理的,虽然这可能不是反对它的一个决定性论证。然而,要区分两种俭约性:质的和量的。一个理论在质上是俭约的,如果它保持基础实体种类的数目不上升,如果它只设定集合而不是集合与不可归结的数字都设定,或者只设定粒子而不是粒子与场都设定,或者只设定肉体而不是肉体与灵魂都设定。一个理论在量上是俭约的,如果它保持所设定的种类的个体的数目不增加,如果它设定 10^{29} 个电子,而不是设定 10^{37} 个电子,或者只设定人的灵魂,而不是设定所有动物的灵魂。我赞同这样一个普遍的观点,在哲学或经验假定下,质的俭约性是好的,但是我不认可任何支持量的俭约性的预设。我关于可能世界的实在论仅仅在量上是不俭约的,而不是在质上是不俭约的。②

在对本体论设定的评价上,刘易斯区分了两种俭约性原则:一种是质上的,一种是量上的。他认为他的模态实在论虽然在量上是不俭约的,但在质上是俭约的。而且,对于这两种俭约性,刘易斯认可质的俭约性,而不认可量的俭约性。所以,他的模态实在论虽然把本体论设定的范围从现实世界扩大到可能世界,但是这种扩大只是相同种类中数目的扩充,而不是新的种类的增加,是满足质的俭约性的,因而是可以接受的。正如他自己所说:"你已经相信我们的现实世界。我让你相信那个种类的更多事物,而不是某个新种类的事物。"③从刘易斯的辩护来看,刘易斯认为,模态实在论首先在质上是俭约的,而仅在量上不满足俭约性要求,无论是从哲学上还是从经验上来看,质的俭约性都是要坚持的,但没有充分理由把量的俭约

---

① Lycan, W.G., "The Trouble with Possible Worlds", in *The Possible and the Actual: Readings in the Metaphysics of Modality* (Ithaca: Cornell University Press, 1979), p. 290.

② Lewis, D. K., *Counterfactuals* (Malden: Basil Blackwell Ltd., 1973), p. 87.

③ Ibid.

性也作为反对模态实在论的一个标准。此外,莱肯的批评,把刘易斯对可能个体的认可类比于迈农的个体理论,这种类比并不是很合适。刘易斯虽然承认金山、独角兽等个体,但他认为,所有这些个体都是可能个体,都存在于可能世界之中。但是,迈农的个体,只要是合适的语言表达式所指向的对象都是存在的。这两种理论所承认的个体,可以说有着根本性的差别。而这种根本性就体现在这种个体是否是可能的。可以说,迈农的对象包含了比刘易斯的本体承诺的对象更多的东西,除了可能个体之外,还包含一些不可能的个体。张文琴对刘易斯的辩护做了充分的肯定,她认为刘易斯的本体论是符合俭约性原则的。"根据刘易斯的模态归约主义[①]的立场,可能世界可以说明其他实体,如属性、法则、模态等,其实刘易斯的本体论承诺已经非常简约经济了。而且前文还分析了他将世界的可能的存在方式等同于世界,恰恰是出于本体论上经济的考虑,因此,如果要以本体论的简约作为标准来衡量刘易斯的理论,那么给出的不应该是批评意见,而应该是支持的理由。"[②]在张文琴看来,刘易斯承诺的个体虽然在量上要多一些,但是他把可能世界与可能世界的存在方式等同起来,并且把属性、法则、模态等其他实体通过归结主义的方法用可能世界以及可能世界的个体来表达。他的本体论与其他理论比较起来,承诺的实体不仅没有增加,甚至有可能减少,所以刘易斯的本体论并没有不经济。笔者也基本支持该观点,认为刘易斯的本体论并不像批评的那样,他只承认了两种实体——可能世界与可能世界中的个体。与温和实在论相比,他的确多承认了可能世界以及可能世界中的个体这些实体,但是他把属性、法则等其他的实体都省略了。从这一方面来看,相比温和实在论,模态实在论在本体承诺的俭约性上具有一定的优势。总体来说,模态实在论承诺的实体未必比温和实在论承诺的更多。如果用刘易斯本人的观点来说,从质上来看,模态实在论承诺的本体比温和实在论更加符合俭约性原则。

所以,刘易斯的本体论仅仅包含了可能世界以及可能世界中的居住者这两类个体,并且仅仅由这两类个体构成。当然,由这些个体经过合适的方式所组成的整体也是可能个体,也是本体承诺的范围。但并不是所有由这些个体所组成的整体都是可能个体,只有在一个世界之中的个体构成的整体才可能是可能个体,否则就是不可能的个体。譬如说,由我们世界中一个国家的人所构成的整体,这也是一个可能个体;而由不同世界中的个

[①] 张文琴这里使用的模态归约主义就是本书所指的可能世界的归结主义。
[②] 张文琴:《大卫·刘易斯逻辑哲学思想研究——以反事实条件句为中心的考察》,上海社会科学院出版社,2018,第130页。

体所构成的集合,如果把它看作一个个体,那么在刘易斯看来,这个个体就是不可能个体。所有这些可能个体构成了模态实在论的本体论承诺的范围,因为这些可能个体都是由一个可能世界中的个体构成的。根据刘易斯的观点,我们只要把握住这些构成部分,就能把握整体了。所以,刘易斯的本体论承诺中,最根本的就是两类个体:可能世界以及可能世界中的居住者。

二、刘易斯采用归结主义的原因分析

可能世界的理论在本体论的选择上有所不同,学者在用可能世界理论去解释各种模态概念时也有着分歧。不可否认,在可能世界上的本体论承诺的不同选择会影响解释方式的选择,但除此之外,必定还受到其他因素的影响。譬如说,虽然温和实在论与模态实在论都承认可能世界是实在的,但他们所选择的解释方式确实不同。刘易斯的模态实在论选择了可能世界的归结主义的解释方式,把那些概念都通过可能世界以及可能世界中的个体用归结主义方式表达出来。但普兰廷加在温和实在论中采取了一种相对应的方式,他的这种方式既不是可能主义的,也不是归结主义的,而是一种现实主义的方式,并且把这些概念通过网状的方式相互解释。那么不同的世界理论在选择这些解释方式的时候,其依据是什么呢?或者说,我们在讨论刘易斯的模态实在论时,刘易斯为什么采用可能世界的归结主义的方式呢?

首先,归结主义的选择离不开模态实在论形而上学的设定。根据模态实在论,存在的只有具体的个别,这些具体的个别只包含可能世界以及可能世界中的居住者,而对于形而上学唯实论所宣称的模糊的实体并不认可,所以在关于本体论的设定上,模态实在论坚持了可能世界唯名论的立场。在这个问题上,不同的学者可能持有不同的意见。在路克斯看来,刘易斯的模态实在论坚持了唯名论立场,张文琴对此持反对的观点,她认为刘易斯是唯实论者。"他(指刘易斯,笔者注)相信属性和关系的存在,也接受事物之间具有客观的相似的属性——他称之为自然属性(natural properties)……刘易斯不仅接受属性,而且认为自然属性具有特殊的本体论地位,因为自然属性可以很好地说明自然律、因果性、精神内容等形而上学议题,并且很好地处理我们关于外部世界的常识,解释事物之间的相似性。"[1]在笔者看来,刘易斯也谈论属性和关系,不否认它们的存在,但是在他的模态实在论中,他认为这些都可以通过归结主义的方法,用可能世界、可能世界中的居住者以及集合论的方法表达出来。也就是说,在刘易斯的模态实在论承诺的本体中,仅有可能世界以及可能世界中的居住者,而其他的属性关系等,都不在他的本体论承诺的范围内,都是借用这些本体通过归结主义方法表达出来的。所以,刘易斯在模态实在论中坚持的是唯名论的本体论承诺。那么模态实在论在坚持可能世界唯名论的基础上,该如何谈论"性质""关系""命题"等模态概念？因为在唯名论者看来,这些都不是具体的实体,不在模态实在论承诺的范围之内。但不可否认,这些概念对于模态命题,无论是从物模态还是从言模态,都是不可或缺的。唯名论者拒斥这种模糊实体的存在,但又不得不谈论这些概念。刘易斯认为,最好的方式就是把这些概念通过所承诺的那些具体实体表达出来,而这种表达方式就是把这些概念通过归结为相应的具体个体的集合。这就是模态实在论的本体论对归结主义解释方式的要求。

其次,归结主义的解释方式还与刘易斯对"属性"等概念的理解相关。对于"属性"这类概念的理解,刘易斯认为:"相反,我们有'属性'这个词,它是通过在日常的和哲学的各种使用场景中引入进来。因此在我们日常思维中以及许多哲学理论中,这个单词与它所发挥的作用联系在一起。使用'属性'这个名字就是为适合发挥正确的理论作用,或者更恰当地说,是作为一类实体,它们集合在一起适合于发挥正确作用。"[2]在刘易斯看来,对"属性"的理解,不能把它理解为具体的实体,它之所以被谈论,就是因为它所发挥的作用。无论是在日常生活中还是在哲学理论中,"属性"这个概念、这个名字就是与它所发挥的作用联系在一起的,而这种作用,就是通过它所归结的那些实体的集合来共同发挥的。也就是说,"属性"这个概念就体现在它的作用上,而归结为那些具体个体的集合,也同样能发挥它们的作用,并且这种方式是一种更好的方式。"属性"这类概念是不是仅仅体现为作用？在刘易斯看来,似乎如此。而且,在对"属性"这类概念的使用中,刘易斯首先不承认它们是具体的实体,不在本体承诺的范围。它们所体现出来的就是它们的作用,而这种作用是可以通过归结主义的方式,或者说一些实体的集合来替代的。如果不把这二者视为同一类事物,或者说,如

---

[1] 张文琴:《大卫·刘易斯逻辑哲学思想研究——以反事实条件句为中心的考察》,上海社会科学院出版社,2018,第59页。
[2] Lewis, D. K., *On the Plurality of Worlds* (Oxford: Blackwell Publishers Ltd., 1986), p. 55.

果把"属性"这类概念仅仅视为它们的作用,那么刘易斯所采用的方式就是一种实用主义——仅仅从功用上来考虑"属性"等概念,而不考虑"属性"的其他方面。在这种理解方式下,如果把属性仅仅视为它们所发挥的作用,把对"属性"等概念从功用的角度采用归结主义的方式来解释,只要归结双方的功用是可以相互替换的,那么这种归结就是可以接受的,无论这种归结主义的方式是否得到学界的接受和认可。不可否认,刘易斯在采用归结主义的方式来解释"属性"等概念时,离不开对这些概念的理解。

最后,可能世界的归结主义相对于现实主义的归结主义来说,前者的采用还与现实主义的归结主义所受到的批评有关。现实主义的归结主义把归结的资源限定在现实世界之中,因为可归结资源的有限性,从而导致存将不同属性归结为具有共同外延的集合。对此,刘易斯有清醒的认识。"每个人都同意把属性视为这个世界的例示的集合是不合适的,因为如果两个属性碰巧具有共同的外延,那么它们会被看作是等同的。一些人会说把属性视为穷尽所有世界的例示的集合也一样是坏的,因为如果两个属性是必然共外延的,那么它们也会被认为是等同的。"[①]对于现实主义的归结主义所面临的问题,刘易斯通过把归结主义的资源扩展到可能世界以及可能世界中的个体,希望通过归结资源的扩大避免出现不同属性共外延的情况,以此来解决这个问题。那么,把归结的资源扩大到可能世界可以避免不同属性的共外延问题吗?刘易斯对此持肯定态度。他认为,他的可能世界的归结主义可以避免这样的问题。他举例说道:"所有并且仅仅有心脏的动物都是有肾脏的动物,所有并且仅有会说话的驴都是会飞的猪,因为它们都不存在。但是有心脏的属性不同于有肾脏的属性,因为可能存在一个动物,它有心脏而没有肾脏。同样,是会说话的驴的属性也不等同于是会飞的猪的属性。所以说,如果我们把属性视为集合,那么不存在一些明显不同但偶然具有共同外延的属性。"[②]对于现实主义的归结主义,这些共外延的属性仅仅只是偶然共外延的,在现实主义的归结主义上,可能不能区分这种偶然性。但是,根据可能世界的归结主义,如果两个属性是不同的,就算它们在现实世界中是偶然共外延的,在可能世界中必定会存在个体具有一种属性而不具有另一种属性,那么它们还是可区分的。而这种区分就是把归结主义扩展到所有的可能世界。"根据模态实在论,这些'偶然共外延'的属性根本不是共外延的。它们仅在我们忽略其他世界的例示的情形下才会显示为如此。如果我们考虑所有的例示,那么绝不会发生两个

---

① Lewis, D. K., *On the Plurality of Worlds* (Oxford: Blackwell Publishers Ltd., 1986), p. 55.
② Ibid., p. 51.

可能不同的属性具有共同的外延。两个属性是否具有这个世界的相同例示,这是偶然的。但是它们是否普遍具有相同的例示则不是偶然的。"[1]刘易斯认为可能世界的归结主义可以避免现实主义的归结主义所面临的问题,并且能很好地解释这个问题,这也是刘易斯选择可能世界的归结主义的一个理由。

第二节　可能世界的归结主义

一、归结主义的内容

可能世界理论是为解决模态问题服务的,不同的可能世界理论在解释模态问题方面可能采取不同的方式。而模态实在论,如上所述,在本体上只承认可能个体的实在,而不承认属性、命题等共相的实在,坚持可能世界的唯名论。虽然刘易斯不承认属性、命题等共相的实在,但他也承认这些概念在分析模态问题中是必须要面对的。那么,在不承认这些概念作为实体存在的前提下,如何理解这些概念?刘易斯认为,我们可以通过已经相信并承认的可能个体来表示。刘易斯在承认这些可能个体存在的前提下,引进了一个工具——集合,把"命题""属性"等概念通过集合的工具与可能个体这类资源归结性地解释出来,而这种解释方法,就被称为"归结主义"。因为刘易斯所使用的资源是扩充到可能世界以及可能世界中的居住者,因而这种归结主义也被称为"可能世界的归结主义",以区别于"现实世界的归结主义"。

首先,刘易斯主张可能世界的归结主义,总体来说是为了谈论"属性"这类概念而提出的。由于模态实在论只承认可能世界及可能世界中个体是实在的,而"属性"这类概念并不在模态实在论的本体范围之内,为了把对唯名论的坚持以及"属性"这类不可回避的概念都保留下来,刘易斯提出:"最简单的方式就是把属性看作它的所有例示的组合——所有的它们,这个世界和其他世界的。例如,是一头驴的属性就表示为所有驴的集合,

---

[1] Lewis, D. K., *On the Plurality of Worlds* (Oxford: Blackwell Publishers. Ltd., 1986), p. 55.

我们这个世界的以及其他世界的驴。"①也就是说,一种属性是通过具有该属性的所有的个体的集合来表示的。这些例示不仅包括我们这个世界的个体,也包括其他世界中的个体。所有具有该属性的个体,即所有可能世界中例示该属性的个体的集合。

属性可以表示为所有可能世界中具有该属性的所有个体的集合,关系也同样可以如此来表示。刘易斯认为,关系也是类似于属性的一种形式。如果把属性视为所有具有该属性的个体的集合,那么二元关系就可被视为所有可能世界中满足这种关系的二元有序对的集合。譬如说,"大于"这种关系,可以通过所有满足该关系的二元有序对构成。同样,三元关系就被视为由所有满足该关系的三元有序对构成。依次类推,n元关系就可以被视为由所有满足该关系的n元有序对构成。

我们经常谈到许多事物具有相对的属性,而这种属性不能简单地归结为具有该属性的个体的集合。譬如说:"渴不是一种你普遍拥有或缺少的属性,你有时候具有这种属性,而在其他时候你不具有这种属性。道路在不同的地方具有不同的属性,在这儿是平的,在那儿是有泥的。"②像"渴的"或者"平的"或者"有泥的"这些属性,都不是仅仅受个体这一个因素的影响,还受到时间或者地点等因素的影响。把这些相对属性视为前面所谈到的属性,并且仅仅把这些相对属性归结为所有具有该属性的个体的集合。譬如说,"渴的"这种相对属性,对于每个生物个体来说,都存在或者存在过"渴的"状态,如果把"渴的"这种相对属性也归结为所有具有该属性的个体的集合,那么"渴的"这种属性就会归结为所有从生理机能上对水有需求的生物的集合,但是这个集合很明显难以发挥"渴的"这种相对属性的作用。因此,就会产生这种相对属性的集合明显扩大了这种属性的例示范围。所以,对于这种相对属性,刘易斯认为:"通过相对方式具体呈现的属性不可能是它的例示的集合。因为当某物在相对于这具有它而相对于那而不具有它的时候,该事物是包含在这个集合中还是不在该集合中?"③该如何解释这个问题呢?刘易斯指出,很多哲学家在根据可能世界和个体构造属性时,经常采取的方法有:一,把属性视为从世界到事物集合的函数,然后给出每个世界中满足相对于该世界的属性的事物;二,把它视为世界-时间序列事物的函数,然后说明这些暂时的属性。如果根据哲学家们经常采取的方法,可能世界的归结主义是否也应该采取类似的方法?刘易斯对此持否

---

① Lewis, D. K., *On the Plurality of Worlds* (Oxford: Blackwell Publishers Ltd., 1986), p. 50.
② Ibid., p. 52.
③ Ibid., pp. 52-53.

定的态度。他指出,这些理解方法都不对。"我发现那样的构建是一种误导:一事物相对于另一个所拥有的可能更好的是被称为一种关系,而不是一种属性。"[1]虽然,不否认这种相对关系之所以具有这种相对关系,与个体具有的属性是不能完全分开的,但是这种相对属性不是普遍具有或缺失的属性,而属性必定是普遍具有或缺失的。所以,把这种相对属性简单地视为属性是不合适的,它更像关系。

如果把这种相对属性理解为关系,那么这个问题就比较容易解决了。譬如说,"渴的"这种相对属性,如果理解为关系,那么它就是从世界—时间到个体的函项,可以表示为个体与时间的一种关系。例如,"渴的"可表示为 $\{<t_1,a_1>,<t_2,a_2>,<t_1,b_1>,\cdots\}$ 这样一个集合。其中每一个个体(用a、b等表示)在时间 t_i 时是渴的。虽然这种归结过程中没有使用可能世界这个因素,但是因为在刘易斯看来,每个个体都是限界个体,因而每一个个体都带有世界的性质。当指出任何一个个体在某个时刻是渴的时候,世界的因素已经包含在其中了。当然,如果把时间的因素添加到这个相对属性之中,那么这种相对属性就可以表示为真正的属性了。譬如说,"在 t 时刻是渴的"这种属性,即所有可能世界中满足在 t 时刻是渴的这种属性的所有个体的集合,即所有例示这种属性的个体的集合。

在确定了属性与关系的归结主义解释之后,刘易斯也对命题采用了同样的方法。他说:"我把命题等同于特定的属性——即那些仅仅通过完整的可能世界来具体例示的属性。那么总的来说,如果属性是它们的例示的集合,那么命题就是可能世界的集合。"[2]命题就类似于属性,属性可以归结为所有具有该属性的个体的集合,而命题可以归结为所有使得该命题为真的可能世界的集合,即命题是可能世界这种大的个体的集合。而一个命题在属于其集合的元素,即该集合中的每一个可能世界中为真。

和属性相似,刘易斯认为,命题也有一些相对性的命题,即相对于这或那为真的命题。譬如说,时态命题。这类命题除了与世界有关之外,还与时间有关,在某些时刻是真的,而在其他的时刻则是假的。对于这类命题,它可以被视为与世界以及时间有关系的命题。如果根据可能世界的模态实在论观点,时间是不能跨界等同的,那么这种相对命题就可以被简单地视为一种属性,仅仅是时间的一种属性,即是由使得该命题为真的时间组成的。此外,涉及自我的命题也同样如此。自我命题(egocentric proposition)就是指相对于一些人为真而对于另一些人为假的命题。这种命题与时间

---

[1] Lewis, D. K., *On the Plurality of Worlds* (Oxford: Blackwell Publishers Ltd., 1986), p. 53.
[2] Ibid.

命题一样,它是从世界—个人到真值的函数,是一种关系。如果承认模态实在论对于个体存在于一个世界的限定,那么每个人都是确定世界中的个体,没有跨越世界的个体,从而这种从世界—个体到真值的函数就是从个体到真值的函数,因而这种相对属性就可以表示为个人的集合,即使得该命题为真的那些个人的集合。

无论是属性、关系还是命题,可能世界的归结主义都主张用个体的集合来表示。一般来说,属性可以归结为所有具有该属性的个体的集合,关系可以归结为所有具有该关系的有序对的集合,而命题可以归结为所有使得该命题为真的可能世界的集合。除此之外,相对属性或者相对命题,都可以表示为一种关系,即把相对的因素添加进去,从而构成的一种关系。当然,根据模态实在论,任何世界都是相互孤立的,个体不能跨界存在,不同世界的时间等因素也不能完全等同,那么这种关系的世界因素可以省去,从而变成相对于影响因素的属性。

二、归结主义的标准

可能世界的归结主义是模态实在论所采取的一种解释那些重要的模态概念的方法。但是,这种方法未能得到学界的一致认可,很多人都对这种方法提出了批评。温和实在论者就是其中的代表。他们认为:

> 我们应该拒绝可能主义者的这个观点,在现实世界内没有被发现的对象是存在的,我们应该支持现实主义的这个观点,我们的世界穷尽了存在的事物。他们辩论道,推动刘易斯的可能主义的归结论项目并没有成功……他们所声称的是,我们可以把可能世界确认为在现实世界内被发现的事物。他们认为,对于事物在许多方面可以是另外的样子的这个观点,我们能够提出彻底的现实主义解释。根据他们的解释,可能世界这种框架通常完全没有扮演它在刘易斯理论中的角色。可能世界不再像唯名论者那样被用来把模态概念归结为非模态概念。这些哲学家否定我们可以超越命题,性质,事物模态,命题模态这些概念所构成的网络体系。[①]

根据温和实在论,可能世界的归结主义的问题主要出现在两个方面。一是体现在可能世界方面:即对可能世界的解释可以限制在现实世界中,

---

① 麦克尔·路克斯:《当代形而上学导论》(第二版),朱新民译,复旦大学出版社,2008,第207-208页。

所有的事物都处在现实世界中,现实世界之外不存在任何事物。二是归结主义并不能成功解释这些概念。温和实在论采取的就是不同于可能世界归结主义的另一种方法,通过"性质""命题""事物模态""命题模态"等概念所构成的网络体系来解释。

正如上节所说,刘易斯之所以采用可能世界的归结主义方法,这与他对模态实在论的本体设定相关,也与他对"属性"等概念的理解有关。归结主义的方法提出来之后,在这些批评中,很大一部分是对把属性与集合这两类不同事物等同起来观点的反对。属性与事物的集合为什么可以等同?刘易斯曾指出:"我们有'属性'这个词,它是通过在日常的和哲学的各种使用场景中引入进来的。因此在我们日常思维中以及许多哲学理论中,这个单词与它所发挥的作用联系在一起。使用'属性'这个名词就是为适合发挥正确的理论作用,或者更恰当地说,是作为一类实体,它们集合在一起适合于发挥正确作用。"[1]对这段话,可以做两种理解:一是"属性"这个概念之所以被称为属性,是因为它所发挥的作用,而这种作用可以通过"事物的集合"来替换;二是"属性"这个概念虽然不同于"事物的集合",它们是两类事物,但是它们所发挥的作用是可以相互替代的,即"属性"这个概念所发挥的作用可以通过相应的"事物的集合"来替换。

如果根据第一种理解方式来理解"属性"这个概念,那么,"关系""命题"等概念也同样就是相应作用的名称。关系就是其所发挥作用的名称,命题也同样如此。如果以这种方式来理解"属性""关系""命题"等概念,那么这些概念所代表的内涵就完全消除了,因为它们只是它们所发挥作用的名称。这样一种理解方式与对这些概念的直观理解相去甚远。但是,如果以这种方式来理解"属性"等概念,并且把这种理解方式应用在归结主义方法中,那么这表明了刘易斯在使用归结主义方法的时候,是把这些概念在功用上与相应"事物的集合"等同起来。这意味着,在这种理解方式上,"属性"这个概念所发挥的作用可以通过具有该属性的事物的集合来替代,"关系"这个概念所发挥的作用可以通过具有该关系的有序事物对的集合来替代,而"命题"这个概念所发挥的作用可以通过使得该命题为真的所有可能世界的集合来替代。

如果根据第二种理解方式来理解"属性"这个概念,那么在这种理解方式下,刘易斯并没有否定"属性"等概念的其他含义,而是在使用归结主义方法时,把功用作为其归结的标准。"属性""关系""命题"等概念之所以可

---

[1] Lewis, D. K., *On the Plurality of Worlds* (Oxford: Blackwell Publishers Ltd., 1986), p. 55.

以被归结为相应个体的集合,就在于它们在作用上可以相互替代,并非二者是完全等同的关系。

所以,不论刘易斯对"属性"等概念采用上述两种解释中的哪一种,不可否认,刘易斯在使用归结主义方法时,之所以把这些概念归结为相应个体的集合,就在于前者在所发挥的作用上可以通过后者来替代。

譬如说,对于属性来说,假定某个属性F,根据模态实在论的归结主义,属性F可以表示为在所有可能世界中具有属性F的个体a_1、a_2、$\cdots$、a_n的集合,即可以记为:$F=^{red}\{a_1,a_2,\cdots,a_n\}$($=^{red}$表示归结为,并把该集合记为A)。在谈论"属性"这个概念在模态论述中的作用时,主要有以下几种表达方式:个体与属性构成命题,比如Fa;通过添加模态算子□与◇,构成相应的必然模态命题□Fa与可能命题◇Fa。而在命题中的表现形式,的确可以通过相应事物集合的替换来完成。Fa可以表示为a∈A;□Fa可以表示为a∈A∧(Cb₁a∧b₁∈A)∧(Cb₂a∧b₂∈A)∧⋯∧(Cbₙa∧bₙ∈A)∧⋯,(其中b₁、b₂、⋯、bₙ、⋯都是a的对应体,并且穷尽了a的对应体),用量化公式可以记为∀b(Cba→b∈A),即所有a的对应体都具有F性质;同样,◇Fa就可以表示为∃b(Cba∧b∈A)。

同理,关系概念也同样如此。譬如说,二元关系G,根据模态实在论的归结主义,二元关系G可以表示为所有具有该关系的二元有序对构成。现假定$G=^{red}\{\langle a_1,b_1\rangle,\langle a_2,b_2\rangle,\cdots,\langle a_n,b_n\rangle\cdots\}\equiv B$,那么G(a,b)就可以表示为⟨a,b⟩∈B;□G(a,b)就可以表示为:∀x∀y∃w(Cxa∧Cyb∧Ixw∧Iyw→⟨x,y⟩∈B);同样,◇G(a,b)就可以表示为:∃x∃y∃w(Cxa∧Cyb∧Ixw∧Iyw∧⟨x,y⟩∈B)。对于命题也可以同样如此来表示,只要把归结的对象转换为可能世界即可。

所以,如果把可能世界的归结主义的标准限定为"属性""关系""命题"等概念在模态论述中所发挥的作用,那么通过相应个体的集合是可以进行替换的。而刘易斯的模态实在论所采用的可能世界的归结主义正是以这些概念所发挥的作用作为归结标准的,他并不认为归结的双方是完全等同的,也不认为它们在任何时候都是可以替换的。

第三节　对可能世界归结主义的争议分析

一、可能世界归结主义所面临的质疑

可能世界的归结主义作为模态实在论的重要构成部分,在提出之后,也面临着与可能世界理论和对应体理论同样的处境。模态实在论的可能世界理论和对应体理论在提出之后,受到了许多学者的批评,而可能世界的归结主义也同样面临着类似的批评。这些批评主要体现在以下两个方面。

第一,根据模态实在论的归结主义,"属性"概念被归结为具有该属性的可能个体的集合。对此,可能会出现如下情形:两个不同的属性所归结的集合可能具有完全相同的元素,即它们的外延是相同的。这种对可能世界的归结主义的质疑是对现实主义的归结主义的质疑的延续。现实主义的归结主义面临着这样的质疑,即不同的属性却归结为相同的集合。在批评者看来,可能世界的归结主义也不能很好地解决该问题。譬如说,有心脏的动物就是有肾脏的动物。从对属性的理解来看,"是有心脏的动物"与"是有肾脏的动物"没有相同的属性,但是现实世界的生物学规律告诉我们,凡是有心脏的动物都是有肾脏的动物,凡是有肾脏的动物也都是有心脏的动物。也就是说,"是有心脏的动物"与"是有肾脏的动物"是两种不同的属性,但是它们在现实世界中具有共同的外延,这是针对其归结的集合有元素的情形。如果两个属性归结的集合没有元素,那么它们也具有共同的外延。譬如说,"是会说话的驴"与"是会飞的猪",这是两种不同的属性,但是因为在现实世界中都不存在具有该属性的个体,因而所归结的集合都是空的,也具有共同的外延。刘易斯认为,他的可能世界的归结主义很好地解决了这个问题,"有心脏的动物"与"有肾脏的动物"虽然在现实世界中具有相同的外延,但是在某个可能世界中完全可能存在一个动物:它有心脏,而没有肾脏;或者存在一个动物,它有肾脏,但没有心脏。同理,虽然现实世界中不存在会说话的驴,也不存在会飞的猪,但是我们不能排除这种可能性——在某个世界中,存在会说话的驴,或者存在会飞的猪,但是它们并不相同。那么在所有可能世界中,这两种属性所归结的集合就具有不同的元素,没有共同的外延,从而不是同一种属性。对于刘易斯的这个回答,批判者又举出了这样一种例子来反驳:"三角形是三边形",或者说"是三角形"与"是三边形"。因为这种同一是数学上的同一,也是逻辑上的同一,即不可能存在一个事物,它是三角形,但不是三边形;或者它是三边形,但不是三角形。所以,在批评者看来,刘易斯的可能世界的归结主义虽然扩大了归结的资源,消除了一些不同属性却具有共同外延的例子,但并没有从根本上改变归结主义导致不同属性却具有共同外延的状况。

第二,归结主义把"属性"概念归结为具有该属性的事物的集合,该集合包含了该属性的例示,那么该例示就应该本质地具有这种属性。对于一个事物来说,它具有该属性或者不具有该属性就不可能是偶然的。譬如说,"是哲学家"是一种属性,根据模态实在论的归结主义,"是哲学家"这个属性可以表示为这样一个集合$A=\{x|x$是哲学家$\}$,集合A中包含了我们这个世界的哲学家,也包含了其他世界的哲学家。据此,亚里士多德是集合A的元素,即亚里士多德$\in A$。那么从本质上讲A是不是就拥有亚里士多德这个元素呢?或者说,亚里士多德是不是本质上就具有哲学家这个性质呢?因为,"是哲学家"这个性质归结的集合已经包含了亚里士多德,那么亚里士多德就不应该不具有这个性质,即亚里士多德具有"是哲学家"这个性质不可能是偶然的,而是必然的,即这个属性应该是亚里士多德的本质属性。但是,从直观上来说,"是哲学家"这个性质不可能是亚里士多德的本质属性。根据克里普克对个体本质的分析,即使不是哲学家,亚里士多德仍然是亚里士多德,就如同尼克松如果不是美国总统,他仍然是尼克松一样。这是归结主义导致的第二个问题。

以上两点是对可能世界的归结主义的两个质疑。第一个质疑是对现实主义的归结主义的批评的继续。批评者认为现实主义的归结主义没能解决具有共同外延的不同属性的等同问题,而可能世界的归结主义也未能解决这个问题。可能世界的归结主义的确消除了一些现实主义的归结主义所面临的问题的实例,但是并没有从根本上解决该问题。即使把在现实世界中具有共同外延修改为必然具有共同外延,这个问题仍然存在。而第二个问题就是可能世界的归结主义所面临的新问题,因为可能世界的归结主义把个体的范围扩展到所有可能世界,因此才会出现这样的质疑。

二、刘易斯对质疑的答复

对于可能世界的归结主义所面临的质疑,刘易斯有清晰的认识,并给予了他对这两个问题的答复。在刘易斯看来,以上两个质疑从表面上看都构成了对归结主义的反驳,但实际上并没有。在1983年,他对这两个质疑都给予了详细的回复。

首先,对于第一个质疑,刘易斯承认,现实主义的归结主义的确存在把两个偶然共外延的属性等同起来的状况。譬如说,"是有心脏的动物"与"是有肾脏的动物",这两个属性是不同的属性,而它们在现实世界中有共同的外延。同样,"是会说话的驴"与"是会飞的猪"这两个属性,因为在现实世界中都不存在具有这两个属性的事物,因此,通过现实主义的归结主义,这二者所归结的事物的集合都是空,也具有共同的外延,从而应该把这两个属性视为相同的属性。刘易斯认为可能世界的归结主义可以避免这类问题的出现。他说:"根据模态实在论,这些'偶然共外延的'属性根本不是共外延的,它们仅当我们忽略其他世界的例示时才会显现如此。如果我们考虑所有的例示,那么绝不可能出现两个可能不是相同的但共外延的属性的情形。两个属性是否拥有这个世界的相同的例示是偶然的,但它们是否普遍拥有相同的例示则不是偶然的。"①在刘易斯看来,现实主义的归结主义之所以会导致两个不同的属性具有共同的外延,是因为这种具有共同外延的偶然性是存在的。但是对于可能世界的归结主义,如果两个属性不同,那么不可能出现它们具有共同的普遍的外延。

但是刘易斯的这个回答不能让人满意。批评者继续追问:为什么两个不同的属性但具有共同普遍的外延的情形不可能出现呢?譬如前面所举的例子,"是三角形"与"是三边形",根据我们的数学真理,三角形与三边形是等同的,在任何可能世界中都是真的,它们就具有共同的普遍的外延。对于这个质疑,刘易斯认为,在回答这个问题之前,首先要弄清楚"属性"这个概念的意义。

刘易斯认为,我们对"属性"概念应做一个新的理解。他认为:"在我们谈论属性时存在一个分歧(rift),并且我们只是拥有两个不同的理解。这并不是说我们以完全明确而不含糊的方式一劳永逸地固定(fixed)了我们称之为'属性'的东西,以便我们现在准备好进入有关那些问题的争论,例如,它们两个是否曾经是必然共外延的。"②而且,刘易斯还认为:"使用'属性'这个名字就是为适合发挥正确的理论作用,或者更恰当地说,是作为一类实体,它们集合在一起适合于发挥正确作用。"③这类实体在刘易斯看来,就是可能事物的集合。但是,刘易斯认为,这个作用与"属性"具有密切的

---

① Lewis, D. K., *On the Plurality of Worlds* (Oxford: Blackwell Publishers Ltd., 1986), p. 51.
② Ibid, p. 55.
③ Ibid.

关系,并不认同对于"属性"的理解只有等同于这一种理解,对"属性"概念的理解是杂乱的,并不只有一种理解方式。他说:"把这个作用与'属性'这个词联系起来(associated with)谈论是错误的,就好像它(指属性,笔者注)已经完全地并且毫无争议地确定下来。这个概念是相当杂乱的,它有很多的版本,在多种方式上呈现出差异。"①那么,在我们相信的那些实体中,哪种实体可以代替这个版本的"属性"的作用呢？刘易斯指出:"在某种程度上,我的答案就是可能事物的集合就是我们所相信的实体,它们对于属性作用的一种版本是合适的。"②在这种理解方式上,这种版本的"属性"的作用就是指在日常使用或者哲学应用中发挥正确的理论作用,而这种作用的发挥可以通过可能事物的集合来替代。但是,刘易斯认为,"属性"这个词除了这一种理解外,还有其他的理解方式。他指出:"属性作用的另外一个版本是把属性和它们的标准名称的意义更紧密地联系起来,并且把属性与把它们描述给事物的谓词的意义联系起来。"③而对于"是三角形"与"是三边形"两个属性,刘易斯认为,我们有时候可以说它们是同一的属性,也可以说它们不是同一的属性。说它们同一,是针对第一种版本来说的,它们作为归结的集合,具有共同的外延,它们能够发挥相同的作用。说它们不同,是针对第二种版本对属性的理解来说的。在第二种版本的理解中,"属性"与给予它们的名称是相联系的,也与描述事物的谓词相联系,"是三角形"与"是三边形"是两个不同的标准名称,具有不同的意义,因而也显现为不同。对于如何回答"三角形就是三边形"这个表面属性不同却具有共同外延的问题,刘易斯认为:"在属性的这个思想上,虽然我们从来不能把它们的例示区分开来,但是我们想要区分三角形与三边形。我们可以把这个区分加到应用中。例如,可以说其中的一个属性与三角形是普通地共外延的,而另一个属性与三角形是不普通地共外延的。"④

从刘易斯的论述可以看出,刘易斯认为,"属性"这个词有很多的意义,它的思想是很杂乱的,归结为例示的集合就在于属性的第一个版本的意义,即它所发挥的作用上,这与前面所讨论的归结主义的标准是一致的,因为刘易斯就是从属性在模态论述中所发挥的作用来归结的。而之所以认为两个不同的属性却具有共同的外延,刘易斯认为这是因为属性还有第二种意义,这种意义是与它的标准名称联系在一起的。如果需要说明这是具

---

① Lewis, D. K., *On the Plurality of Worlds* (Oxford: Blackwell Publishers Ltd., 1986), p. 55.
② Ibid., pp. 55-56.
③ Ibid., p. 56.
④ Ibid.

有共同外延的两种不同的属性,那么这等于谈论在标准名称意义上不同的属性思想可以发挥相同的作用。就如同名称"同一"一样,"启明星是长庚星"与"启明星是启明星",前者是不普通的同一,而后者是普通的同一。

对于第二个问题,属性所归结的事物的集合,它所例示的事物是否本质具有这种属性？这个问题与刘易斯的对应体理论所受到的批评如出一辙。在对应体理论中,刘易斯认为,任何个体都是限界个体,不存在跨界个体。因此,就有批评者认为,对于任何事物来说,个体具有某种属性,那么从本质上讲它就应该具有该属性,它不可能不具有该属性。对于这个质疑,刘易斯的回答是否定的。从直观上来说,某事物具有一个属性,但并不必然具有该属性,这根据模态实在论也是成立的。刘易斯虽然把属性归结为事物的集合,但并不认为属性中所包含的事物从本质上讲就具有该属性。之所以这么说,是因为刘易斯对本质以及本质属性的认识。刘易斯指出:"本质与对应体是相互定义的。我们把某物的本质定义为它所有对应体并且仅有它的对应体所具有的属性;某物的对应体就是任何拥有它本质属性的事物。"[①]本质属性就是事物必然具有的属性,本质不仅仅是本质属性,而且反过来又决定了事物之所以成为事物本身。模态实在论不同于温和实在论的地方就在于,模态实在论虽然不承认跨界同一,但模态问题的承担是由对应体来完成的。在温和实在论者看来,本质属性就是事物必然具有的属性,即无论在哪个可能世界中,如果它是该事物,那么它必定具有该属性;而根据模态实在论,事物的本质属性就是它的所有的对应体都具有的属性,而不仅仅是其在这个世界中所具有的属性。所以,一个属性的集合包含了现实世界中的某个事物,并不意味着该事物从本质上讲就具有该属性,只有该集合包含了它所有的对应体,我们才可以断定该属性就是该事物的本质属性,否则只是其偶然属性。

三、对争议的分析

从以上的分析可以看出,可能世界的归结主义是与模态实在论的形而上学联系在一起的。模态实在论承认了可能世界与可能世界中的个体的实在性,并且仅认为这些个体构成的实体才是作为本体存在的,其他的事物都不是作为本体而存在。因而"属性""关系""命题"等概念都不能作为本体而存在,但这些概念在模态论述中有着非常重要的作用。为了谈论这

---

① Lewis, D. K., "Counterpart Theory and Quantified Modal Logic", *Philosophical Papers*, Volume I(1983):35.

些概念,刘易斯在"属性"等概念所发挥的作用的标准上把这些概念通过可能个体的集合来归结,使得对这些属性的谈论转换为对这些可能个体集合的谈论。而正是由于可能世界的归结主义把"属性"等概念归结为个体的集合,从而招致了一些批评。

我们首先来看第一个质疑。根据刘易斯对这两个批评的回答,我们可以看出,批评者所关注的是属性与其所归结的事物的集合之间究竟是什么样的一种关系;归结的结果是不是表明属性就是事物的集合,或者说属性与事物的集合之间是不是等同关系。在批评者看来,既然把属性归结为事物的集合,那么属性就与事物的集合是等同关系,从而才有上面的这个批评,因为可能出现两个不同的属性但共外延的情形。譬如说,存在两个不同的属性F与G,根据可能世界的归结主义观点,F与G可以归结为由共同的事物构成的集合A,如果把归结的双方理解为等同关系,那么就有F=A,G=A,从而F=G。这与F与G表示两个不同属性的前提相矛盾。很显然,刘易斯是不能承认该结论的。如果要坚持可能世界的归结主义,那么刘易斯只能舍弃的是属性与集合是等同关系这一预设。所以,刘易斯主张,可能世界的归结主义并不是一种等同关系,而是根据二者在模态论述中所发挥作用的共同性,把二者等同起来。F与G虽然是不同的属性,但是它们能够归结为同一个集合,表明二者在模态论述中发挥了相同的作用。从另一方面来看,刘易斯认为属性是杂乱的,并没有完全固定下来。根据刘易斯对"属性"含义第二个版本的理解,F与G显现为不同的属性,只是因为我们对这两个属性的理解是跟它们的标准的名称以及描述事物的谓词联系起来,在某种程度上我们也可以说它们有相同的属性,只是说F与F是普通的同一属性,而G与F是不普通的同一属性。

刘易斯的回答可能并不能让人满意,尤其是对"属性"含义的第二种版本的说法。两个属性是不是不同,每个人都有一个直观的看法。"是三角形"与"是三边形"很显然是两个不同的属性,不否认"是三角形"的事物一定"是三边形",反过来亦同样如此。由此改变对属性的一般理解方式,来消除对可能世界的归结主义的质疑,这种解释所付出的代价太大了。但是,如果把这种归结主义仅仅限制在它们所发挥的作用上,那么就可以避免这样的问题出现。如前面所论述,一个属性在模态论述中所发挥的作用,我们可以通过集合表达的方式来替换,但这并不意味着两个不同的属性归结为同一个集合的情形会导致矛盾的出现。这一点只是表明二者具有共同的例示事物,也表明这样一个命题是真的,即$\forall x(Fx \leftrightarrow Gx)$是真的。

至于对可能世界的归结主义的第二个批评,对这个问题的回答可以从对应体理论来看。一个集合包含某事物,是否表明该事物本质地具有该属性,刘易斯的对应体理论有清晰的说明。在非归结主义者看来,一个事物从本质上讲具有某属性,就表明该事物不可能不具有该属性。用模态的话语来表示就是,在所有可能世界中,该事物都具有该属性。只有这样,才表示该属性是该事物的本质属性。但是在刘易斯的模态实在论中,事物不能跨越世界而存在,每个事物都是限界个体,不存在跨越世界的个体,跨界同一性是通过对应体关系来代替的,即一个事物的模态属性是通过它在其他世界中的对应体来体现的。所以,谈论一个事物从本质上讲具有某种属性,用非归结主义的话语来说,就是它在所有可能世界中都具有该属性。而就模态实在论来讲,只能通过对应体来表达,即它与它的所有对应体都具有该属性,才表明该事物本质地具有该属性。如果一个集合只是包含了我们世界的该事物,而不包含它在其他世界中所有的对应体,那么该属性只是该事物的偶然属性,而不是它的本质属性,即该事物可能不具有该属性。所以,根据模态实在论,对可能世界的归结主义的第二个质疑不能对其构成威胁,之所以会有这个质疑,是对刘易斯对应体理论和本质属性界定的误解。

  可能世界的归结主义,这种方法的采用是与模态实在论的本体论分不开的。仅把可能世界与可能世界中的居住者作为本体的本体论决定了刘易斯采用可能世界的归结主义来谈论"属性""命题"等概念。当然,采用可能世界的归结主义,也面临着现实主义的归结主义所面临的难以解决的类似问题。在使用可能世界的归结主义的过程中,刘易斯把属性归结为个体的集合,把关系归结为有序对的集合,把命题归结为可能世界的集合。如果把这种归结关系理解为同一关系,那么这种归结主义必然面临着不同的属性可能具有共同外延的矛盾问题。相反,如果把这种归结主义的标准弱化,从等同关系弱化为在模态论述中所发挥作用的相同,弱化为在模态论述中包含归结双方的模态语句的真值的相同,那么就可以化解对可能世界的归结主义的第一个批评,避免不同属性归结为共同外延的难以理解的问题。从这一角度来看,用可能世界的归结主义来解释"属性""关系""命题"等概念的方法也是可以接受的。

  综上所述,在对可能世界的归结主义阐释的过程中,刘易斯并不是把归结主义理解为等同关系,而是弱化为发挥作用的可替换性。从理论的流畅性来说,可能世界的归结主义弱化的标准保障了模态实在论对"属性""命题"等概念在模态论述中解释的合理性。但是,把归结的标准弱化为其在模态论述中所发挥作用的替代性,这也表明了"属性""命题"等概念不能完全由个体的集合来等同替换。模态实在论采用可能世界的归结主义,一方面与它的本体论相关,另一方面也与刘易斯的唯名论倾向相关。可能世界的归结主义,在某种程度上的确解释了"命题""属性"等概念,保障了理论本体的经济与顺畅,但不可否认,可能世界的归结主义并不能完全取消"属性""命题"等概念在模态解释中的作用,它只能在模态论述中部分地发挥"属性""命题"等概念的作用。

小　结

可能世界的归结主义方法,是刘易斯模态实在论的重要构成部分,与刘易斯的可能世界理论、对应体理论一起构成了完整的模态实在论。本章的内容大致概括如下。

首先,系统阐释了刘易斯可能世界的归结主义方法。刘易斯可能世界的归结主义方法就是使用可能世界以及可能世界中的个体通过集合论的工具归结性地解释"属性""关系""命题"等概念。刘易斯之所以采用归结主义方法,就在于其唯名论的背景和本体论在经济上的追求。他只承认可能世界与居住在可能世界中的个体是实体,但又不能否定"命题""关系""属性"等概念在模态论述中的作用,因而采用了这种方法。

其次,通过对归结主义标准的分析发现,刘易斯把"属性""关系""命题"等概念归结为可能世界与可能世界中的个体的集合,并不是把二者视为等同关系,而是根据二者在模态论述中的作用。在刘易斯看来,把"属性""关系""命题"等概念归结为相应的个体的集合,是因为在模态论述中可以在保持真值不变的情况下进行替换。

最后,对可能世界的归结主义面临的质疑进行分析。可能世界的归结主义主要面临两个质疑:一是不同的属性可能归结为两个共外延的集合,从而导致面临与现实世界的归结主义类似的批评;二是对于属性所归结的集合中的个体来说,这些个体是否必然具有该属性。针对第一个问题,刘易斯认为我们对"属性"这个概念的理解是不清楚的,对"属性"概念的理解有两个版本。在第一个版本中,对"属性"的理解就是指它在模态论述中所发挥的作用。就模态论述中发挥的作用这一点来说,对归结的双方进行替换不影响模态命题的真值。在第二个版本中,刘易斯认为,属性还与它们的标准名称以及谓述事物时使用的谓词相关。当然,从不严格的角度来看,两个可以归结为同一个集合,可以说它们有相同的属性,只是这种属性是普通的同一还是不普通的同一关系。对于第二个质疑,刘易斯认为这是对本质属性的误解。根据对应体理论,一个事物的本质属性,是指该事物与其对应体都具有的属性,因而一个集合只有包含该个体及其所有的对应体,这种属性才是其本质属性。当一个集合包含某事物时,并不代表该事物从本质上例示该属性,恰恰说明这是它的偶然属性,而不是本质属性。在笔者看来,刘易斯对第二个问题的回答是比较合理的,这是他的理论的当然解释,但他对第一个质疑的回答是令人难以信服的。对于第一个问题,可以通过归结主义的标准来解释。归结主义的标准不是同一关系,而是在模态论述中所发挥的作用。即不同的属性可以归结为同一个集合,表明了二者在模态论述中发挥的作用是相同的,而不表明这二者有相同的属性。

所以,刘易斯的归结主义方法将其归结的标准限制在其作用上时,这是合理的;如果把归结的双方等同起来看待,那么归结主义是不合适的,也难以回避与现实世界的归结主义类似的质疑。

第五章

刘易斯对反事实条件句的分析

第一节　反事实条件句的研究背景

一、什么是反事实条件句

反事实条件句是条件句的一种。对条件句的研究历史比较悠久,最早可以追溯到古希腊的第奥多鲁和他的学生麦加拉学派的斐洛,但对反事实条件句的研究则要晚得多。对条件句的研究,弗兰克·P.拉姆塞(Frank P. Ramsey)可能是对虚拟条件句研究的第一人。他在1929年就用元语言方法提出了几种处理虚拟条件句的方式,开了反事实条件句研究的先河。在对反事实研究不断深入、不断拓展的同时,不同的学者对"反事实条件句"概念的理解进行了研究。总体来说,他们对反事实条件句的理解在一些细节方面会有些差异,但是对其界定上有大致相同的认识。什么是反事实条件句,是研究反事实条件句首先要面临的问题。

对于反事实条件句的理解,一般学者认为,反事实条件句就是形如"若A则B"的形式,即具有一般条件句的形式。但是,A命题一般在现实世界中为假,B命题在现实世界中也为假。譬如,李小五在《条件句逻辑》中对反事实条件句给出了这样的定义:"反事实条件句是前后件皆表述与客观事实相反的内容的条件句。"[①]在英语世界中,一般认为,反事实条件句就是虚拟条件句。拉姆塞当时对反事实条件句的研究就定位在对虚拟条件句的真条件的研究上。卡尔·古斯塔夫·亨佩尔(Carl Gustav Hempel)认为:"反事实条件句是一种如下形式的陈述:'如曾有(或至今犹有)情形A,则就曾有(或至今仍有)情形B',而在事实上并没有(或至今尚未有过)情形A。"[②]在这些方面,学界对反事实条件命题形成了一个共同的理解,即在反事实的条件句中,条件在现实世界中为假,这样的条件句才是反事实条件句。反之,在他们看来,如果条件在现实世界中为真,那么这个条件句就不是反事实条件句。

但是,刘易斯并不完全同意这种观点。刘易斯也认为,一般来说,反事实条件句就是指前件为假的条件句,但也不排除出现一些前件事实上为真

---

① 李小五:《条件句逻辑》,人民出版社,2003,第12页。
② C.G.亨佩尔:《自然科学的哲学》,陈维杭译,上海科学技术出版社,1986,第63页。

的条件句。对于这类条件句,刘易斯并不认为是无意义或者必然是错的。他说:"我们在开始时就注意到在反事实条件句中,前件的真是一个缺陷,但不必然是那种会自动产生错误或者产生真值间隙的缺陷。"[1]从刘易斯对反事实条件句的分析来看,这种带有真前件的反事实条件句虽然不太符合我们一般的认识,但不排除这种反事实条件句出现的可能,而且这种非一般的情形并不必然导致反事实条件句没有意义或者为假,是可以有真值的。如果纯从语义的角度来说,这种反事实条件句是几乎不可能出现的。因为,如果一个条件句的前件在现实世界中为真,那么这种条件句只能是一个实质蕴涵条件句,而不被接受为一个反事实条件句。这种反事实条件句的出现,一般与人的认识和使用相关。这种情形的出现,一般有三种可能:一是个体关于命题真的断定与现实不符,即在认识上,把一个真的命题断定为假的命题,从而错误地使用了一个反事实条件句;二是社会共同体对某个命题的认识出现了错误,从而导致把真的前提错误地作为假前提来使用;三是对于未来的断定出现偏差,从而在使用者看来,自认为做了一个反事实断定。虽然这三种情形仅从语义来判定,这种条件句不属于反事实条件句的范围,但使用者对这种命题的断定是与使用反事实条件句时如出一辙。因此,在刘易斯看来,这种条件句也应该放到反事实条件句中来讨论。

而对于一般的情形,即条件句前件为假的反事实,这种反事实的情形主要表现为两种形式:一是偶然的反事实情形,即该命题可能为真,或现实可能为真,或逻辑可能为真;二是必然的反事实情形,即该命题不可能为真,这种不可能有时候表现为现实的不可能,有时候表现为逻辑的不可能。

但总体来说,在刘易斯看来,反事实条件句仅从语义来看就是指那种前件违反事实的条件句,这种情形占据了绝大多数,也是人们普遍使用的情形。而从使用者的认识角度来看,反事实条件句可能出现前件语义为真的情形。对于这种情形,刘易斯认为,因为使用者是从反事实条件句的出发点来使用的,也可以放在反事实条件句的范围来研究。

所以,对于反事实条件句,学界基本上有一个一致的认识,即从语义角度来说,反事实条件句就是前件事实上为假的条件句。对于使用者误认前件为假但实际为真的条件句,虽然从语义角度来看,这类条件句并不严格属于反事实条件句,但在使用者使用过程中,它所发挥的作用就是反事实条件句所发挥的作用,也应该放到反事实条件句的研究范围内来研究。

---

[1] Lewis, D. K., *Counterfactuals* (Malden: Basil Blackwell Ltd., 1973), p. 26.

二、反事实条件句的研究历史

对反事实条件句的研究,跟对条件的研究发展分不开,而对条件的研究,又主要体现为对蕴涵的研究。最早对蕴涵的研究,可以追溯到古希腊的第奥多鲁和他的学生斐洛。斐洛提出的斐洛蕴涵就是后来最普遍使用的蕴涵——实质蕴涵,而第奥多鲁提出了第奥多鲁蕴涵,该蕴涵是从时态的角度来考虑条件句的,该蕴涵被差不多同时代的克吕西普斯继承并发展。到了近代,很多学者认为,实质蕴涵并不能完全表达"若 A 则 B",或者说用实质蕴涵来表达"若 A 则 B"并不恰当,这些学者有彼得·弗雷德·斯特劳森(Peter Frederick Strawson)、蒯因、C.I.刘易斯、赫伯特·保罗·格莱斯(Herbert Paul Grice)等人。在这些人中,尤以 C.I.刘易斯发展的严格蕴涵以及由此建立的现代模态逻辑系统为代表。从这以后,对于虚拟条件句的研究,出现了几种主要的代表方法。这些代表方法分别是被刘易斯称为"元语言方法"的共立(cotenability)方法、概率的方法以及现代的主要代表——可能世界的方法。

共立方法,刘易斯称之为"元语言方法",这种方法的主要代表有拉姆塞、齐硕姆和 N. 古德曼(N. Goodman)等人。这种方法之所以被称为"共立方法",就是因为在提出对反事实条件句进行解释时经常用到"共立""规律"等概念。刘易斯认为,这种方法就是指:

一个反事实条件句为真,或者是可断定的,当且仅当它的前件与一些合适的进一步的前提蕴涵着它的后件,如此,一个反事实条件句 Φ □→ Ψ 在某种程度上得到一个有效的论证支撑:

$$\frac{\Phi, x_1, \cdots, x_n}{\therefore \Psi}$$

或者这个反事实条件句就是一个意味着存在某个那样的论证存在的语句,或者——就像在马基(Mackie)的版本中——它本身就是那样一个论证的一个省略表达。[①]

□→在刘易斯的使用中表示反事实蕴涵。古德曼对于反事实条件句也有类似的表达,他也认为,若 A 则 B 真,等价于从 A 和某些规则、某些可与 A 共立的真语句可以推出 B。从共立方法对反事实条件句的成真条件的规定来看,其表明了两层含义。一是反事实条件句的前件与后件之间的一种联系。这种联系不是简单的偶然联系,因为它们之间在某种程度上具

---

① Lewis, D. K., *Counterfactuals*(Malden:Basil Blackwell Ltd., 1973), p. 65.

有推导关系。二是反事实前件与后件的关系。虽然在某种程度上具有推导关系,但是这种推导关系是不完整的,前件必须添加一些条件才能合适地推导出后件。反事实蕴涵的真假关系不能通过简单的实质蕴涵来解释,这种蕴涵与前后件之间在内容上的相干性以及一定程度的严格性上相关。

元语言的方法除了共立的方法这种代表之外,还有就是A.W.伯克斯(A. W. Burks)提出的用因果句子逻辑来刻画反事实条件句。这种方法与共立方法都属于元语言学的方法,而且在对反事实条件句的真假断定上有很大的相似之处。

概率的方法也是反事实条件句分析的方法之一,这种方法的主要代表人物是欧内斯特·W.亚当斯(Ernest W. Adams)。这种方法是把反事实条件句视为概率真的,即把概率赋予反事实条件句,然后通过概率演算来计算反事实条件句的真假。这种概率的方法和反事实条件句前后件的真假概率相关。这种概率的大小,在有些人看来是与人的主观认识相关的,即人的主观置信度,但是也有一些人通过其他的一些方法来计算条件句的概率。对于一个反事实条件句的真假或者说是可接受性的问题,亚当斯提出了一个条件句推理的概率可靠性条件:一个直陈条件句的推理是概率可靠的,当且仅当该推理的前提是高概然的,则结论也是高概然的。

随着人们对反事实条件句的研究,学界越来越普遍地接受可能世界的方法,这种方法的主要代表就是斯塔尔内克和刘易斯。斯塔尔内克在1968年发表的论文《一个条件句理论》,开创了把条件句逻辑作为哲学逻辑的一个新分支来研究的先河。根据斯塔尔内克的理论,一个反事实条件句$\Phi \square \rightarrow \Psi$在世界i中是真的,当且仅当有以下两种情形:一是不存在任何i可通达的世界使得前件Φ为真,这种情形被称为"空真";二是Ψ在i可通达的最接近的Φ为真的世界中为真。在第一种情形中,前件Φ是一个不可能为真的命题。这种不可能为真未必是逻辑上不可能的命题,因为反事实条件句首先是针对现实情形,表现了现实事态之间的一种联系。因此,这种可通达的世界也必定是依赖于现实世界规律的,而不是简单地扩充到逻辑可能世界之中。在这种情形下,因为前件Φ不可能为真,因此在可通达的任何一个世界中,实质蕴涵命题$\Phi \rightarrow \Psi$都是真的。不过这种真是一种空真,没有太大的意义。至于第二种,即存在i可通达的世界,并且使得前件Φ在其中为真,那么反事实条件句$\Phi \square \rightarrow \Psi$为真,就要求在i可通达的最近的$\Phi$为真的世界中,$\Psi$也必须为真。这种情形也是反事实条件句探讨的大多数情形。在这种情形下,前件Φ不是不可能命题,一般来说,是一个现实可能的命题,或者说是一个现实偶然的命题。在对这种反事实条件句的真值进行断定的时候,斯塔尔内克做了这样一个假定,这个假定也被称为"斯塔尔内克假定":存在唯一一个i可通达的最近的Φ为真的世界。因此,在斯塔尔内克看来,前件是现实偶然的反事实条件句的真,只需要考虑在该唯一的i可通达的Φ为真的世界中Ψ的真值情况即可。如果Ψ在与i最接近的唯一世界中是真的,那么该反事实条件句就是真的,否则就是假的。

刘易斯的反事实条件句与斯塔尔内克的理论很相似,他们都采用可能世界的方法来判断反事实条件句的真值,但是,在判断具体的反事实命题真值的过程中,他们的理论呈现出一些差异,而这些差异很重要的一个方面就在于他们对于斯塔尔内克假定的不同态度。刘易斯对反事实条件句的研究,既是他使用可能世界语义学分析反事实条件句的应用研究,也与他的模态实在论有着非常重要的联系。

第二节 刘易斯的反事实理论

一、反事实条件句的形式解释

(一)反事实蕴涵的可变性

一般来说,反事实条件句就是那种前件是事实上不为真的条件句,譬如说:"如果袋鼠没有尾巴,那么它将会摔倒。"刘易斯认为,这种条件句的意思看上去似乎是这样:"在任何一个可能的情境中,袋鼠没有尾巴,并且这种情境非常相似于我们的现实状态中所允许的袋鼠没有尾巴的情形,那么袋鼠将会摔倒。"[1]为对这种反事实条件句进行系统的解释,刘易斯首先使用类似于模态系统的构造方式来对反事实条件句进行形式化。

对于反事实条件句,刘易斯引进如下符号:

$$\Box\!\rightarrow$$

作为一个反事实算子,即表示反事实条件命题"如果A,那么B"的连接词,[2]在英文中,该反事实条件句可以表示为:"If it were the case that A, then

---

[1] Lewis, D. K., *Counterfactuals* (Malden: Basil Blackwell Ltd., 1973), p. 1.
[2] 在这里,用"如果A,那么B"可能不足以把我们日常使用的直陈条件句或者实质蕴涵的条件句区分开来。在刘易斯的英文表达中,他使用"If it were the case that A, then it would be the case that B"的表示方式。在英文中,反事实条件句大多表示为虚拟条件句的形式。但是在汉语中,反事实条件句与日常所用的直陈条件句之间从表达形式上很难区分开来,所以这里用"如果A,那么B"的形式表示。

it would be the case that B."该命题可以形式化表示为：A□→B。此外，刘易斯还引入了另一个反事实算子：

$$\Diamond\to$$

该反事实算子是反事实条件命题"如果A，那么可能B"的连接词，用英文表示就是："If it were the case that A, then it might be the case that B."同样地，该反事实条件句可以形式化为：A◇→B。因此，日常使用中的反事实条件句可以通过这两个反事实算子进行形式化。譬如说，前面的那个反事实条件句"如果袋鼠没有尾巴，那么它将会摔倒"可以形式化为：A□→B。而"如果袋鼠没有尾巴，那么它可能会摔倒"就可以形式化为：A◇→B。

这两个算子类似于模态逻辑的必然算子和可能算子，在这里可以把这两个算子分别记为反事实必然蕴涵算子和反事实可能蕴涵算子。这两个算子可以相互定义为：

$$A\square\to B =^{df} \sim(A\Diamond\to \sim B)$$
$$A\Diamond\to B =^{df} \sim(A\square\to \sim B)$$

因为这两个反事实算子可以相互定义，因而可以选择一个作为初始算子，另一个作为可定义算子。在刘易斯这里，他选择反事实必然算子□→作为初始算子，这个算子也恰恰反映了反事实条件句的基本形式"如果A，那么B"。

如上所说，对于一个反事实条件句"如果袋鼠没有尾巴，那么它将会摔倒"，这种反事实命题的意思似乎可以理解为："在任何一个可能的情境中，袋鼠没有尾巴，并且这种情境非常相似于我们的现实状态所允许的袋鼠没有尾巴的情形，那么袋鼠会摔倒。"对于一个日常的反事实必然蕴涵命题A□→B似乎可以直观地解释为，在那些与现实世界非常相似的情境之中，如果A是真的，那么B都是真的。也就是说，反事实必然蕴涵命题的真与严格条件句很相似，它们都与那些与之相关的世界或情境相关，在满足这些条件的世界或情境中，实质蕴涵命题都是真的。所以，从这个方面来说，反事实必然蕴涵命题是一个严格蕴涵命题，反事实必然蕴涵算子是严格蕴涵。刘易斯也认为："反事实与一种基于可能世界的比较相似性的严格条件句相关。一个反事实Φ□→Ψ在世界i中是真的，当且仅当Ψ在某些Φ-

世界中为真；但是，当然不是在所有的Φ-世界中。"①对于这种严格蕴涵，刘易斯否定了它作为逻辑严格条件句的可能，因为反事实蕴涵只涉及一些前件为真的世界，并不涉及所有前件为真的世界。这就排除了反事实蕴涵作为逻辑严格蕴涵的可能，但同时刘易斯也否定了反事实蕴涵就是简单的现实严格蕴涵。他说："'如果袋鼠没有尾巴，那么它将会摔倒'在我们的世界中是真的（或假的，这种情况也许是的），完全不涉及那些袋鼠用拐杖行走并且直立的世界。那些世界离我们的世界太遥远。这个反事实条件句意味着，事物应该与它们实际所是的方式差不多——对于袋鼠来说，没有拐杖才与它们实际的情形差不多。袋鼠不能使用拐杖——如果袋鼠没有尾巴，那么它将会摔倒。"②对于上面这个反事实命题，我们不需要考虑所有的现实可能世界。虽然袋鼠直立的世界、使用拐杖的世界从现实规律的角度来说也是可能的，但是这些世界和实际所是的方式距离还是很遥远，因而不在我们的考虑范围之内。我们只是考虑和现实世界实际所是的方式最接近的世界，即它们没有尾巴的与现实世界相似的世界。所以说，反事实条件句是一种严格条件句，反事实蕴涵是一种严格蕴涵，但这种严格蕴涵不能简单地被视为现实严格蕴涵，更不是逻辑严格蕴涵。可以这么说，反事实蕴涵作为严格蕴涵来说，它的严格性必定不会超过现实严格蕴涵，即现实严格蕴涵如果是真的，那么它一定是真的。

反事实蕴涵是否就是一般的严格蕴涵的一种，类似于现实严格蕴涵呢？刘易斯认为并非如此。在我们对反事实条件句的日常使用中，刘易斯发现，存在这样一种现象，即实质蕴涵和严格蕴涵的一些推理规则在反事实推理中并不能普遍适用。例如，增强前件推理规则、传递性推理规则以及假言易位规则在反事实条件句中会出现明显失灵的情形。所以，刘易斯认为，反事实蕴涵是一种严格蕴涵，但它不是类似于逻辑严格蕴涵、现实严格蕴涵之类某种固定层次的严格蕴涵，而是一种可变的严格蕴涵。

首先，来看增强前件推理规则在反事实条件句中失效的问题。

在严格蕴涵中，增强前件推理规则表示为：

$$\frac{\Box(\Phi \to \Psi)}{\Box(\Phi \wedge \varphi \to \Psi)}$$

那么，在反事实条件句中，增强前件推理规则可以刻画为：

---

① Lewis, D. K., *Counterfactuals* (Malden: Basil Blackwell Ltd., 1973), p. 8.
② Ibid., pp. 8-9.

第五章 | 刘易斯对反事实条件句的分析

$$\frac{\Phi \square \to \Psi}{\Phi \wedge \varphi \square \to \Psi}$$

即一个反事实条件是真的,那么在前件中增加一些条件,该反事实条件句也必定为真。刘易斯认为,该规则在反事实条件句中不必然成立。他举例说:

如果美国把它的核武器都扔进大海,那么将会发生战争;但是如果美国和其他的核国家都把他们的武器扔到大海里,那么世界将会和平;但是如果它们这么做的时候没有采取充分的措施来防止对渔业的污染,那么将会发生战争;但是,如果它们这么做之后,立即采取充分的补救措施来治理污染,那么世界将会和平。[1]

对于上面的这个连锁条件句,如果用形式刻画,可以表示为如下形式:

$$\Phi_1 \square \to \Psi;$$
$$\Phi_1 \wedge \Phi_2 \square \to \sim \Psi;$$
$$\Phi_1 \wedge \Phi_2 \wedge \Phi_3 \square \to \Psi; \cdots$$

在上述连锁反事实条件句中,当我们在前件中增加一个条件时,后件的否定为真。很显然,在这里,上述增强前件推理规则是不成立的。

增强前件推理规则可以有一个更一般的形式,它是由两个前提构成的一个推理形式:

$$\frac{\square(\chi \to \varphi)}{\Phi \square \to \Psi}$$
$$\therefore \chi \square \to \Psi$$

刘易斯认为,这个推理也是无效的。他举例说:

□(如果我在早晨5点出发,那么我在6点前就出发了)
如果我在6点前出发,那么我将在中午前到达。
∴ 如果我在早晨5点出发,那么我将在中午前到达。

---

[1] Lewis, D. K., *Counterfactuals* (Malden: Basil Blackwell Ltd., 1973), p. 10.

135

很显然,第一个前提是真的。但是,可能会出现第二个前提为真而结论为假的情形。如果我在6点后出发,因为时间关系,我努力找到一个捷径,使得我节省了两个小时,最后恰恰在中午之前到达。假定我在5点出发,但我太困了,不记得这条捷径,最终没能赶到中午之前到达。所以,在这种情形下,该推理规则也不是普遍有效的。

所以,无论是增强前件推理的上述哪种形式,在反事实推理中都是无效的。

其次,传递性推理规则在反事实推理中失效。

传递性推理也称"假言连锁推理",在严格蕴涵中可以表示如下:

$$\Box(\chi \to \Phi)$$
$$\Box(\Phi \to \Psi)$$
$$\therefore \Box(\chi \to \Psi)$$

在反事实条件句中,上述推理规则可以刻表示如下:

$$\chi \Box\!\to \Phi$$
$$\Phi \Box\!\to \Psi$$
$$\therefore \chi \Box\!\to \Psi$$

刘易斯认为,反事实传递性推理的失效是对增强前件谬误的更一般的概括。因为,根据增强前件推理规则的第二种形式,严格条件句$\Box(\chi \to \Phi)$可以正确地推导出$\chi \Box\!\to \Phi$,再加上$\Phi \Box\!\to \Psi$这个条件,根据传递性,就可以推导出$\chi \Box\!\to \Psi$。从理论上来看,前提$\Box(\chi \to \Phi)$比$\chi \Box\!\to \Phi$更强,所以上述反事实传递性推理是比反事实增强前件推理规则第二种形式更强的推理,即如果反事实传递性推理成立,那么反事实增强前件推理规则第二种形式一定成立。而前文已经证明,反事实增强前件推理规则是无效的,所以,反事实传递性推理也是无效的。刘易斯通过下面的举例来证明这一点:

如果奥拓去参加晚会,那么安娜也将参加。
如果安娜参加晚会,那么瓦尔多也将参加。
∴ 如果奥拓去参加晚会,那么瓦尔多也将参加。

假设奥拓和瓦尔多都是安娜的爱慕者,瓦尔多愿意跟随着安娜,但是他不愿意见到奥拓,安娜在感情上更偏向奥拓。在要举行晚会的时间里,奥拓被锁在家里了,他参加晚会成了一个不可靠的假定。从反事实条件句来看,如果奥拓去参加晚会,根据安娜对奥拓感情上的偏好,那么安娜去参加晚会就可能是真的。而如果安娜去参加晚会,根据瓦尔多对安娜的爱慕,他愿意围绕着安娜,那么瓦尔多将会去参加晚会。也就是说,这两个前提都是真的。但是根据瓦尔多对奥拓的偏好,他不愿意见到奥拓,所以,如果知道奥拓去参加晚会,那么瓦尔多也将参加晚会是假的。在上述例子中,两个前提是真的,根据传递性推理,推导出一个为假的推理。所以,传递性推理在反事实推理中失效。

最后,假言易位推理规则在反事实推理中失效。

在反事实推理中,假言易位推理规则可以表示为:

$$\frac{\Phi \square \to \Psi}{\therefore \sim \Psi \square \to \sim \Phi}$$

或者可以表示为:

$$\frac{\sim \Psi \square \to \sim \Phi}{\therefore \Phi \square \to \Psi}$$

刘易斯认为,这两种形式在反事实条件句中都不必然有效。在具体的例子中,它们或者都有效,或者都无效。

他举例说:

$$\frac{\text{如果博瑞斯去参加晚会,那么奥尔加也将参加。}}{\therefore \text{如果奥尔加不去参加晚会,那么博瑞斯也将不参加。}}$$

假设事实上,博瑞斯和奥尔加之间是竞争关系,奥尔加喜欢和博瑞斯攀比,但博瑞斯不喜欢见到奥尔加。博瑞斯非常想去参加这个晚会,但是为了避免见到奥尔加,他选择了不去参加晚会。很显然,如果奥尔加不去参加晚会,博瑞斯应该会去参加晚会。前提是真的,但结论明显为假。所以,假言易位推理规则在反事实推理中无效。

为什么增强前件推理规则、传递性推理规则和假言易位规则在严格蕴涵中有效,在反事实推理中却无效呢?在严格蕴涵中,增强前件推理规则、传递性推理规则和假言易位规则之所以成立,是因为在其可通达的每一个世界中,相应的实质蕴涵规则都是有效的,从而扩展到所有确定层次的可通达世界之中,它们都是有效的。就拿增强前件推理规则来说,如果 $\Phi \rightarrow \Psi$ 为真,则 $\Phi \wedge \varphi \rightarrow \Psi$ 必定为真。也就是说,在任何一个世界中,实质蕴涵的增强前件推理规则都是有效的。如果反事实条件句是一个与一般的严格蕴涵类似的固定层次的严格蕴涵,其可通达的世界不发生变化,那么增强前件推理规则就是正确的。在上述反事实推理中,增强前件推理规则之所以会失效,那只能有一个解释:当增强前件时,其可通达的世界不必然是原来的可通达世界,或者存在新的可通达世界不必然在原来的可通达世界中。在增强前件后,在其可通达的可能世界中,可能存在某个世界,使得原来的实质蕴涵不成立。其他两种规则的失效也与其类似,都因为在推理的过程中,其可通达的世界发生了改变。

从上面的分析可以看出,并不能把反事实条件句视为通常的严格条件句,它不是固定层次的严格条件句,而是一种新的可变的严格条件句。即在使用中,它的严格性是在发生改变的,因为对同一个问题进行一系列反事实连锁推理说明了它们并不具有相同的严格性。从严格性层级上来看,从一般意义上来说,虽然反事实条件句是在对前件现实的否定基础上的一种条件句,与现实规律的严格性有着密切的联系,但我们不能简单地把反事实条件句的严格性等同于现实规律的严格性,其严格性的可变性就说明了这一点。所以,反事实蕴涵作为一种新的可变的严格蕴涵,它的严格性比逻辑蕴涵要弱。因为我们所使用的反事实条件句是对前件认知或事实上的否定,所以一般来说,反事实蕴涵的严格性不会比现实严格性更严格,因为在考虑反事实条件句的可通达世界时,不仅会考虑到现实世界的规律,还会考虑相关的条件。因此才会出现,即使世界不变,世界的规律不变,但因为增加条件或者条件颠倒导致可通达标准的相关条件变化,可通达世界从而发生改变,即使是同一系列的反事实条件句,因为条件的不同,它们所选择的可通达世界也并不完全相同。正是可通达世界上的差异造成了严格蕴涵增强前件等推理规则在反事实蕴涵中失效的问题。所以,反事实蕴涵是一种可变的严格蕴涵,因为其可通达的世界并不是完全由世界的规律所决定的,还与其他的一些因素相关,这是对反事实条件句进行分析时需要继续澄清的问题。

(二)反事实条件句的语义解释

在确定了反事实蕴涵是可变的严格蕴涵的基础上,刘易斯提出了他对反事实条件句的语义解释。刘易斯提出了四种语义解释方法。

1.球系语义

这是刘易斯提出的第一种反事实条件句的语义解释。刘易斯认为,对于一个反事实必然蕴涵命题 Φ□→Ψ 来说,它的真假首先与它可通达的球系(system of spheres)相关。

相对于一般的严格条件句,对于每个世界来说,都会分配一个单独的可通达的球域,该球域范围中包含了所有满足可通达关系条件的可能世界,而该严格条件句的真假就是由该球域范围内的世界来决定其真假的。但是由于反事实条件句不同于一般的严格条件句,而是可变的严格条件句,因而它可通达的范围不是一个确定的球域,而是一系列球域,这些球域在一起,被称为"可通达球系"。为了说明可通达球系的语义解释,刘易斯引入了"(居中的)[①]可通达球系"的概念。令 S 是对一个可能世界 i 的(居中的)可通达球系的分配,S 是一系列可能世界集合 Si 的集合。S 被称为一个环绕世界 i 的可通达球系,每个 Si 就是环绕 i 的球域,当且仅当对于每个世界 i 来说,它们满足如下条件:[②]

(C)S 是 i 上居中的,即把世界 i 作为唯一成员的集合 {i} 是 S 的成员。

(1)S 是嵌套的,即无论什么时候,如果 M 和 T 都属于 S,那么或者 M 被包含在 T 之中,或者 T 被包含在 M 之中。

(2)S 在并上是封闭的,即只要 G 是 S 的子集,并且 ∪G 是所有世界 i 的集合,其中 i 属于 G 中的某个成员,那么 ∪G 属于 S。

(3)S 在(非空的)交集下是封闭的,即无论什么时候,只要 G 是 S 的一个非空子集,并且 ∩G 是所有世界 j 的集合,其中 j 属于 S 的每个成员,那么 ∩G 属于 S。

在定义了可通达球系的基础上,刘易斯给出了反事实必然蕴涵命题的语义真值条件:

Φ□→Ψ 在世界 i 中是真的,当且仅当,或者(1)在可通达球系 S 中的任何球域 G 中,不存在 Φ-世界(即没有 Φ 为真的世界),或者(2)球系 S 中某

[①] 刘易斯认为,对于每个世界 i 的可通达球系都是环绕 i 的一系列同心圆。但是,可能存在一些可通达球系,在该球系的最中间部分是空的,即该可通达球系的中间不存在唯一一个和世界 i 最相似的前件为真世界。这些中间为空的可通达球系,也被称为非居中的,它们也适合一些反事实条件句,并且这种非居中的球系,只满足条件(1)(2)(3),而不满足条件(C)。

[②] Lewis, D. K., *Counterfactuals* (Malden: Basil Blackwell Ltd., 1973), p. 14.

个球域G至少包含一个Φ-世界,并且Φ→Ψ在G中的每个世界中都是真的。

第一种情形,刘易斯称之为空真。第二种情形是比较普遍的情形,是非空的真。根据反事实必然蕴涵与反事实可能蕴涵之间的相互定义,那么反事实可能蕴涵命题Φ◇→Ψ的真值可以通过如下方式确定:

Φ◇→Ψ在世界i中是真的,当且仅当(1)在可通达球系S中存在某个球域G,在G中有Φ-世界,并且(2)在该球域G中,至少存在一个世界,使得Φ∧Ψ为真。

在讨论球域时,刘易斯提出了一种特例情形,那就是满足极限假定(the limited assumption)的情形。"如果环绕世界i的球域仅有有限多个,那么这些球域的任何一个非空集合都有一个最小的成员:该集合中的一个球域包含在集合中每一个其他球域之中。尤其是,对于任何可满足的前件,前件允许的球域的集合有一个最小的成员。这个最小的前件允许的球域就是所有环绕i的前件允许的球域的集合的交集。"[1]如果环绕世界i的球域有无限多个,刘易斯认为,在满足一定条件下,极限假定也是成立的。"即使环绕i的球域有无限多个,只要这些球域不是无限下降却没有终点的越来越小的序列,那么它也是成立的。"[2]这种具有终点的无限下降的序列,也被称为良序(well ordering)。也就是说,刘易斯认为,如果环绕世界i的球域是有限多的,或者虽然是无限的,但这个逐渐下降的序列是一个良序,那么前件允许的球域集合一定存在一个最小的成员,它就是所有前件允许的球域的集合的交集。这个最小的成员的存在,就是刘易斯所说的极限假定。

在确定了极限假定的前提下,反事实条件句Φ□→Ψ的真可以简化地表示如下:

(1)没有环绕i的前件允许的球域,或者

(2)后件在环绕i的最小的前件允许的球域中每一个前件世界中都是真的。

很显然,极限假定并不是在所有情形下都成立的,根据极限假定的规定可以发现,如果环绕世界i的球域有无限多个,并且这些球域不满足良序的要求,那么极限假定是不一定成立的。譬如,当我们假定比一英寸长一点的线段,那么因为线段的长度可以无限接近一英寸但没有终点,这是一种无限下降但没有终点的情形。在这种情形下,就不能假设极限假定存在。此外,在符合极限假定的最小的球域包含多少个世界的问题上,刘易

---

[1] Lewis, D. K., *Counterfactuals* (Malden: Basil Blackwell Ltd., 1973), p. 19.
[2] Ibid.

斯与斯塔尔内克的观点稍有分歧。斯塔尔内克承认极限假定,并且他认为一定存在一个唯一的世界构成的球域。刘易斯认为这个假定太强了,他不认为这个极限一定是唯一的一个世界构成的球域,更不仅仅包含唯一的一个前件为真的世界,无论对于居中的球域系统,还是非居中的球域系统来说,都是如此。对于居中的球域系统,一般认为,对于任何世界j(j≠i)来说,j与i的相似度一定比i与i自身的相似度要低。刘易斯认为,即使是居中的球域系统,该认识也未必是真的。他指出,也许存在某个或某些世界,在涉及该问题时,它们与世界i的相似度非常接近i,以至于这种相似度的差异几乎可以忽略不计,从而使得在一定标准下最接近的前件世界并不仅仅唯一,也使得极限假定的可通达球域并不必然是由唯一的元素构成。

2.比较相似性语义

球域系统是由一系列可通达球域构成的球系,它满足嵌套性,表达了世界之间的比较相似性(comparative similarity)。因此,作为简化,刘易斯提出了比较相似性语义。比较相似性语义就是去除球域,仅通过世界之间的比较相似性关系来给出反事实条件句的真值条件。

他引入了符号"$\leq_i$",用$j\leq_i k$表示世界j与i的相似度不低于世界k与i的相似度。他还用$j<_i k$表示世界j比世界k更相似于i。这两个符号之间满足:

$$j<_i k \square \neg(k\leq_i j)$$

在此基础上,他界定了(居中的)比较相似系统[a (centered) comparative similarity system]。对于与世界i比较相似性的二元关系$\leq_i$和世界i可通达的可能世界集合Si来说,一个分配被称为(居中的)比较相似系统,当且仅当它满足如下6个条件[1]:

(1)二元关系$\leq_i$具有传递性。即:$(j\leq_i k)\wedge(k\leq_i h)\rightarrow(j\leq_i h)$成立。

(2)二元关系$\leq_i$具有强连接性(strongly connected)。即:对于任何世界j和k,$(j\leq_i k)\vee(k\leq_i j)$成立,或者等价表示为:$(j<_i k)\rightarrow(j\leq_i k)$成立。

(3)世界i是自我可通达的(self-accessible)。即:$i\in S_i$。

(4)世界i是严格的$\leq_i$-极小的。即:对于任何世界j来说,如果j≠i,那么$i<_i j$。

(5)不可通达世界是$\leq_i$-极大的。即:如果$k\notin S_i$,那么对于任何世界j来说,满足$j\leq_i k$。

---

[1] Lewis, D. K., *Counterfactuals* (Malden: Basil Blackwell Ltd., 1973), pp. 48-49.

(6)可通达世界比不可通达世界与世界i更相似。即如果j∈S$_i$,而k∉S$_i$,那么j<$_i$k。

在上述6个条件中,传递性和强连接性体现了可比较相似性关系≤$_i$的弱序关系(weak ordering)。这种弱序关系表示的是世界之间的排序关系,这种排序关系并非严格的次序关系。在弱序关系中,"这种连接是被允许的:两个不同的事物能处在彼此的关系位置中,这样在排序中连接起来……熟悉的弱序关系就是如同至少一样高、至少一样遥远的北方等关系。当我简单地谈论排序时,我通常所指的是弱序关系,我很少关注强序关系(strong ordering)"[①] 从这可以看出,刘易斯用可比较的相似性来将世界排序时,世界之间并非严格的顺序关系。或者说,在每个次序中,并非必然地仅仅存在一个世界,而可能是一些世界。这一些世界与i的相似度是不能严格排序的。所以,可比较的相似性关系的每个序列中的世界就类似于可通达球系中的每个球域,而且由于可比较的相似性满足弱序关系,这样就形成了以世界i为圆心的一系列不同相似程度的可通达世界的层级,这与以世界i为圆心的可通达球域是一致的。所以,这种使用关系排序确定的语义与(居中的)可通达球系语义在根本上是等价的。

根据比较相似系统,反事实条件句Φ□→Ψ在世界i的真值条件可以表示如下:

(1)S$_i$中没有Φ-世界,或者

(2)在S$_i$中存在一个Φ-世界k,满足对于任何世界j来说,如果j≤$_i$k,那么Φ→Ψ在j世界中都是真的。

第一种情形就是空真的情形,第二种情形是非空的真。把这两种情形用一句话来概括,这个真值条件可以表述为:

Φ□→Ψ为真,当且仅当,如果存在i可通达的Φ-世界,那么存在某个确定的Φ-世界k,使得后件在所有与i相似度不低于k与i相似度的世界中都是真的。

在使用可通达球系语义时,Φ□→Ψ在世界i中为真的真值条件也分为空真的真和非空的真。在比较相似系统里,条件(1)与可通达球系语义的空真是一致的,而比较相似系统的条件(2)"在S$_i$中存在一个Φ-世界k,满足对于任何世界j来说,如果j≤$_i$k,那么Φ→Ψ在j世界中都是真的",因为比较相似系统满足弱序关系,存在Φ-世界k,对于任何世界j来说,如果j≤$_i$k,那么Φ→Ψ在j世界中都是真的,与可通达球系语义的条件(2)"球系S中某个球域G至少包含一个Φ-世界,并且Φ→Ψ在G中的每个世界中都

---

① Lewis, D. K., *Counterfactuals*(Malden:Basil Blackwell Ltd.,1973),p. 48.

是真的"是等价的,二者都表达了在存在前件世界的前提下,存在某个相似度范围内的所有世界中都使得Φ→Ψ为真,反之亦然。所以,比较相似系统与满足极限假定的可通达球系语义在公式的真值上是一一对应的。

3.比较可能性语义

刘易斯认为,事物的可能性不仅仅可以用有无来衡量,还可以相互比较。它们不仅有质上的区别,而且还有量上的区分,即使同为可能的事物,它们的可能性也并不完全一致。因此,刘易斯主张可以借用比较可能性(comparative possibility)来说明反事实条件句的真值条件。

他引入了三个比较可能性算子:

$$\leqslant, <, \approx$$

第一个比较可能性算子表示"它与……至少是一样可能的",第二个比较可能性算子表示"它比……更可能",第三个比较可能性算子表示"它与……是等可能的"。并且,第一、第二个比较可能性算子之间可以相互定义,第三个比较可能性算子也可以通过第一个比较可能性算子进行定义。具体定义如下:[①]

$$\Phi \leqslant \Psi =^{df} \sim(\Psi < \Phi)$$
$$\Phi < \Psi =^{df} \sim(\Psi \leqslant \Phi)$$
$$\Phi \approx \Psi =^{df} (\Psi \leqslant \Phi) \wedge (\Phi \leqslant \Psi)$$

如果选定≤作为初始算子,那么另外两个算子都可以通过它来定义。

根据可通达球系语义S,Φ≤Ψ在世界i中是真的,当且仅当对于任何可通达球系S中的可通达球域G,如果G中包含任何的Ψ-世界,那么G中包含一个Φ-世界。根据另外两个算子与≤的定义关系,Φ<Ψ在世界i中为真,那么S中的某个可通达球域G,它包含一个Φ-世界,但不包含Ψ-世界。Φ≈Ψ在世界i中为真,当且仅当,对于所有S中的可通达球域G来说,如果G包含Φ-世界,那么也包含Ψ-世界,并且仅有这些可通达球域G满足。

除了可以用可通达球系语义给出比较可能性算子的真值,我们还可以直接通过命题之间的比较可能性来定义比较可能性算子。可界定如下:

P≤ᵢQ表示命题P在世界i中至少与命题Q是一样可能的;

P<ᵢQ表示命题P在世界i中比命题Q更可能;

P≈ᵢQ表示命题P与命题Q在世界i中是相同可能的。

[①] Lewis, D. K., *Counterfactuals* (Malden: Basil Blackwell Ltd., 1973), pp. 52–56.

对于每个世界i可以分配一个命题上的二元关系$\leqslant_i$,那么,以世界i为中心,根据命题之间的比较可能性,就会形成一个命题序列。与比较相似系统类似,刘易斯引入了"(居中的)比较可能性系统"概念。他认为,一个(居中的)比较可能性系统,当且仅当,对于每个世界i来说,它满足以下五个条件:

(1)$\leqslant_i$是传递的。即只要$P\leqslant_i Q$,并且$Q\leqslant_i R$,那么$P\leqslant_i R$。

(2)$\leqslant_i$是强连接的。即对于任何命题P和Q来说,或者$P\leqslant_i Q$,或者$Q\leqslant_i P$,也可以等价地表示为如果$P<_i Q$,那么$P\leqslant_i Q$。

(3)所有并且仅有真理都是极大可能的(maximally possible)。即世界i属于命题P,当且仅当,对于任何命题Q来说,$P\leqslant_i Q$。这句话可以等价理解为:如果i属于命题P也属于命题Q,那么$P\approx_i Q$;如果i属于命题P但不属于命题Q,那么$P<_i Q$。总之,满足$P\leqslant_i Q$。

(4)命题的一个集合的并集是这个集合的最大下界(the greatest low bound)。令S是命题的集合,US是由并且仅由集合S中的命题所包含的世界构成的集合,那么对于S中的任何命题P来说,$Q\leqslant_i P$当且仅当$Q\leqslant_i US$。

(5)一个比命题集合中的每个成员都更加可能的单元素命题(a singleton proposition)也比集合的并集更加可能。令S是非空的命题的集合,US是由并且仅由集合S中的命题所包含的世界构成的集合,对于S中的任何命题P来说,如果$\{j\}<_i P$,那么$\{j\}<_i US$。

很显然,比较可能性与比较相似性一样,对每个世界i,都对命题分配了一个弱序,包含i世界的命题就在这个弱序的底部。

根据比较可能性系统,比较可能性命题真值条件可以表示如下:

$P\leqslant_i Q$在i中是真的,当且仅当$[P]\leqslant_i[Q]$。
$P<_i Q$在i中是真的,当且仅当$[P]<_i[Q]$。
$P\approx_i Q$在i中是真的,当且仅当$[P]\approx_i[Q]$。

(在这里,[P]表示所有使得命题P为真的世界集合)

模态命题真值可以由此确定如下:

$$\Diamond\Phi =_{df} \Phi<_i \bot \quad (\bot 表示永假命题)$$
$$\pounds\Phi =_{df} \sim\Diamond\sim\Phi\square \sim(\sim\Phi<_i\bot)\square \bot\leqslant_i\sim\Phi$$

上式表示的意思是:$\Diamond\Phi$就是Φ在i中比永假命题的可能性大。$\square\Phi$就是不可能不是$\sim\Phi$,用比较可能性来表示就是:并非永假命题至少和$\sim\Phi$

一样可能,或者可以理解为并非 ~Φ 比永假命题的可能要小。很显然,对于任何一个命题 P 来说,P≤$_i$⊥成立。结合上式可以表示为:□Φ=^{df} ~ ◇ ~ Φ□ ~ Φ≈$_i$⊥。其表达的含义可以解释为:Φ是必然的,等价于 ~Φ 与永假命题是等可能的。

反事实命题的真值条件可以确定如下:

$$\Phi\square\rightarrow\Psi=^{df}(\Phi<_i\bot)\square((\Phi\wedge\Psi)<_i(\Phi\wedge\sim\Psi))$$
$$\Phi\diamondsuit\rightarrow\Psi=^{df}\sim(\Phi\square\rightarrow\sim\Psi)\square(\Phi<_i\bot)\wedge(\Phi\wedge\Psi)\leqslant_i(\Phi\wedge\sim\Psi)$$

其可以直观解释为:

Φ□→Ψ 在世界 i 中为真,当且仅当,如果 Φ 是可能的,那么(Φ∧Ψ)-世界比(Φ∧~Ψ)-世界与 i 世界更接近;

Φ◇→Ψ 在世界 i 中为真,当且仅当,Φ 是可能的并且(Φ∧Ψ)-世界至少与(Φ∧~Ψ)-世界与 i 世界同样接近。

用比较可能性命题系统表示如下:

$$\diamondsuit\Phi=^{df}[\Phi]<_i\bot$$
$$\square\Phi=^{df}[\sim\Phi]\approx_i\bot$$
$$\Phi\square\rightarrow\Psi=^{df}([\Phi]<_i\bot)\square([\Phi\wedge\Psi]<_i[\Phi\wedge\sim\Psi])$$
$$\Phi\diamondsuit\rightarrow\Psi=^{df}([\Phi]<_i\bot)\wedge([\Phi\wedge\Psi]\leqslant_i[\Phi\wedge\sim\Psi])$$

上述四个命题可以直观解释为:

◇Φ 在世界 i 中为真,当且仅当,Φ 命题为真的世界比永假命题的世界相对于 i 世界更可能。

□Φ 在世界 i 中为真,当且仅当,~Φ 命题为真的世界与永假命题的世界相对于 i 世界同样可能。

Φ□→Ψ 在世界 i 中为真,当且仅当,如果 Φ 命题是可能的,那么 Φ∧Ψ 命题比 Φ∧~Ψ 为真的世界相对于 i 世界更可能。

Φ◇→Ψ 在世界 i 中为真,当且仅当,Φ 命题是可能的,并且(Φ∧Ψ)命题与(Φ∧~Ψ)命题为真的世界相对于 i 世界至少同样可能。

从上述直观解释来看,很显然,这种语义解释与可通达球域的解释是一致的。刘易斯也指出了这一点:"当前的公式通过比较可能性来解释与通过可通达球域解释的最原始公式是完全等同的,这里不需要添加任何限制条件。"①他还对可比较相似性系统和可比较可能性系统的关系进行了说明："既然可比较可能性系统与可比较相似性系统都能与可通达球域系统形成保真性的一一对应关系，可以得出，它们彼此之间也能形成保真性的一一对应关系。"②所以，可通达球系语义、比较相似性系统与比较可能性系统三种语义是两两之间一一对应的关系。

4.选择函数语义

通过选择函数来给出模态命题及反事实命题的真值条件，与刘易斯在分析反事实条件句时给出的真值条件出发点是一致的。他从反事实条件句的直观出发，"反事实条件句是真的，其最简单、最直接表示的观点就是后件在最接近的前件为真的世界中是真的，当然，这得满足令人不快的极限假定"③。所以，选择函数语义必须在满足极限假定的反事实条件句中适用。与可及球系语义相似，刘易斯把选择函数的结果分为两种：第一种是对于每一个世界i和在世界i中可及（entertainable）的前件Φ，那么存在一个环绕世界i的最小的Φ允许的球域；第二种是如果前件Φ在世界i中是不可及的，那么相对于i的最接近的Φ-世界就是空的。该选择函数因为与立足的世界i以及前件Φ相关，因此可以记为$f(Φ,i)$，其定义如下：

$$f(Φ,i)=\begin{cases} Φ-世界的集合，它们属于可通达球系S中的每个Φ允许球域， \\ 如果在S中有Φ允许的球域， \\ 否则，就是空集。\end{cases}$$

根据选择函数，可以看出两方面含义：一是选择函数并没有断定选择的Φ-世界是唯一的，如果选择函数选择的Φ-世界不是空的；二是选择函数所选择的就是最接近世界i的Φ-世界的集合。事实上，刘易斯所设定的选择函数，与斯塔尔内克的选择函数是有区别的。斯塔尔内克的选择函数在面临存在最接近的Φ-世界时，$f(Φ,i)$选择的结果是单独一个世界，而刘易斯的选择函数是一个集合选择函数，因为该选择函数选择出来的不必然是一个世界，有可能是一个包含众多世界的集合。这两种选择函数之所以有这种区别，与刘易斯和斯塔尔内克对可能世界之间的关系的认识与设定有关。刘易斯提出，选择函数语义必须建立在极限假定基础上，可能世界之间只要满足弱序关系即可。而斯塔尔内克的选择函数语义除了必须建立在极限假定基础上，还必须要求可能世界之间满足强序关系，即对于任何两个可能世界j和k来说，其与可能世界i之间的关系必须满足j<k或k<j，不能出现j≈k。只有如此，才能保证唯一一个世界成为$f(Φ,i)$的结果。

---

① Lewis, D. K., *Counterfactuals* (Malden: Basil Blackwell Ltd., 1973), p. 56.
② Ibid.
③ Ibid., p. 57.

确定选择函数之后,刘易斯认为,反事实条件句的真值可以表示如下:

Φ□→Ψ在世界i中是真的,当且仅当,或者

(1)$f(\Phi,i)$是空集,或者

(2)如果$f(\Phi,i)$不是空集,那么Ψ在$f(\Phi,i)$中都是真的。

而反事实可能条件句的真假也可以相应地确定下来,Φ◇→Ψ的真值确定如下:

Φ◇→Ψ在世界i中是真的,当且仅当以下两条都是真的:

(1)$f(\Phi,i)$不是空集;

(2)Ψ在$f(\Phi,i)$中的某个世界中是真的。

由此,刘易斯确定了他关于反事实条件句的选择函数的语义解释。并且他认为,这种语义解释与我们关于模态命题的解释是联系在一起的。模态必然命题和可能命题都可以通过反事实必然条件句和反事实可能条件句来定义。在定义之前,我们约定⊤表示永真命题,⊥表示永假命题,那么□Φ与◇Φ相应定义如下:

□Φ=^{df} ~ Φ□→⊥

◇Φ=^{df} Φ◇→⊤

然后,可以根据反事实命题与选择函数语义的解释之间的关系来确定上述命题的真值条件。

跟比较相似性系统与比较可能性系统类似,刘易斯引入了"(居中的、集合的)选择函数"概念。一个从语句与世界到世界的集合的函数是(居中的、集合的)选择函数,当且仅当,对于所有句子Φ和Ψ以及每个世界i来说,下面的四个条件必须成立:[①]

(1)如果Φ在世界i中是真的,那么$f(\Phi,i)$就是把i作为其唯一成员的集合{i};

(2)$f(\Phi,i)$包含在[Φ]内;

(3)如果[Φ]包含在[Ψ]之内,并且$f(\Phi,i)$非空,那么$f(\Psi,i)$也是非空的;

(4)如果[Φ]包含在[Ψ]之内,并且[Φ]与$f(\Psi,i)$交叠(overlap),那么$f(\Psi,i)$就是[Φ]和$f(\Psi,i)$的交集。

很显然,我们可以证明,上述选择函数是由满足极限假定的(居中的)球系推导出来的,但反过来不能证明其成立。刘易斯也指出:"总体来说,

---

① Lewis, D. K., *Counterfactuals*(Malden:Basil Blackwell Ltd.,1973),p. 58.

满足极限假定的球系与由它们导出的选择函数在真值上并不满足一一对应关系。"①对于一个可通达球系,可以增加一个并非最小的可通达球域,从而形成一个新的可通达球系,而这两个可通达球系会导出同一个选择函数,而这两个可通达球系的真值并不完全相同。

在上述四种语义中,可通达球系语义是解释反事实条件句最通用的语义。因此,在下面分析反事实条件句的真值时,主要是通过可通达球系语义来分析。

二、反事实分析的哲学基础

从刘易斯对反事实条件句的语义解释可以看出,针对任何一个反事实条件句,它的语义真值都与严格条件句的语义真值相同。但是,为什么说反事实蕴涵是一个可变的严格蕴涵呢?刘易斯之所以认为反事实条件句是一种可变的严格蕴涵,是因为他认为,即使在同一系列的反事实命题中,它们的真值也不是由相同的可通达世界集来决定的。所以说,反事实条件句的真假,除了刘易斯使用的这种语义解释之外,可通达球域的确定也是一个非常重要的问题。在一个具体的反事实条件句的分析中,哪些世界是可通达的?可通达的标准是什么呢?

严格蕴涵,是一个实质蕴涵,加上一个必然算子□。它相对于某个世界i为真,即在i可通达的世界中,该实质蕴涵都是真的。而可通达世界的选择,又与可通达关系的标准有关。逻辑蕴涵为真,就是在所有满足不矛盾律的世界中,它所包含的实质蕴涵为真;现实的严格蕴涵为真,就是在所有满足现实规律的世界中实质蕴涵为真。那么,反事实条件句是不是也在满足一定条件的世界中,实质蕴涵都是真的呢?

对于反事实条件句,刘易斯认为它的基础就是可能世界以及可能世界之间的比较全面相似性,而这也是反事实条件句模糊的根本原因。他说:"可能世界被广泛认为是可疑的,并且除了自我之外的实体之间的相似性也同样值得怀疑。"②所以,刘易斯认为,要使得他的反事实理论站得住,必须要对这两方面给予合理的辩护。对于刘易斯的可能世界问题,在第二章中,我们已经给予了分析。刘易斯认为,可能世界就是"可能"这种日常观念的哲学表达。既然可能性都是不可否认的,那么作为对这些可能性的表

---

① Lewis, D. K., *Counterfactuals*(Malden:Basil Blackwell Ltd.,1973),p. 59.
② Ibid.,p. 84.

达也同样是不可否认的,所以可能世界都是实在的。当然,对于不同的可能世界,它在实在的层面上可能未必相同。譬如说,我们这个现实化了的世界,这个世界是对实现了的可能性的哲学表达,是具体现实的存在,具有最强的实在性。相对于现实规律的现实可能世界,这些可能世界相对于我们现实世界的自然规律来说,它们是现实世界的现实可能替换者,因而这些世界的实在性虽然达不到现实世界这种实在的层面,但它们都是相对于现实规律的可能世界,是低于现实世界的实在。而除了前面所谈的世界之外的逻辑可能世界是相对于逻辑规律的可能世界,这些世界可能违反了现实世界的自然规律,因而它们不能在现实世界中得以实现。如果我们不承认不可能世界的实在,那么这种实在是最低的实在。虽然这里谈论了三种实在,并且不排除在这三种实在之间还包含了其他等级的实在,但不可否认的是,无论可能世界是哪个层次的实在,它们在实在性的质的断定上是没有区别的。

在肯定了可能世界的实在之后,另一个问题就摆在我们面前——可能世界之间的相似性。刘易斯在对反事实条件句进行语义解释时,他把首要的语义解释设定为可通达球系,就假定了一个一个球域之间的嵌套关系。而这种嵌套关系,根据刘易斯的观点,就是不同的世界与世界i之间的相似关系的不同层次的表达。如果相似用一个程度来表达的话,这些不同的层次就代表了不同的相似度。而对于这个相似的标准,刘易斯认为:"全面的相似性由众多比较方面的众多的相似与差异构成,它们根据我们给予哪些比较方面的相对重要性相互平衡。"[1]对于这些众多方面在相似标准中的权重以及相似程度,这是一个很模糊的问题。"至于这些相关的重要性,它们在不同事物之间会有差异,在不同场合之间也会有差异,或者甚至对于一个人在一个单独的场合中也是不确定的,比较相似性的不确定性就是如此。"[2]古德曼也有同样的观点,他说:"重要性是一个高度易变的东西,它会随着背景和兴趣的每个变化而变化,并且不足以支撑哲学家经常寻求用来依赖的固定的区分。"[3]"比较相似性"是一个非常模糊的概念,希望为比较相似性寻找一个确定的固定标准,刘易斯认为这是不可能的,而这正是许多哲学家所做的。"我宁愿设法把一个不固定的区分建立在一个晃动的基础上,宣称这两个一起变动而不是独立变动。反事实条件句的成真条件仅仅固定在有限的粗线条内;就像构成世界比较相似性基础的比较方面的相

---

[1] Lewis, D. K., *Counterfactuals* (Malden: Basil Blackwell Ltd., 1973), p. 91.

[2] Ibid.

[3] Goodman Nelson, "Seven Strictures on Similarity", in *Experience and Theory* (Amherst: University of Massachusetts Press, 1970), p. 27.

对重要性,它们是一个高度易变的东西,随着每个上下文和兴趣的变化而变化。"①就如同蓝和绿,虽然它们之间的界限不是那么清晰,但是它们的相对关系是固定的,它们之间没有重叠,也没有间隙。虽然世界之间的相似性是一个很模糊的概念,但是世界之间的相似性回避不了一些因素在其中的作用。比如说,规律,这是模态逻辑语义学区分世界和必然性的一个重要的标准;又比如说,背景或相关的事实,这在刘易斯的反事实分析中也是非常重要的,刘易斯在谈到相似性的时候也不断提到背景的重要性。

如前所述,在对必然的区分中,根本性区分是逻辑必然与现实必然,这种区分的标准与不同层次的规律相关。一个命题是逻辑必然命题,就是指该命题在所有逻辑可能世界中都是真的;而一个命题是现实必然命题,那么这个命题就是在所有满足现实规律的世界中都是真的。除此之外,不同层面的必然也对应着满足不同层面规律的世界。反事实蕴涵是一种严格蕴涵,因此它也对应着一定层面的必然。反事实蕴涵的可通达世界也与一定层次的规律相关。如果站在我们现实世界来设想反事实,那么这些反事实必定是在现实世界规律的层面上来考虑可通达世界的。所以,反事实条件句的可通达世界首先必定是满足现实规律的世界,不满足现实规律的世界,就在我们的考虑之外。

背景在反事实分析中也占有重要的地位。对于"如果袋鼠没有尾巴,那么它将会摔倒"这个反事实命题,刘易斯认为,我们应该这样理解:"在任何一个可能的情境中,袋鼠没有尾巴,并且这种情境非常相似于我们的现实状态中所允许的袋鼠没有尾巴的情形,那么袋鼠将会摔倒。"②所以,在刘易斯对相似世界进行选择时,在除开规律的相似外,还包括我们现实世界中的其他制约因素。"'如果袋鼠没有尾巴,那么它将会摔倒'在我们的世界中是真的(或假的,这种情况也许是的),完全不涉及那些袋鼠用拐杖行走并且直立的世界。那些世界离我们的世界太遥远。这个反事实条件句意味着,事物应该与它们实际所是的方式差不多——对于袋鼠来说,没有拐杖才与它们实际的情形差不多。袋鼠不能使用拐杖——如果袋鼠没有尾巴,那么它将会摔倒。"③结合刘易斯对可通达球系的定义以及反事实必然条件句的真值的确定,可见背景的影响也是非常重要的。最接近的世界就是不仅规律与我们现实世界相同,而且除了前件为真这一点与现实世界不同之外,其他的方面都与现实世界相同,这样的世界就是最接近我们的世界,如果前件为真并不与现实世界的规律相冲突的话。如果说规律确定可

---

① Lewis, D. K., *Counterfactuals* (Malden: Basil Blackwell Ltd., 1973), p. 92.

② Ibid., p. 1.

③ Ibid., pp. 8-9.

通达的可能世界的等级的话,那么背景就是确定一个又一个的情境。一个可能世界可能包含了众多的情境,就如同一个世界中可能并不仅仅存在对象的一个对应体一样。

所以,反事实条件句的分析是模糊的,这种模糊性不仅仅体现在相似性的模糊性上,还体现在不同的人在确定它的真值时在主体间认识的差异上。虽然反事实条件句是模糊的,但是由于其所确立的基础——可能世界以及全面相似性——是实在的以及在某种程度上是可固定分析的,因而对反事实条件句适当程度的分析是可以确立的,而这也是刘易斯对反事实分析的哲学基础。反过来说,正是基础的模糊性,导致了反事实条件句的模糊性。

三、刘易斯的分析与先前理论的关系

在刘易斯的反事实分析之前,主要有两种典型的理论:一种是拉姆塞、奇泽姆、古德曼等人所提出的共立的方法,也被刘易斯称为元语言学方法;二是斯塔尔内克所提出的可能世界分析方法,这也是刘易斯认为与他的分析最接近的方法。刘易斯认为,他的理论可以最大限度地包容前两种方法的合理成分。他说:"没有预料到一个合适的反事实新理论会与先前的理论完全不相似。我希望我已经证明了它们,但是我有义务表明,我的新理论在其他理论成功的多大程度上能够共同分享它们的成功并解释它们。"[1]

首先来看共立的方法,这种方法也被刘易斯称为"元语言学的方法"。刘易斯认为,可以这样来了解元语言学的方法,一个反事实条件句为真,或者是可断定的,当且仅当它的前件与一些合适的进一步的前提蕴涵着它的后件。如此,一个反事实 $\Phi\square\rightarrow\Psi$ 在某种程度上得到一个有效的论证支撑:

$$\frac{\Phi, x1, \cdots, xn}{\therefore \Psi}$$

或者这个反事实就是一个意味着某个那样的论证存在的语句,或者——就像在马基的版本中——它本身就是那样一个论证的一个省略表达。[2]在马基这样的元语言学家看来,反事实条件句可以被视为一个省略的论证,该论证的前提就是前件,后件就是结论;此外,反事实没有说出其他的任何东西。这种观点得到了很多人的认可,刘易斯也认可反事实包含了这样一个论证,并且他认为他的理论在这方面是包容这种理论的。

---

[1] Lewis, D. K., *Counterfactuals* (Malden: Basil Blackwell Ltd., 1973), p. 65.
[2] Ibid.

共立的方法认为一个反事实为真,最主要的是找到合适的前提。用刘易斯的理论来看,"Φ□→Ψ在一个元语言学理论中是真的或者可断定的,当且仅当Ψ在某种确定类的所有Φ为真的世界中是真的;在Φ为真的世界中,一些适合与前件Φ一起使用的进一步前提是真的"[①]。对于这个论证,我们可以分两步来论证。因为,从刘易斯的理论来看,Φ□→Ψ在两种情形下为真:一种是可通达球域中的Φ-世界非空,即前件Φ不是不可能命题;二是可通达球域是空的或者Φ-世界是空的。在第一种情形下,根据共立的理论,这些进一步的前提x_1、x_2…x_n必定在和最近的可通达球域中的Φ-世界普遍为真,那么它们的合取x也必定都是真的,因而Φ∧x→Ψ在这最近的可通达球域的Φ-世界中都是真的,因而公式Φ→Ψ在可通达球域中的Φ-世界中都是真的。同样,对于Φ为假的世界,Φ→Ψ在这些世界中也是真的。即在可通达球域的所有世界中,Φ→Ψ都是真的。从而根据Φ为真,以及Φ→Ψ为真,可以推导出Ψ。在第二种情形下,如果Φ是不可能命题,即Φ-世界为空,那么Φ就是一个假命题,那么~Φ就是一个普遍真命题,则Φ∧~Φ→Ψ就是一个真命题,因而Φ→Ψ为真,从而也可以推导出Ψ。无论是哪一种情形,我们都有这样一个论证来支持该反事实命题的真。

对于斯塔尔内克对反事实条件句的可能世界分析,刘易斯基本同意其观点。他认为,我们可以通过他的理论来解释其理论。在斯塔尔内克的理论中,一个反事实命题Φ□→Ψ在世界i中是真的,当且仅当以下两种情形之一成立:

(1)i可通达的Φ-世界是空的;

(2)存在唯一一个和i可通达的最近的Φ-世界,在该世界中,Ψ为真。

刘易斯认为,这恰恰只是他的理论中的一种情形,因为他所说的反事实条件句的成真条件是如下的两种情形之一:

(1)i可通达的Φ-世界是空的;

(2)在最接近i的可通达球域中,存在Φ-世界,并且在所有Φ-世界中,Ψ是真的。

可见,刘易斯的第(1)条与斯塔尔内克的第(1)条是相同的,但是第(2)条就包含了斯塔尔内克的第(2)条。斯塔尔内克的第(2)条其实仅仅是刘易斯的第(2)条的其中一种情形。除此之外,还包含不仅有一个与i最接近的Φ-世界,而且,刘易斯也认为斯塔尔内克假定太强了。他主张以极限假定来替代,即与i最接近的世界,有时候并不仅仅只有一个。譬如说,看下面这对反事实条件句:

[①] Lewis, D. K., *Counterfactuals* (Malden: Basil Blackwell Ltd., 1973), p. 66.

如果奥巴马和萨科奇是同胞,那么奥巴马是法国人。

如果奥巴马和萨科奇是同胞,那么奥巴马是美国人。

现实世界中,奥巴马是美国人,萨科奇是法国人,他们不是同胞。在考虑这对反事实条件句的真假时,我们可以考虑最接近的世界,他们都是美国人的世界和他们都是法国人的世界,这两个世界哪个更接近现实世界呢?刘易斯认为,这时候没有哪一个世界更接近我们的世界,它们和现实世界具有相同的相似关系,也具有相同的接近关系,因而斯塔尔内克假定并不普遍成立。虽然刘易斯并不否认存在斯塔尔内克假定的这种情形,但是他不认为这是唯一的情形,这只是所有这些情形中的一种而已。所以,刘易斯认为,斯塔尔内克的理论能解释的,他的理论都可以解释;而斯塔尔内克的理论不能解释的,他的理论也可以解释。譬如,根据刘易斯的理论,上面这一对反事实条件句都是假的。因为在和现实世界最接近的前件世界中,奥巴马是美国人和奥巴马是法国人并不普遍为真,根据反事实条件句的语义解释,它们都是假的。

综上所述,刘易斯采用了可能世界的分析方法来分析反事实条件句,并把反事实蕴涵视为一种可变的严格蕴涵,通过可能世界语义学来给出它的真值。他还认为,反事实条件句是模糊的,是因为它所建立的基础——可能世界与相似性——是模糊的。相比较以前的反事实理论,刘易斯认为,无论是相对于共立的方法这种元语言学理论,还是斯塔尔内克的可能世界理论,他的理论都具有更强大的解释能力,因为这两种理论能解释的反事实条件句,他的理论都可以解释。反事实条件句虽然是模糊的,但也是可分析的。虽然这种分析并非建立在完全坚实的基础上,但它的基础——可能世界以及相似性——都是实在的,这与他的模态实在论是密切相关的。

第三节 反事实分析与模态实在论的关系

一、两个层面的理论

现代模态逻辑建立的标志是20世纪初由C.I.刘易斯创立的S1-S5五个模态逻辑系统,但这不是现代模态逻辑得到普遍接受的标志,这仅仅是现代模态逻辑的语形方面的发展。直到20世纪50至60年代克里普克等人创建的可能世界语义学,给予了现代模态逻辑合适的语义解释,区分了可能的层次,从而使得现代模态逻辑的合理性以及其自身的完善性进一步得到学界的认可,也使得更多的学者认识到现代模态逻辑并接受它。可以说,可能世界语义学的创立确立了模态逻辑在逻辑学中应有的地位。在可能世界语义学得到学界普遍接受以后,现代模态逻辑也得到应有的认可之后,相关的研究者们开始更进一步的研究,继续在可能世界语义学之可能世界的理解上进行探讨、争论。这一步可以算是对可能世界的进一步思考,也是对可能世界语义学所建立的基础的研究。如果可能世界缺乏其存在的合理性,那么建立在可能世界基础上的可能世界语义学也难以得到学界的普遍接受。所以,对可能世界的进一步研究,寻找对可能世界的合理解释,是可能世界语义学的根基之所在,也是现代模态逻辑得以进一步发展的一个重要条件。所以,对可能世界本体论的探讨是建立于其上的可能世界语义学的基础,也是所有采用可能世界语义学解释的模态逻辑以及相关模态问题的解释的基础。而对现代模态逻辑以及对众多模态问题采取直观的解释都在使用可能世界语义学,所以,对可能世界的本体论研究就是众多模态解释的基础。而模态实在论就是对可能世界本体论解释的一种理论。在刘易斯的模态哲学思想中,模态实在论处在最基础的位置。

在对可能世界本体论解释的基础上,可能世界语义学才有了坚固的根基。在对反事实条件句的分析中,刘易斯把反事实条件句视为一种可变的严格蕴涵。这既是一种严格蕴涵,但也不同于一般的严格蕴涵,它的严格性在不同的情境下是在不断变化的。所以说,对于可变的严格蕴涵,在相同的情境下,用可能世界语义学的话语来说,其可通达的世界集在不发生改变的情形下是一个严格蕴涵,即在其可通达的所有世界,相应的实质蕴涵普遍为真。说其可变,是因为其情境在不断发生改变,在不同的情境下,其可通达的世界集也在发生改变,从而导致该严格蕴涵的严格性不断发生改变。从这个层面上来说,刘易斯对反事实条件句的分析是对严格蕴涵以及其据以解释的可能世界语义学的一种应用。也就是说,反事实理论是使用可能世界语义学及严格蕴涵对反事实条件句进行分析应用所产生的一种理论。从这个层面上来说,反事实理论是一种应用层面的理论。

根据上面对两种理论的分析,我们可以得出,模态实在论是对可能世界的本体论进行研究,是最基础的理论,而反事实理论是使用可能世界语义学及严格蕴涵对反事实条件句进行分析所建立的理论。所以,模态实在论与反事实理论根本不是同一层面的理论,而是两个层面的理论。这两个层面并不是紧密相连的,而是中间还间隔着现代模态逻辑的语形与语义。或者可以这样说,反事实理论是使用现代模态逻辑对日常的反事实条件句进行分析的结果,而现代模态逻辑的语形语义解释是建立在对可能世界本体论进行研究的基础上的。对可能世界本体论研究的成果,在刘易斯这里,就表现为模态实在论。所以说,模态实在论与反事实理论是两个层面的理论,模态实在论是基础研究,反事实理论是对现代模态逻辑的应用理论。

二、二者的联系

虽然反事实理论是用可能世界语义学及严格蕴涵对反事实条件句进行分析所产生的理论,而模态实在论是对可能世界语义学进行解释而产生的本体层面的理论,二者不是同一个层面的理论,但是从二者与可能世界语义学之关联就可以看出,二者之间的联系也是非常紧密的。

模态实在论与反事实理论都与可能世界相关。模态实在论就是对可能世界进行解释的理论。可能世界是什么?可能世界是一种什么样的存在?可能世界之间是什么关系?它们与现实世界的关系如何?这些都是模态实在论需要回答的问题。同时,"可能世界"也是刘易斯的反事实理论中一个最重要的概念。在刘易斯的反事实理论中,反事实条件句是一种可变的严格蕴涵。无论是可变还是严格蕴涵,这些都与可能世界语义学分不开,也与可能世界理论分不开。可变,主要体现在可通达关系的变化。根据刘易斯的反事实理论,就是相似的标准发生了变化,从而导致可通达的世界集发生了改变,使得一个严格蕴涵的严格性发生了改变。而严格蕴涵,就与可能世界以及可通达关系相关。在刘易斯的反事实理论中,这两个概念就具体体现为可能世界以及可能世界之间的相似性。在对反事实条件句的分析中,根据可能世界以及可能世界之间的相似性产生的可通达的可能世界集的确定,使得反事实条件句表现为一个具有严格蕴涵关系的条件句。所以,刘易斯的反事实理论就是一种可能世界语义学的应用理论。而模态实在论是对可能世界语义学之可能世界进行解释的理论,是可能世界本体层面的理论。虽然,可能世界语义学是克里普克等人所创立的理论,而且克里普克在可能世界的解释上持有与模态实在论相对立的理论——温和实在论,但这并不妨碍刘易斯用模态实在论来解释可能世界,并在此基础上使用可能世界语义学。可能世界语义学的应用与在可能世上持有哪一种实在的观点没有必然的联系,但是对可能世界持有不同的实在论立场,也会在可能世界语义学的具体应用中有所反映。把模态实在论添加到可能世界语义学中,使得可能世界语义学在刘易斯的应用中带有了模态实在论的烙印,这种烙印在反事实理论中得到了具体的体现。

首先,刘易斯的反事实条件句分析虽然得到了学界的认可,但也有些人对他的分析提出了怀疑,这种怀疑就体现在它所建立的基础上。对此,刘易斯也有清醒的认识。他认为,这种怀疑大致有以下两个方面:"可能世界被广泛认为是值得怀疑的,以及除却事物自身之外的相似性也是同样如此。如果对可能世界以及相似性的通常怀疑得到辩护,那么我的分析就几乎无意义了:仅仅有把神秘与其他的神秘联系起来的意义。不管怎样,我将论证,这些怀疑是不能得到辩护的。"①刘易斯的论证主要体现在两个方面:一是对可能世界的辩护,二是对可能世界的比较全面相似性的辩护。对可能世界这个坚实基础的辩护,主要体现在它的实在性的论证上。刘易斯认为,我们不能否认可能性的存在,因而也不能否认可能世界的实在,因为可能世界就是可能性这种直观观念的哲学表达。如果把"事物可能所是的方式"理解为可能世界,那么模态词就可以被理解为可能世界的量化,这种理解是合理的。因为,刘易斯认为,从字面上把"事物可能所是的方式"理解为可能世界,使用可能世界上的量化不会导致理论上的困境,并且使用其他的理解方式会导致各种困难。无论是把模态词理解为不可分析的初始词,还是把它做语言上的一致理解,都会导出反理论化或者循环的问题。所以,模态词就是可能世界上的量化,而可能性的实在是无法否认的,因而可能世界也是实在的,这是反事实理论建立的第一个坚实的基础。

对于反事实理论建立的第二个基础——世界的比较全面相似性,刘易斯虽然承认"比较全面相似性"概念是模糊的,但这种模糊性的产生不是对概念的误解或理解不清造成的。刘易斯认为,比较全面相似性由众多方面的相似性与差异性构成,并且这种众多方面以及各个方面的重要性会因为人与人之间、场合与场合之间有所不同;这些方面所形成的相似度虽然模糊,但它是粗略地固定的。譬如说,蓝和绿,对于某一个线条,根据一种标准它可能是蓝的,根据另一种标准它可能是绿色的,但是对于天空是蓝色或者是绿色的,这是可以确定的。虽然在二者的标准线上,可能存在一些模糊的判断,但是二者的范围是大致固定的,并且二者的相对标准也是固定的,在蓝和绿之间,不是蓝色的,就是绿色的。在一种标准下,蓝色的

---

① Lewis, D. K., *Counterfactuals* (Malden: Basil Blackwell Ltd., 1973), p. 84.

范围被扩大了,绿色的范围就缩小了,反之同样如此。世界的比较全面相似性同样如此。虽然比较全面相似性是模糊的,但也是粗略地固定的。而且这种比较全面相似性的模糊性,在某种程度上也反映了反事实理论的模糊性。

所以,可能世界与比较全面相似性虽然都存在某种模糊性,但它们都有一定坚实的基础。可能世界就是"事物可能所是的方式",模态词就是可能世界上的量化,而可能世界都是实在的。比较全面相似性虽然涉及众多方面的相似性与差异性,并且这些相似性与差异性的众多方面以及各自的重要性会因人而异,因场合而异,但它们是粗略地固定的,是模糊可靠的。所以,反事实理论的基础虽然不是坚实可靠的,但这是可容忍的。这些可容忍的不太清晰的基础也是反事实理论模糊的重要原因。而可能世界的实在性以及世界之间的比较全面相似性都是模态实在论的重要内容,所以,刘易斯的反事实理论是建立在模态实在论基础上的一种应用理论。

其次,模态实在论在更深层面影响着反事实理论。在模态实在论中,刘易斯除了坚持可能世界是实在的之外,他还认为,可能世界是具体的,现实的,孤立的以及充裕的,这构成了可能世界的四个特征。孤立的以及充裕的分别体现了可能世界的个体性以及可能世界的多样性。可能世界都是一个个独立的实体,它们共同存在于逻辑空间之中,它们之间没有时空关联,也没有因果联系,是相互孤立的存在。但是这些孤立的个体因为多种多样,它们表现了无数种可能性,没有一种可能性不通过可能世界表现出来。正是可能世界表达了所有的可能性,使得使用可能世界来分析模态相关问题才具有可行性。反事实条件句,从字面上来看,是不包含模态词的。但是,反事实不是讨论实际为真的两个命题之间的蕴涵关系,而是讨论实际为假的两个命题之间的蕴涵关系。无论现在使用的是何种蕴涵关系,都离不开前后件之间的实质蕴涵关系,即保真关系。保真关系,即前件真、后件也真的关系。在反事实条件句中,这种保真关系是不能通过现实世界来反映的,只能通过可能真来反映二者的真值关系。使用可能世界来分析可能真之间的保真关系,就成为对反事实条件句分析的自然选择。模态实在论认为可能世界作为孤立的个体,充满了逻辑空间,表达了所有的可能性,因而刘易斯的反事实分析就与模态实在论紧密地联系起来。

根据模态实在论,可能世界还是具体的,现实的。可能世界的具体性,使得所有可能世界都是一个个孤立的个体,它们共同存在于逻辑空间之中,彼此之间并不互相隶属。而可能世界的现实性,只是每个世界相对于其居住者的一种索引性质,不具有特殊性。"现实的"只是一个索引概念,称一个世界为现实的,只是相对于说话者来说的。因此,模态实在论者认为,任何一个世界都可以被它的居民称为"现实世界",就如同我们称我们居住的世界为"现实世界"一样。站在这个世界的我们的角度来看,现实的世界就是我们的世界,可现实化为我们这个世界的也必然是最接近我们的世界。现实世界表现的可能性也仅仅是所有可能性中的一种,无论这种可能性是逻辑可能性还是现实可能性。在这种思想指引之下,刘易斯的模态思想表现为所有的可能性都是平权的。用可能世界语义学的话语来说,现实世界的可通达世界必定是那些符合我们这个世界规律的世界。这些世界都可以现实化为我们这个世界。或者说,我们的世界是"现实的"是可以表现为这些最接近的世界的形式。这些可现实化的世界的表现形式也就表现了我们世界的可能状况,这也是考虑现实问题所涉及的可能情形。反事实分析考虑的就是不同于现实情形的命题之间的一种关系,在现实世界为假的两个命题在可能真情形下的一种关系。从表面上来看,反事实命题似乎考虑的不是我们这个世界的命题的问题,是其他世界的命题之间的一种关系。实际上,这些要考虑的世界正是可现实化的那些世界,它们表现为现实世界的现实可能状况。所以,对这些命题蕴涵关系的讨论,表面上是其他世界的命题之间的蕴涵关系,但实际上还是我们这个世界的命题的蕴涵关系。对反事实条件句的分析,通过比较全面相似性所选择的世界以及最接近现实世界的可能世界,都是站在我们这个角度的"现实的"世界,是我们立场上的可现实化世界。日常生活中的反事实分析,其实就是站在我们这个世界居民的立场上的可现实化世界中的相应的真命题之间的一种蕴涵关系。对于日常的反事实条件句分析,其所考虑的可通达世界就是模态实在论中站在这个世界的我们立场上的可现实化的世界,其世界之间的相似性就是模态实在论把可通达关系理解为规律的总和或者规律与事实的总和所构成的。如此,对反事实的分析就可以在可现实化的世界中通过添加事实或者情境让可通达的世界限制的范围越来越小,也越来越接近现实世界。

在反事实分析中,如果条件句涉及个体,那么该反事实分析就与模态实在论的对应体理论联系起来。刘易斯曾举出这样一个例子进行分析:

(1)如果胜者没有贿赂法官,那么他将不会赢。

用反事实严格蕴涵符号表示即为如下情形:胜者没有贿赂法官□→胜者不会赢。

对于该反事实条件句,根据前面对反事实条件句的真值解释,我们需要考虑的是最接近现实世界的世界,即胜者没有贿赂法官的世界,胜者是不是赢了。在这个世界中,如果胜者赢了,那么该反事实条件句为假;如果胜者没有赢,那么该反事实条件句为真。用纯形式表示即为如下情形:

$$\Phi x \square \rightarrow \Psi x$$

根据这个公式,可见,该反事实条件句是一个关于从物模态的反事实条件句。根据反事实条件句的真值解释,即在与现实世界最接近的世界中,若Φx都不为真,或者Φx为真,且Ψx也为真,那么该反事实条件句都是真的。前者属于空真的情形。而Φx和Ψx在两个世界中为真,根据对应体理论,任何个体都不能跨越世界而存在,x作为一个任意个体,也不能跨越世界而存在。如果x存在于现实世界中,那么在其他世界中,必定都是x的对应体,它的行为表达了x的模态行为。因为受到对应体理论的制约,所以刘易斯对这种反事实条件句的真值,是通过把反事实条件句的一般真值条件与对应体理论相结合给出来的。他说:

某物在世界i满足$\Phi x \square \rightarrow \Psi x$,当且仅当或者(1)不存在属于任何球域的代理满足$\Phi x$的世界(空情形),或者(2)存在某个环绕i的球域S,它至少包含一个代理满足Φx的世界,并且在该球域的任何一个世界中,都不是代理地满足$\Phi x \wedge \sim \Psi x$。如果把它放到对应体关系中,某物在世界i中满足$\Phi x \square \rightarrow \Psi x$,当且仅当或者(1)在环绕i的任何球域中都不存在世界j,j包含该物的对应体,并且该对应体满足Φx,或者(2)在环绕i的某个球域S中,至少包含一个世界j,使得j有该物的对应体使得Φx为真,并且在S中的任何世界k中它的每个对应体在k中满足Φx,也满足Ψx。[1]

所以,在刘易斯对反事实条件句的深层分析中,也经常显现着对应体理论的影子。但也不能简单地理解为,没有模态实在论,就没有反事实理论的出现。就如同上面的命题"胜者没有贿赂法官$\square \rightarrow$胜者不会赢",前面的解释都可以采用刘易斯的反事实理论去分析,它也可以形式化为"$\Phi x \square \rightarrow \Psi x$",但是在分析其他可能世界中的x时,并不以"x的对应物"来代替x为前提,因为这是刘易斯的对应体理论所设定的。如果我们使用温和实在论的观点来解释这个理论,并不影响刘易斯反事实理论的应用效果。所以在不涉及可能世界以及可能个体的界定的基础上,其反事实理论也是可以

---

[1] Lewis, D. K., *Counterfactuals* (Malden: Basil Blackwell Ltd., 1973), p. 42.

使用的,就如同在可能世界实在论上持有不同的观点,但不影响使用可能世界语义学一样。但是,一旦在对反事实条件句的真值条件进行深入分析时,必定会涉及对可能世界以及可能个体关系的断定问题,这时候才会与模态实在论产生直接的联系。可以说,反事实条件句从表层的技术处理角度来看,其与模态实在论的关联并不紧密,而一旦对一个反事实条件句进行深层分析时,就会涉及模态实在论。

综上所述,模态实在论是对可能世界进行解释的理论,反事实理论是使用可能世界语义学对日常生活中的反事实条件句进行分析的理论,二者是两个层面的理论,模态实在论是对可能世界进行解释的基础理论,而反事实理论是用可能世界语义学来分析反事实条件句所产生的应用理论。从表面来看,二者的联系并不紧密。反事实理论是对可能世界语义学在反事实条件句中的应用,而可能世界语义学对模态实在论和温和实在论是中立的,无论在可能世界上采取哪种解释理论,都不影响可能世界语义学的使用。同理,反事实理论的应用,对于在可能世界上持有什么立场,表面上也是中立的。然而,一旦涉及对反事实条件句进行深层分析,就必然面临着对可能世界持有什么观点的问题。所以,由于刘易斯的模态实在论立场,在刘易斯的反事实分析中,很多地方都打上了模态实在论的烙印。反事实理论并不是模态实在论直接应用的结果,不是模态实在论直接推导出来的理论,而是可能世界语义学对反事实条件句进行分析而产生的结果,不能否认这个结果的最终回答离不开作为本体论理论的模态实在论。刘易斯的反事实理论得到很多学者的认可,这说明了他关于反事实条件句分析的成功,这个成功从侧面也印证了模态实在论在应用上的可行性,尤其是从现实世界的"可现实化"层面来理解模态实在论,这个层面直接对应着反事实分析对可通达世界的要求。

刘易斯的反事实分析总体上来说是成功的。虽然由于受到可能世界以及比较全面相似性的模糊性的影响,反事实分析也是模糊的,但正如刘易斯所说,这正说明了反事实条件句本身是模糊的,对于模糊的问题本身,只能采取相对模糊的方法来分析,就像他把世界的比较全面相似性的标准建立在一个模糊的粗略而不稳定的基础上,而不是建立在一个清晰固定的基础上一样。反事实理论与模态实在论是不同层面的理论,前者是应用型理论,后者是本体论层面的理论,但是二者的关系使得这两种理论得以在一定程度上相互支持对方的合理性。

小　结

　　反事实理论是刘易斯对反事实条件句进行分析的结果,是刘易斯模态哲学思想的重要组成部分。通过对刘易斯反事实理论的研究,本章的主要工作如下:

　　首先,系统地分析了刘易斯的反事实理论。刘易斯的反事实理论讨论的反事实条件句,不仅包括前件与事实相悖的情形,也包括前件与事实吻合的情形。后者一般是在认识论中被认定为反事实条件句。一个反事实条件句为真,只要考虑与它所在的情形最相近的前件世界中该命题的真假即可。

　　其次,根据可能世界语义学的可通达关系,指出刘易斯反事实条件句作为一个可变的严格蕴涵的原因。反事实条件句的严格性之所以可变,就在于可通达标准的改变导致可通达世界的变化。

　　最后,指出反事实分析就是对可能世界语义学的应用。从其表面应用上来看,虽然不涉及模态实在论,但深层分析离不开模态实在论。反事实条件句的真假,取决于与该条件句实际情形最相近的世界中的真假情形,所以反事实分析是建立在现实可能的情形上的。而这点跟模态实在论的可能世界理论和对应体理论在认识上的理解是一致的。但是,反事实蕴涵所表达的必然因为考虑与实际情形最相近的情形,因而它所表示的必然是弱于现实必然的,是在现实可能的范围中更接近于现实的可能。

　　刘易斯的反事实分析总体上来说是成功的,如刘易斯自己所论证的,该理论可以包容之前的一些反事实研究成果,比如说共立理论。反事实分析的成功从侧面表明了从认识论角度理解的模态实在论的解释能力。

第六章
刘易斯模态实在论的修正

第一节　可能世界解释理论标准分析

面对多种可能世界解释理论,如何选择一种合适的理论,这成为当前模态逻辑哲学家们争论的问题之外的另一个问题。无论是以刘易斯为代表的模态实在论,以卡尔纳普、欣迪卡、亚当斯等人为代表的语言替代论,还是以斯塔尔内克、普兰廷加、克里普克等人为代表的温和实在论,都面临着对方的攻讦和质疑。从当前争论来看,温和实在论因为符合直观,从而赢得了众多学者的支持,但是也夹杂着一些反对的声音。而且,在没有合理的标准下,没有一种理论能够取得压倒性胜利,就如同自然科学界的理论一样。因此,如何确立一个合理的标准来衡量可能世界解释理论的合理性就成为当务之急。

当然,对可能世界解释理论的合理性标准的探讨不能与自然科学理论的合理性标准分析相提并论,但它们还是具有很多共通性的。对于自然科学来说,一种理论是否能够被吸纳进入科学大厦中去,关键在于这种理论是否具有充足的解释能力,并且没有根本性的反例。除了"所有乌鸦都是黑色的""重的物体比轻的物体下落的速度要快"等这类经验型的认识可以直接通过与世界是否符合来检验之外,其他更高层次的自然科学假说中的任何一种检验都不能通过世界经验来直接证明,例如,物理学上的相对论、量子力学等,这些理论都无法通过经验观察来直接检验。那么对于这种理论是否真实,科学界的衡量方法就在于这种理论的解释能力。这种解释能力不仅体现在对已发生的现象的解释,还体现在对未知现象的解释和预测。就拿爱因斯坦的广义相对论来说,根据广义相对论,光在引力场中不是沿着直线,而是沿着曲线传播的。当从一个遥远的星球发出的光在到达地球的途中经过太阳的时候,会受到太阳引力的影响而变弯曲,从而使得这个星球的位置看起来与实际位置不符。根据爱因斯坦的计算,这个偏斜的弧度,应该是1.75秒。他建议在下一次日全食时,通过天文观测来验证。1919年5月,英国一位天体物理学家率领两个天文考察队,拟定在日全食时分别在巴西和西非观察,以验证广义相对论的这一重要推论。同年11月,英国皇家学会和皇家天文学会联席会议正式公布观测结果,测得光线偏转度和爱因斯坦的计算非常一致,从而为广义相对论立于科学大厦中奠定了重要的基础。

那么,如何确立可能世界解释理论的合理性标准?不能否认,可能世界解释理论涉及本体论,它又与现实世界的发展没有必然的预测关系。至少到目前为止,无论是可能世界解释理论,还是可能世界方法论和模态逻辑,它们都是对世界的解释和对事件之间关系的一种逻辑推理,而不能对世界进行精准预测。此外,由于可能世界是本体论概念,这种本体论是无法通过经验观察到的,也不能通过分析其与现实世界是否符合来检验。那么,在对可能世界解释理论的合理性标准进行探讨时,就需要排除这两种方法。"可能世界"是可能世界语义学的核心概念。可能世界是什么,可能世界中的个体如何发生作用,这些都是在经验之外的设想或者构造。因此,在承认可能世界语义学的前提下,可能世界解释理论要得到学界的认可,那么它必须满足以下两条标准:第一,可能世界解释理论必须有很强的解释能力,并且是自洽的,这是一个理论技术上的要求;第二,可能世界解释理论必须要符合直观,这是一个理论哲学上的要求。

第一条标准是一个理论的强大生命力之所在。一个理论,无论是自然科学理论还是社会科学理论,它首要的问题是能够解释已经发生的现象,并能够指导我们的行为。只有具有很强的解释能力,甚至具有较强的预测能力,该理论的价值才能得以体现,也才能得到学界认可。对可能世界进行解释的三种理论,当前对其预测能力的研究不多,难以从其预测能力的角度来做出度量。正因为如此,其解释能力就成为技术标准的最重要的衡量因素,更需要得到体现。在承认可能世界语义学的前提之下,可能世界解释理论必须能够解释模态哲学中出现的问题和现象,不仅要对"我可能没有写这篇论文"这类日常模态语句进行合理解释,还要对包括本质主义、跨界同一等深层次的模态哲学问题进行合理说明。

第二条标准是一个理论哲学上的要求。作为可能世界的解释理论,其不仅要求能够解释模态哲学的相关问题,还必须回答使用这种理论的直观原因,以及与其他相关理论的相互支持力。与科学理论的评判标准相似,可能世界解释理论的标准不能具有特设性。可能世界是由莱布尼茨最初在神学基础上提出的,但是在解释可能世界时必须摒弃神学背景,根据人们对模态问题即可能世界的直观来说明可能世界的相关问题。同时,它还必须与可能世界语义学、反事实理论等相关理论相互支持。

在讨论温和模态实在论方案的可行性标准中,张力锋曾提出了三条标准。"首先,可能世界学说在本体论上应该是既安全又健全的。"[①]"其次,对

[①] 张建军等:《当代逻辑哲学前沿问题研究》,人民出版社,2014,第62页。

可能世界理论中相关概念的说明须坚持非循环的原则。"[1]"最后,必须正视个体的跨界同一性问题和跨世界识别问题,对它们要给予合理的解释和全面的回答。"[2]在这三条标准中,第一条主要是从奥康姆剃刀"若非必要,毋增实体"的角度来要求的,谈论的是对本体经济的要求。张力锋指出,奎因在本体论上极力坚持主张"没有同一性,就没有实体",只承认个体的存在,但鉴于数学在知识体系中的重要性,他放宽了要求,把类吸收进入本体论承诺的范围。并且,张力锋还认为,奥康姆剃刀并非要求我们不增加实体,而是在非必要的情况下不增加实体,即理论安全性和经济性标准。第二条是指,"对于任何一个理论而言,理论目的绝不能以公开或隐蔽的前提形式出现在其建构中,这是一条基本的逻辑规则"[3],即理论协调性标准。第三条是从其解释能力来设定的,即理论的解释力标准。

这三条标准都可被视为前述两条标准中的技术上的要求。但这并不意味着张力锋否认了哲学上标准的重要性。他在设定这三条标准时,是针对温和模态实在论提出来的,而温和模态实在论在这三种竞争性理论中,最大的优势就在于符合直观,即符合哲学上的要求。因此,他在提出温和模态实在论方案的可行性标准中,就忽略了哲学上的要求。但对于所有的可能世界解释理论来说,技术上的要求和哲学上的要求都是不可偏废的。作为一个可能世界解释理论,首先要满足技术上的要求,否则这种理论就是平庸的;但同时也需要满足哲学上的要求,否则该理论就是特设的,难以让人信服。只有两条标准都满足,一个理论才能在可能世界解释理论竞争中具有竞争力。

第二节　三种理论的比较

在前几章中,我们分别分析了刘易斯模态实在论的可能世界理论、对应体理论和归结主义方法。在这一部分,我们对照可能世界解释理论的标准,在对三种理论进行比较的基础上,对模态实在论存在的问题进行分析。

---

[1] 张建军等:《当代逻辑哲学前沿问题研究》,人民出版社,2014,第66页。
[2] 同上,第68页。
[3] 同上,第67页。

一、解释能力的比较

理论之所以构建，是因为出现了问题并努力去解决它。作为可能世界的解释理论，是伴随着模态逻辑以及可能世界语义学发展起来的。所以，可能世界的三种解释理论首先都会追求理论的解释能力，它必须能够解释日常的必然、可能等日常模态问题。

温和实在论与刘易斯的模态实在论都通过承认可能世界是实在的来解释日常模态语句，比如对"我可能没有写这篇论文"这个模态命题，温和实在论解释为："存在某个可能世界，在这个世界中，我没有写这篇论文。"模态实在论解释为："存在某个可能世界，在这个世界中，至少存在一个我的对应体，他没有写这篇论文。"而在语言替代论者看来，"可能世界"不是初始概念，可以进一步用逻辑、语言构造物来代替。卡尔纳普用状态描述（state-description）来表示，可能世界是指一个句子集∧，对于任何原子语句p来说，或者p∈∧，或者¬p∈∧，再也没有其他语句了。也就是说，∧就是把所有个体可能具有的状态通过原子语句表示出来了，而其他复合事态就通过给定的语义规则给出，它的语义规则如下：

（1）一个原子语句p在给定的描述状态中成立，当且仅当p∈∧；

（2）p∨q在给定的描述状态中成立，当且仅当p在该描述状态中成立，或者q在该描述状态中成立；

（3）p≡q在给定的描述状态中成立，当且仅当p和q在该描述状态中都成立，或者在该描述状态中都不成立；

（4）¬p在给定的描述状态中成立，当且仅当p在该描述状态中不成立；

（5）∀xp在给定的描述状态中成立，当且仅当p中所有x的替换例在该描述状态中都成立。

根据卡尔纳普的状态描述说，上述语句可以表述为，"我没有写这篇论文"在某个状态描述中为真，即作为原子语句的"我写这篇论章"这个命题不在∧中。

类似地，对于"亚里士多德必然是《形而上学》的作者"这类必然命题，三种理论也可以做出相应的解释。在温和实在论者看来，上述命题可以解释为"在所有的可能世界中，亚里士多德都写了《形而上学》"。模态实在论则解释为："在所有可能世界中，如果存在某个对象是亚里士多德的对应体，那么他写了《形而上学》。"语言替代论则解释为"在所有的状态描述中，'亚里士多德写了《形而上学》'这个命题都在该状态描述中"，也可以表述为"在所有的状态描述中，'亚里士多德没有写《形而上学》'这个命题都不在该状态描述中"。很显然,根据三种理论,这个命题都是假命题。

从上面的分析可以看出,三种理论对于日常模态问题的解释能力都是得到肯定的。但是,对于其他的模态哲学问题,比如说,我为什么有"我可能没有写这篇论文"这样的模态观念？语言替代论方案就无法给予令人信服的解释了。而无论是模态实在论者还是温和实在论者,他们都承认可能世界是实在的,即"在某个可能世界中,我没有写这篇论文"。因为有这样的可能世界存在,所以我有这样的观念,这样的观念是正确的认识。所以,从这一点就可以看出,从解释能力来说,可能世界实在论方案的解释力明显优于语言替代论方案。

二、直观上的比较

再从第二条合理性标准来看,哪种可能世界解释理论更符合直观？"可能世界"这个概念最初是由莱布尼茨提出来的,他对该概念进行了神学的解释。但它得到逻辑学家的重视,是在克里普克等人提出可能世界语义学并且得到学界认可之后。因为作为模态逻辑的语义解释,可能世界语义学解决了C.I.刘易斯的五个模态系统S1–S5缺乏合理的语义解释的问题。虽然可能世界语义学得到了学界的普遍认可,但是"可能世界"是最初带有神学色彩而被提出的概念。我们如何给予它一个非神学的合理解释,这就成为可能世界解释理论研究的一个重要方面。所以,可能世界解释理论作为可能世界语义学背景下的附属理论,它必须符合可能世界语义学的要求。下面我们将从几个模态问题的讨论入手,分析三种理论的直观性。

首先,一般模态认识的解释问题。譬如说,我们有不同于现实世界的可能认识,"鸦片战争可能不会发生"这样一个例子。从卡尔纳普的观点来看,就是在某个状态描述中,鸦片战争发生在其中是不成立的。这可以作为"鸦片战争可能不会发生"的一种理论说明。但是很明显,我们的观念中有这样一种认识：在某种情形下,比如说,清政府励精图治,国家富强,那么鸦片战争不会发生,或者即使发生了,但是结果与现实情形完全不同。这种情形绝不是某种用语言表示的状态描述,更不是一个极大语句集。所以,语言替代论方案很难符合我们对该问题的直观认识。比较起来,温和实在论和刘易斯的模态实在论都能很直观地解释该问题。从这个问题的直观解释来看,实在论方案比语言替代论方案占优。

在解释这种模态认识时,两种实在论都符合我们的直观。但是,在说明可能世界实在时,刘易斯的模态实在论似乎更激进一些。他认为这些可能世界都是具体的存在,他们和我们的世界是平权的,我们的现实世界也没有特殊的地位,我们所说的"现实的"只是一个索引概念,从而使得很多学者认为可能世界和现实世界就是平行的世界。就如同克里普克所指出的,很难相信可能世界就像"遥远的星球"一样。虽然刘易斯并不认同该理解,但他本人也承认,该理论在很多人看来是很惊奇的,而这种惊奇就在于该理论所设定的可能世界在某种程度上挑战了我们的直观,从而导致人们难以相信。

姑且不论这种对刘易斯可能世界的理解是否合适,即使是像众多质疑者所理解的那样,把刘易斯的可能世界理解为多重宇宙的观点,也未必是完全不可信的。这种观点得到一些物理学家的支持。1985年,A.M.莫斯捷帕年科在苏联《哲学科学》杂志上发表了《"可能世界"思想与现代物理学》一文,他指出:"在现代物理学和宇宙学中,在我们这个世界之外还存在着许多其他物理性质的世界这个思想,越来越得到公认。本文的目的是要阐明:'可能世界'这个概念,不仅对于逻辑学,而且对于现代物理学的方法论,以及在整个哲学中,都是可取的。我们认为,物理认识的发展要求我们注意这个概念,以便解决一系列复杂的哲学问题。"[1]早在1957年,埃弗莱特就提出量子力学的"多世界"诠释,后来"多世界"被理解为"平行宇宙"。虽然到目前为止,现代物理学没有证明"平行宇宙"的存在,但加来道雄在其《平行宇宙的设定,具备科学基础吗》一文中指出:"当前,我们的科技远不足以证明这些平行宇宙的存在,但平行宇宙的存在不与物理定律相悖。"[2]这些观点都认为,多重世界或者平行宇宙的存在是可能的,甚至是物理可能的。但是,它也面临着问题,我们暂时没有证明它,不能改变社会对世界的认识。正如陈波指出的:"激进实在论[3]看起来是不合常识和直观的。当然,常识和直观常常是靠不住的,科学常常与常识和直观开玩笑,常常与后者发生矛盾。但是,在现代物理学和宇宙学尚未真正证实激进实在论的观点之前,明智的态度似乎是暂时对它保持怀疑。"[4]在现代物理学没有证明平行宇宙的真实存在之前,刘易斯的模态实在论就难以得到人们直观上的肯定。

反观温和实在论,克里普克指出,可能世界就是"可能的状态或情形",

---

[1] 陈波:《逻辑哲学导论》,中国人民大学出版社,2000,第166-167页。
[2] 加来道雄:《平行宇宙的设定,具备科学基础吗》,《飞碟探索》2021年第2期。
[3] 就是指刘易斯的模态实在论。
[4] 陈波:《逻辑哲学导论》,中国人民大学出版社,2000,第168页。

它虽然实在,但不是具体的存在,是一种抽象的存在,并且这种存在就在我们的世界之中,就如同"颜色"等抽象概念一样。很显然,这种理论更符合人们的直观认识。

其次,对于模态表达和跨界同一问题的解释。"可能"或"必然"相关模态的表达涉及对于"跨界同一"问题的认识。刘易斯认为,不存在"跨界同一"问题,任何个体都是限界个体,个体通过它的对应体来表示相应的模态属性。例如,"我可能没有写这篇论文",在刘易斯看来,就是说在某个可能世界中,一个很像我的个体没有写这篇论文。这里会产生两个问题。一是"很像我的个体没有写这篇论文"与"我可能没有写这篇论文"有什么关系?这涉及与模态无关的质疑。二是这个相似性的标准是什么呢?他并没有明确,而且他还指出,在某个可能世界中,可能存在两个或两个以上我的对应体。而温和实在论者认为,"跨界识别"是一个伪问题,这是源于对可能世界的误解,根本没有跨界问题。欣迪卡指出:"跨界识别问题显示出一个严重的错误,许多哲学家近来已成为这一错误的牺牲品。他们被'可能世界'一词弄糊涂了,按照它的表面价值去理解它。这是一个可悲的错误。"[①]克里普克也认为,可能世界就是"可能的状态或历史",并非一个真正的世界。这样一种认识,更加符合人们的直观。

最后,可能世界的平权问题。学界普遍认可,从逻辑上来看,可能性是平权的,表达可能性的可能世界在逻辑上也是平权的。可能世界语义学还告诉我们,可能的层次之别正是由于可能世界的可通达关系不同导致的。当用可能世界来解释具体的模态问题时,这个可通达关系可以粗略地用世界的规律来概括。如果可能世界都是抽象的实体,并且可能世界存在于现实世界之中,那么可能世界与现实世界的平权性如何体现?可能世界作为抽象的属性,那么它的载体在哪里?这是温和实在论难以回答的。但是根据刘易斯的模态实在论,这一点是其应有之义。因为在刘易斯看来,可能世界与现实世界都是具体的世界,没有一个世界具有特殊的地位,每个世界都是平权的。而且,事物现实的情形可以通过现实世界来展示,而事物可能的情形是通过可能世界来展示的。所以根据刘易斯的模态实在论,可能世界与现实世界是平等的,可能世界的情形与现实世界的情形是平等的。这一方面也体现出模态实在论比温和实在论有更强的解释能力。

对于三种可能解释理论,可以比较的方面很多,在此就不一一比较。总体来说,从可能世界解释理论的标准来看,实在论比语言替代论更有合

---

① 陈波:《逻辑哲学导论》,中国人民大学出版社,2000,第169页。

理性。从两种实在论对比来看,温和实在论更符合直观,但模态实在论的解释能力更强,这也是刘易斯对模态实在论最为称赞的方面。

第三节　模态实在论的修正方案

刘易斯的模态实在论面临的争议主要是哲学上而不是技术上的。主要包括以下三个方面:一,可能世界的特征引发的平行宇宙的认识问题;二,对应体理论引发的模态无关与相似性标准问题;三,归结主义引起的不同属性却具有共同外延的问题。下面将在前文对上述三个问题分析的基础上对刘易斯的模态实在论做相应的修正。

一、可能世界实在性

可能世界作为一种工具,在可能世界语义学中发挥着重要的作用。无论是温和实在论还是模态实在论,都坚持可能世界是一种实在,而这种实在就是一种存在,这是实在论与反实在论的区别。毫无疑问,坚持可能世界的实在论,比反实在论观点有更多的优势。

模态实在论是一种坚定的实在论。它之所以被认为是多世界或者平行宇宙,与刘易斯主张的可能世界的特征有着密切的关系。刘易斯总结了可能世界的四个特征:具体的、充裕的、孤立的和现实的。尤其是可能世界的具体性与现实性特征,让很多学者认为刘易斯的可能世界就像平行宇宙或者多世界一样。平行宇宙或者多世界虽然得到了一些物理学家的支持,例如美国物理学家加来道雄指出,平行宇宙观与我们现行的物理学规律并不冲突,平行宇宙在逻辑上是有存在的可能的,[1]但是在现代物理学没有证明多世界或平行宇宙存在的前提下,该观点很难得到人们的认可与支持,因为这与我们当前物理学的认识是冲突的。所以刘易斯的可能世界观被认为是反直观的,我们很难想象还存在与我们现实世界一样的其他的世界。而且刘易斯明确承认这可能令人难以信服,但他并没有对此给出有力的回应,他只是以模态实在论的解释能力来回避这个问题。

在现代物理学还没有证明平行宇宙存在之前,我们暂时应避免把可能

---

[1] 加来道雄:《平行宇宙的设定,具备科学基础吗》,《飞碟探索》2021年第2期。

世界解释为平行宇宙或者避免将其理解为平行宇宙。但是,从现实世界与可能世界平权的角度来看,可能世界与现实世界具有相同的地位是符合直观的。但是,把可能世界视为与现实世界一样的具体存在,这让人难以信服。鉴于此,我们应该同意以下两点:一是可能世界在逻辑上的平权性,在可能性上任何一个可能世界都没有特殊的权力与地位,包括现实世界也是一样;二是可能世界不是遥远的星球,也不是与现实世界所在的宇宙平行的宇宙。在此基础上,我们可以对刘易斯的可能世界理论进行适当修正。

首先,在可能世界的实在性方面,刘易斯的观点应该被认可。只有可能世界是实在的,我们才可以解释我们为什么有"可能的""必然的"等模态观念的存在。如果我们消解可能世界的本体地位,就像语言替代论方案一样,必定只能对可能或必然等模态命题进行技术上的解释和说明,但不能说明这种观念从何而来。而且正如刘易斯本人在论证可能世界实在性时一样,我们不能否认这种观念的存在,我们也不能否认可能世界的存在。所以,可能世界是实在的,可能世界具有其本体地位,这一点是不能也不应该被质疑的。

其次,在可能世界怎样存在的问题上,需要区分可能世界与事物可能显示的方式。刘易斯把世界理解为所有具有时空关系的世界伙伴构成的整体。根据这种理解,现实世界就是所有与我们具有时空关系的个体构成的,就是我与我周围所有的事物的组合体,而可能世界就是所有具有时空关系的个体构成的,现实世界也是可能世界之一。而克里普克则认为可能世界就是"可能的状态或历史"。很显然,刘易斯与克里普克对世界采取了不同的理解方式。他们二者都把可能世界与事物可能显示的方式等同起来,但是他们等同的结果存在差异。在刘易斯看来,可能世界与事物可能显示的方式就是可能世界,他把我们有关"可能"的观念等同于可能世界。克里普克则认为,可能世界就是事物可能显示的方式,二者是等同的,除了现实世界之外,它们都不是满足时空关系的个体构成的整体,只是现实事物的可能状态。但是,在笔者看来,对可能世界的理解应该区分可能世界与事物可能显示的方式两种形式,前者是本体存在,后者是本体例示的属性。就如我们所居住的现实世界一样,现实世界是由所有与我们具有时空关系的个体构成的整体,但现实世界也例示了现实的状态。可能世界也是由所有具有时空关系的可能个体构成的整体,它例示了事物可能显示的方式。可能世界是本体,事物可能显示的方式是可能世界例示的属性。

从可能世界与事物可能显示的方式对比来看,可能世界是具体的存在,而事物可能显示的方式作为例示的属性,是抽象的存在。这一点与刘易斯对可能世界的具体性特征的规定是基本一致的。在"现实性"的特征上,刘易斯把它理解为索引性质,即每个世界都是相对于它的居住者的现实世界,取消了现实性的绝对性。虽然这种理解方式不影响我们称我们自己的世界为现实世界,但它把我们所在的现实世界的特殊地位取消了。

从逻辑的平权角度来看,刘易斯的可能世界理论是非常符合这一点的。现实性与非现实的可能性从逻辑上来说,都是平权的,而这种平权性在刘易斯的可能世界理论中能得到很好的体现。但是他的可能世界也因此被认为是平行宇宙而被人质疑。因此,笔者认为,在现代物理学没有证明平行宇宙存在的背景下,可以把可能世界的存在做如下理解:可能世界之间、可能世界与现实世界之间没有时空关系,也不具有因果关系,它们作为本体,都是具体的个体而存在于逻辑空间中。每个可能世界都是逻辑空间中的个体,现实世界与其他可能世界在存在性上都是相同的。但是,相对于我们来说,现实世界有其特殊性,现实世界的具体性也不同于可能世界的具体性,它是实现了的具体,而其他可能世界都是未实现的具体。

最后,在可能世界的充裕性上,笔者赞同刘易斯的观点,可能世界在数量上是无穷的,它充满了整个逻辑空间,并且每个可能世界都是发展变化的。我们所能设想的每一种可能都有一个可能世界来例示。而只要不违反矛盾律,所有的情形都是可以设想的,所有可设想的情形都可以通过可能世界来例示。每个可能世界遵循的规律可以不同,有些可能世界遵循物理规律,有些遵循化学规律,有些遵循生物规律,有些遵循所有这些规律,有些可以不遵循这些规律,但每个可能世界都必须遵循逻辑基本规律,尤其是矛盾律,这是一个可能世界存在的前提条件。正是因为每个可能世界遵循着不同的规律,所有可以表示出不同层面的可能性和必然性,而可能世界数量的无穷也例示了无尽的可能性。

综上所述,在可能世界理论方面,对模态实在论修正主要有以下两个方面。首先,修正方案区分了可能世界与可能状态,把二者视为本体与依附于本体上的属性,前者是具体的,后者是抽象的。刘易斯把可能世界视为可能世界本体,他认为可能世界是实在的;而克里普克把可能世界理解为事物可能显示的方式,所以他认为可能世界是抽象的,这与我们的修正方案是一致的。其次,修正方案承认刘易斯可能世界的具体性、充裕性、现实性和孤立性的特征,也承认可能世界与现实世界在存在性上是没有差异的,它们都存在于逻辑空间中,但是我们认为现实世界的具体性和可能世界的具体性是有差异的,前者实现了的具体性,后者没有实现的具体性。

二、对应体理论的修正

可能世界是与现实世界一样的存在,每个可能世界都存在于逻辑空间之中,每个可能世界都是独立的个体。那么,可能世界中个体如何存在呢?刘易斯认为,每个个体都是限界个体,不能跨界存在,个体是通过它的相似物作为它在其他世界中属性的承载体。他指出,一个物体在其他世界中可能有一个对应物,可能有两个对应物,也可能没有。如何判断究竟有几个对应物?他认为标准就是比较全面相似性。但这种比较全面相似性的评判标准,刘易斯并没有给出确切的答案,使得对应体理论难以令人信服。

很显然,仅仅通过模糊的相似性来寻找模态属性在其他可能世界中的载体的方法是不够的。因此,笔者认为,从直观的模态观念来看,"我可能没有写这篇论文"就是指"在某个可能世界中,我没有写这篇论文"。那么,我们不能否认"我"在其他世界中的存在,而不是"我"的一个对应物存在,否则会引起与模态无关的争论。所以,笔者主张,个体不应该是限界个体,而是可以在不同世界中存在的;不同世界中的个体不仅仅是相似关系,还应该是同一关系。

如果承认个体可以跨界同一,我们就面临着刘易斯所指出的问题,违反了莱布尼茨的同一物不可辨别性原理。刘易斯承袭了莱布尼茨限界个体的观点,其根本理由就是对莱布尼茨的同一物不可辨别性原理的承认。如果W_0世界的a和W_1世界的b是跨界同一的,那么根据同一物不可辨别性原理,$a=b\rightarrow(Fa\equiv Fb)$。毫无疑问,作为不同世界中的同一个体,必定存在某个属性F,使得$Fa\wedge\neg Fb$或者$\neg Fa\wedge Fb$成立,即$\exists F((Fa\wedge\neg Fb)\vee(\neg Fa\wedge Fb))$。如果这个公式是成立的,那么,$a=b\rightarrow(Fa\equiv Fb)$就不成立。这是否意味着承认跨界同一就必须放弃莱布尼茨的同一物不可辨别性原理?

很显然,这是对同一物不可辨别性原理的误解或误用。按照莱布尼茨对同一物不可辨别性原理的定义,毫无疑问,只有在一个世界中的对象与其自身才满足该原理,否则,即使是同一世界的孪生姐妹也不满足该原理,更不用说不同世界中的两个对象。所以,同一物不可辨别性原理使用的前提是在一个世界中,不能作用于跨世界的个体。如果一定要作用在跨界个体上,我们只能在属性上加上相应的世界特征。正如上面的例子,对于不同世界中的个体a和b,必定存在某个属性F,使得$\exists F((Fa\wedge\neg Fb)\vee(\neg Fa\wedge Fb))$成立。

如果a和b是同一关系,那么上式就可以替换为:

$$\exists F((Fa \land \neg Fa) \lor (\neg Fa \land Fa))$$

简化为:

$$\exists F(Fa \land \neg Fa)$$

很显然,这是违反矛盾律的,是不成立的。但是如果把属性F理解为带有世界特征的,那么上述公式可以表示为:

$$\exists F((W_0 Fa \land \neg W_1 Fa) \lor (\neg W_0 Fa \land W_1 Fa))$$

直观解释为,存在属性F,使得a具有W_0世界的属性F,但不具有W_1世界的属性F,或者a不具有W_0世界的属性F,却具有W_1世界的属性F。很显然,如果把属性加上世界特征,那么这种跨界同一并不违反这一原理,因为在不同世界中同一对象的不同属性都是带有其他世界属性的。所以,坚持个体可以跨界,并不影响我们对莱布尼茨同一物不可辨别性原理的坚持。

在肯定跨界同一之时,我们面临的问题是如何判断两个个体具有同一关系。刘易斯在确定对应体关系时,他采取的是相似性标准。但是相似性标准包含的内容及权重和相似的尺度都没有固定下来,这引起了对其对应体理论操作困难的疑虑。而在判断不同世界中的对象是否同一的时候,可以依据相似性,但这种相似性不是表象的相同或相近,而是诉诸本质。一个对象在一个世界中可以存在,但不必然存在,并且在某个世界中都不会有两个或两个以上的对象存在,它们可以非常相似。比如说孪生兄弟,只要他们的本质不同,那么他们就是不同的对象。

承认跨界同一,从表面来看,这是对刘易斯对应体理论的极大改变。但实际上,刘易斯的对应体关系是一种弱化的跨界同一关系。如果我们把对应体关系理解为跨界同一关系,把对应体关系的相似标准理解为本质的同一,那么这种改动就不像表面上呈现的那么大。并且,既然是把本质作为相似的标准,那么我们必须认为,每个个体在另一个世界中的对应体至多只能存在一个,而不能有多个。这种修正,还可以让刘易斯模态实在论避免否定必然同一规则的质疑。

通过这种修正,可以消除对应体理论不符合直观及对应体判定标准缺乏的疑虑,符合对模态表达的直观认识及对本质主义的理解。

三、归结主义方法的修正

在使用归结主义方法时,刘易斯只承认两种个体的存在,可能世界和可能世界中的个体。属性、关系等共相都可以通过可能世界及可能世界中的个体使用集合的方式归结起来,但这引起了一个难以解释的问题,即不同属性却可以归结为同一个集合。这不符合我们的直观认识,即如果把属性等于集合,那么就会出现违反直观的情形。

所以,笔者建议,我们可以承认可能世界以及可能世界中的个体存在,也可以承认这些属性、关系等共相的存在,但是这些共相的存在跟可能世界与可能世界中的个体的存在是有区别的。根据刘易斯对抽象与具体的讨论,我们应该认为,可能世界与可能世界中的个体是具体的存在,而属性、关系等共相是抽象的存在。这些共相可以通过这些个体来归结,但这种归结并不是把归结双方视为完全等同关系,而是在表达功用和真值上的可替换性。例如,属性F可以归结为所有满足属性F的个体的集合,如果有W_1世界的个体a_1, a_2, a_3具有属性F,W_2世界的个体b_1, b_2, b_3具有属性F,那么F可以归结为集合A={$a_1, a_2, a_3, b_1, b_2, b_3$}。从功用上来看,$Fa_1$就是$a_1 \in A$,这是可以解释的,也是符合直观的。同理,关于命题的真,也可以归结为世界的集合,在命题的真值替换上,命题与归结的可能世界的集合之间也是可以相互替换的。

通过对刘易斯可能世界理论、对应体理论和归结主义方法做出一定的修改,可以从直观上提升模态实在论的直观性,也可以更好地面对模态实在论当前所面临的一些指责。也许,对刘易斯模态实在论的修正也可能面临一些新的批评,例如,肯定属性、关系等共相的存在可能会面临本体不经济的质疑等。但总体来说,对刘易斯模态实在论的修正,在平行宇宙没有得到证实的今天,能够更好地回应当前这些质疑,也能更好地符合可能世界解释理论的两个标准。

小 结

在可能世界解释理论的竞争中,温和实在论因为符合直观从而为多数学者认可与接受,而刘易斯的模态实在论因为在有些观点上不符合直观而被一些学者质疑。总体来说,温和实在论在可能世界实在论中占据着优势地位,但并不是唯一的。为了对三种理论做一个比较,首先探讨了两种可能世界解释理论的标准,以一个合理的标准来衡量。标准主要有两个:一是可能世界解释理论的解释能力问题,这是技术上的标准;二是可能世界解释理论合乎直观的问题,这是哲学上的标准。

  在确定了可能性比较的两条标准之后,根据这两条标准,对三种可能世界解释理论进行了比较。整体来说,语言替代论在说明一般的模态问题时,在技术上足以解释。但从哲学上来看,它不能说明这些模态观念的来源问题,而可能世界实在论能够很好地说明这一点。从跨界同一、逻辑平权的角度比较来看,模态实在论在解释这些模态哲学问题时更胜一筹,但温和实在论更加直观。

  模态实在论的优势是解释能力,但缺点是有些观点不符合直观,因而被人质疑。在通过对三种理论的对比之后,针对模态实在论的不太符合直观的观点,进行了适当的修正。模态实在论不符合直观的地方主要有三点:一是可能世界的特征引发的平行宇宙的认识;二是对应体理论引发的跟模态无关与相似性标准问题;三是归结主义引发的不同属性却具有共同外延的问题。针对这三个方面,本书对刘易斯的模态实在论进行了细微的修正。可能世界虽然具有刘易斯所指出的具体性、孤立性、现实性和充裕性,但对具体性做了细微的区分,认为现实世界的具体性和其他可能世界的具体性是不同的。在对应体理论引发的与模态无关的问题上,主张个体可以跨界存在,跨界个体同一的标准就是事物的本质。在归结主义上,主张属性等共性与归结的集合之间并非完全等同关系,而是在真值表达的判断中起着相同的作用。

结　语

一、回顾

刘易斯的模态哲学思想是当代模态哲学研究激烈争鸣下的产物。可能世界语义学的创建,确立了模态逻辑的地位,但同时也带动了模态哲学研究的发展。作为可能世界的解释理论,模态实在论自提出以来,就被众多国内外学者批评为极端实在论而长期处于不利地位。

温和实在论作为一个更加直观的解释理论,得到了众多学者的支持,但该理论并不能解释模态哲学中的所有问题,一些日常的模态观点并不能从中得到合理的解释。而作为其竞争理论的模态实在论,虽然受到了很多批判,但同时也得到了一些学者,尤其是一些物理学家的支持。因而,对刘易斯的模态哲学思想的研究,尤其是对其模态实在论的研究对于模态哲学以及平行宇宙的研究都具有较高的理论价值。

大多数学者都把模态实在论理解为一种极端的理论,采取直接拒斥、批判的态度,从而使得很少有人发现其理论中的合理性。出现这样的局面,刘易斯的表述特点有着一部分原因。因为他所使用的一些概念,采取不同于日常使用的意义,使得很多人对他的理论或多或少产生了一些误解。

因此,本书认为,要对刘易斯的模态实在论进行合理的理解,首先必须澄清这些概念的内涵与用法。通过这种研究方法可以发现,刘易斯的可能世界理论表达了可能世界与现实世界相对于规律的平权性。而且,从这个世界的个体的认识角度来看,刘易斯的模态实在论是一种很实用的理论,它所表达的就是现实可能世界。无论是可能世界理论、对应体理论,还是使用该理论来分析反事实条件句,都充分体现了这一点。

二、展望

　　刘易斯的模态实在论,从根本上来说,是对可能世界的解释以及应用,是在承认可能世界语义学的前提下的基础研究。但是,可能世界语义学存在一个很大的问题,就在于如何使用它来解释、分析、解决我们所面临的问题。刘易斯的模态实在论以及他对反事实条件句的分析就是这样一种尝试。现代模态逻辑的应用得到很大的拓展,但这些应用大多数仍停留在理论解释上,而不能在实践中给予较详细的指导。因而,在今后的模态哲学研究中,无论是模态实在论、温和实在论还是其他的竞争性理论,如何成功应用于实践,是可能世界解释理论的一个重要任务。而且,应用的成功也能够说明该解释理论的合理性,就像刘易斯对反事实条件句分析的成功也在一定程度上说明了模态实在论的合理性一样。

参考文献

[1]Audi, R., "Avoidability and Possible Worlds", *Philosophical Studies: An International Journal for Philosophy in the Analytic Tradition*, vol.33, no.4 (1978):413-421.

[2]Benovsky, J., "Alethic Modalities, Temporal Modalities and Representation", *Kriterion: Journal of Philosophy*, vol.29, no.1(2015): 19-36.

[3]Blum, A., "Analyticity and Truth in all Possible Worlds", *Noûs*, vol.17, no.2(1983):281-289.

[4]Bricker, P., "Isolation and Unification: The Realist Analysis of Possible Worlds", *Philosophical Studies: An International Journal for Philosophy in the Analytic Tradition*, vol.84, no. 2/3(1996):225-238.

[5]Bricker, P., "Reducing Possible Worlds to Language", *Philosophical Studies: An International Journal for Philosophy in the Analytic Tradition*, vol. 52, no. 3(1987):331-355.

[6]Brown, C. and Y. Nagasawa, "The Best of All Possible Worlds", *Synthese*, vol. 143, no. 3(2005):309-320.

[7]Butterfield, J., "Relationism and Possible Worlds", *The British Journal for the Philosophy of Science*, vol.35, no.2(1984):101-113.

[8]Chihara, C., *The Worlds of Possibility: Modal Realism and the Semantics of Modal Logic*(Oxford: Oxford University Press, 1998).

[9]Chisholm, R. M., "Identity through Possible Worlds: Some Questions", *Noûs*, vol. 1, no. 1(1967):1-8.

[10]Felt, J. W., "Why Possible Worlds Aren't", *The Review of Metaphysics*, vol. 50, no. 1 (1996):63-77.

[11]Fogelin, R. J., "David Lewis on Indicative and Counterfactual Con-

ditionals", *Analysis*, vol. 58, no. 4(1998):286-289.

[12]Forbes, G., *The Metaphysics of Modality*(Oxford:Clarendon Press, 1985).

[13]Forbes, G., "Canonical Counterpart Theory", *Analysis*, vol. 42, no. 1 (1982):33-37.

[14]Forbes, G., "More on Counterpart Theory", *Analysis*, vol. 43, no. 3 (1983):149-152.

[15]Goodman, Nelson, "Seven Strictures on Similarity", in *Experience and Theory*(Amherst:University of Masachusetts press,1970).

[16]Baber, Harriet E., "Counterpart Theories: The Argument from Concern",*Metaphysica*, vol.22, no.1(2021):15-22.

[17]Harrison, J., "The Impossibility of 'Possible' Worlds",*Philosophy*, vol. 74,no.1 (1999):5-28.

[18]Hintikka, J., "Situations, Possible Worlds, and Attitudes", *Synthese*, vol. 54, no.1(1983):153-162.

[19]Hochberg, G. M., "The Concept of 'Possible Worlds' and Kant's Distinction between Perfect and Imperfect Duties", *Philosophical Studies: An International Journal for Philosophy in the Analytic Tradition*, vol. 26, no. 3/4 (1974):255-262.

[20]Klagge, J. C., "Supervenience: Perspectives V. Possible Worlds", *The Philosophical Quarterly*, vol. 37, no. 148(1987):312-315.

[21]Lewis, D. K., *Counterfactuals*(Malden:Basil Blackwell Ltd., 1973).

[22]Lewis, D. K., *On the Plurality of Worlds*(Malden:Basil Blackwell Ltd., 1986).

[23]Lewis, D. K., *Philosophical Papers Volume* I(New York: Oxford University Press, 1983).

[24]Lewis, D. K., *Philosophical Papers Volume* II (New York: Oxford University Press, 1986).

[25]Linsky, L., *Reference and Modality* (New York: Oxford University Press, 1971).

[26]Lycan, W.G."The Trouble with Possible Worlds", in *The Possible and the Actual: Reading in the Metaphysics of Modality*(Ithaca: Cornell University Press, 1979).

[27]Lycan, W. G., "Two-No, Three-Concepts of Possible Worlds",*Pro-

ceedings of the Aristotelian Society, New Series, vol. 91 (1990 – 1991):215-227.

[28] McCall, S., "Counterfactuals Based on Real Possible Worlds", Noûs, vol. 18, no. 3(1984):463-477.

[29] Marcus, R. B., Modalities: Philosophical Essay (New York: Oxford University Press, 1993).

[30] Martin, R. M., "Hintikka's Intentions and Possible Worlds", The Review of Metaphysics, vol. 33, no. 1(1979):109-133.

[31] McMichael, A., "A Problem for Actualism About Possible Worlds", The Philosophical Review, vol.92, no.1(1983):49-66.

[32] Melia, J., "A Note on Lewis's Ontology", Analysis, vol. 52, no. 3 (1992):191-192.

[33] Merricks, T., "The End of Counterpart Theory", The Journal of Philosophy, vol. 100, no. 10 (2003):521-549.

[34] Merrill, G. H., "Formalization, Possible Worlds and the Foundations of Modal Logic", Erkenntnis, vol. 12, no. 3(1978):305-327.

[35] Menzel, C., "On Set Theoretic Possible Worlds", Analysis, vol. 46, no. 2 (1986):68-72.

[36] Kim, Minseok "Alvin Plantinga's Critique of David Lewis's Counterpart Theory —Critique on Argument for Semantic Inadequacies of Counterpart Theory", Modern Philosophy vol. 10(2017):77-103.

[37] Mondadori, F. and Adam Morton, "Modal Realism: The Poisoned Pawn", The Philosophical Review, vol. 85, no. 1(1976):3-20.

[38] Moore, A. W., "Possible Worlds and Diagonalization", Analysis, vol. 44, no. 1(1984):21-22.

[39] More, M. J., "Rigidity and Identity across Possible Worlds", Analysis, vol. 42, no. 2(1982):83-84.

[40] Naylor, M. B., "A Note on David Lewis's Realism about Possible Worlds", Analysis, vol.46, no.1(1986):28-29.

[41] Nolan, D., "Defending a Possible-Worlds Account of Indicative Conditionals", Philosophical Studies: An International Journal for Philosophy in the Analytic Tradition, vol.116, no.3(2003):215-269.

[42] Nolan, D., Topics in the Philosophy of Possible Worlds (New York: Routledge, 2002).

[43] Nolt, J. E., "Sets and Possible Worlds", *Philosophical Studies: An International Journal for Philosophy in the Analytic Tradition*, vol. 44, no. 1 (1983):21-35.

[44] Nolt, J. E., "What Are Possible Worlds?", *Mind*, New Series, vol. 95, no. 380 (1986):432-445.

[45] Nute, D., "David Lewis and the Analysis of Counterfactuals", *Noûs*, vol. 10, no. 3(1976):355-361.

[46] Pargetter, R., "Laws and Modal Realism", *Philosophical Studies: An International Journal for Philosophy in the Analytic Tradition*, vol. 46, no. 3 (1984):335-347.

[47] Pietroski, P. M., "Possible Worlds, Syntax, and Opacity", *Analysis*, vol. 53, no. 4(1993):270-280.

[48] Plantinga, A., *The Nature of Necessity* (New York: Oxford University Press, 1974).

[49] Plantinga, A., "Two Concepts of Modality: Modal Realism and Modal Reductionism", *Philosophical Perspectives*, vol. 1, Metaphysics (1987):189-231.

[50] Pollock, J. L., "The 'Possible Worlds' Analysis of Counterfactuals", *Philosophical Studies: An International Journal for Philosophy in the Analytic Tradition*, vol. 29, no. 6 (1976):469-476.

[51] Pruss A. R., "The Cardinality Objection to David Lewis's Modal Realism", *Philosophical Studies: An International Journal for Philosophy in the Analytic Tradition*, vol. 104, no. 2(2001):169-178.

[52] Purtill, R. L., "About Identity Through Possible Worlds", *Noûs*, vol.2, no.1(1968):87-89.

[53] Rescher, N., "How Many Possible Worlds Are There?", *Philosophy and Phenomenological Research*, vol.59, no.2(1999):403-420.

[54] Richards, T., "The Worlds of David Lewis", *Australasian Journal of Philosophy*, vol.53, no.2(1975):105-118.

[55] Rosen. G., "A Problem for Fictionalism About Possible Worlds", *Analysis*, vol.53, no.2(1993):71-81.

[56] Rosenberg, A., "Is Lewis's 'Genuine Modal Realism' Magical Too?", *Mind*, New Series, vol. 98, no. 391(1989):411-421.

[57] Rowe, W. L., "Plantinga on Possible Worlds and Evil", *The Journal*

of Philosophy, vol. 70, no. 17(1973):554-555.

[58] Ryan, M. L., "Possible Worlds and Accessibility Relations: A Semantic Typoloty of Fiction", *Poetics Today*, vol. 12, no. 3(1991):553-576.

[59] Kripke, S., *Naming and Necessity* (Oxford: Harvard University Press, 1980).

[60] Sharlow, M. F., "Lewis's Modal Realism: A Reply to Naylor", *Analysis*, vol. 48, no. 1(1988):13-15.

[61] Skyrms, B., "Possible Worlds, Physics and Metaphysics", *Philosophical Studies: An International Journal for Philosophy in the Analytic Tradition*, vol. 30, no. 5(1976):323-332.

[62] Smullyan, A.F., "Modality and Description", *Symbolic Logic*, vol.13, no.1 (1948):31-37.

[63] Stalnaker, Robert C., "Possible Worlds", *Noûs*, vol. 10, no. 1 (1976):65-75.

[64] Stillwell, S., "Confirmation, Paradoxes, and Possible Worlds", *The British Journal for the Philosophy of Science*, vol. 36, no. 1(1985):19-52.

[65] Stine, G. C., "Essentialism, Possible Worlds, and Propositional Attitudes", *The Philosophical Review*, vol. 82, no. 4(1973):471-482.

[66] Strasser, M., "Leibniz, Plantinga and the Test for Existence in Possible Worlds", *International Journal for Philosophy of Religion*, vol. 18, no. 3 (1985):153-159.

[67] Thomas, H., "Modal Realism and Inductive Scepticism", *Noûs*, vol. 27, no. 3(1993):331-354.

[68] Tomberlin, J. E., "Essentialism and Possible Worlds", *Philosophy and Phenomenological Research*, vol. 35, no. 3(1975):323-340.

[69] Thomason, S. K., "Possible Worlds and Many Truth Values", *Studia Logica: An International Journal for Symbolic Logic*, vol. 37, no. 2(1978): 195-204.

[70] Van Inwagen, Peter, "Indexicality and Actuality", Philosophical Review, vol.89, no.3(1980): 403-426.

[71] Varzi, Achille C., "Counterpart theories for everyone", *Synthese*, vol.197, no.11(2020):4691-4715.

[72] Yagisawa, T., "Beyond Possible Worlds", *Philosophical Studies: An International Journal for Philosophy in the Analytic*, vol.53, no.2(1978): 175-204.

[73]Yagisawa, T., "Possible Worlds as Shifting Domains", *Erkenntnis*, vol. 36, no. 1(1992):83-101.

[74][荷]约翰·范本特姆.模态对应理论[M].张清宇,刘新文译.北京:科学出版社,2010.

[75][英]苏珊·哈克.逻辑哲学[M].罗毅译.北京:商务印书馆,2003.

[76][美]索尔·克里普克.命名与必然性[M].梅文译.上海:上海译文出版社,2001.

[77][德]莱布尼茨.莱布尼茨认识论文集[M].段德智编译.北京:商务印书馆,2019.

[78][德]莱布尼茨.莱布尼茨早期形而上学文集[M].段德智,陈修斋,桑靖宇译.北京:商务印书馆,2017.

[79][德]莱布尼茨.莱布尼茨后期形而上学文集[M].段德智,陈修斋译.北京:商务印书馆,2019.

[80][德]莱布尼茨.神正论[M].段德智译.北京:商务印书馆,2016.

[81][美]乔恩·巴威斯,约翰·佩里.情境与态度[M].贾国恒译.南京:南京大学出版社,2015.

[82][美]威拉德·冯·奥曼·蒯因.从逻辑的观点看[M].江天骥等译.上海:上海译文出版社,1987.

[83][英]斯蒂芬·里德.对逻辑的思考:逻辑哲学导论[M].李小五译.沈阳:辽宁教育出版社,1998.

[84][美]麦克尔·路克斯.当代形而上学导论(第二版)[M].朱新民译.上海:复旦大学出版社,2008.

[85][美]露丝·巴坎·马库斯等.可能世界的逻辑[M].康宏逵编译.上海:上海译文出版社,1993.

[86][英]威廉·涅尔,玛莎·涅尔.逻辑学的发展[M].张家龙,洪汉鼎译.北京:商务印书馆,1995.

[87][美]加来道雄.平行宇宙的设定,具备科学基础吗[J].飞碟探索,2021(02).

[88]亚里士多德.工具论[M].刘叶涛等译.上海:上海人民出版社,2018.

[89]亚里士多德.形而上学[G].苗力田等编译.亚里士多德全集(第七卷).北京:中国人民大学出版社,1993.

[90]北京大学哲学系外国哲学史教研室.西方哲学原著选读[C].北京:商务印书馆,1983.

[91]柴生秦.论"可能世界"[J].西北大学学报(哲学社会科学版),1991(03).

[92]曹易祥.大卫·刘易斯可能世界理论研究[D].保定:河北大学硕士论文,2020.

[93]陈波.逻辑哲学导论[M].北京:中国人民大学出版社,2000.

[94]陈波.逻辑哲学引论[M].北京:人民出版社,1990.

[95]陈波.经典逻辑和变异逻辑[J].哲学研究,2004(10).

[96]陈千千.论在刘易斯的理论下反事实假设能否与自然律共立[J].科学技术哲学研究,2019(06).

[97]陈晓华.认知逻辑研究述评[J].哲学动态,2008(08).

[98]冯立荣,刘叶涛.可能世界是什么[J].燕山大学学报(哲学社会科学版),2007(04).

[99]冯棉."可能世界"概念的基本涵义[J].华东师范大学学报(哲学社会科学版),1995(06).

[100]冯棉.可能世界与逻辑研究[M].上海:华东师范大学出版社,1996.

[101]倪荫林.跨界个体的同一与识别——基于可能世界特性的分析[J].理论导刊,2006(01).

[102]弓肇祥.可能世界理论[M].北京:北京大学出版社,2003.

[103]弓肇祥.真理理论——对西方真理理论历史地批判地考察[M].北京:社会科学文献出版社,1999.

[104]韩林合.分析的形而上学[M].北京:商务印书馆,2003.

[105][美]卡尔·古斯塔夫·亨佩尔.自然科学的哲学[M].陈维杭译.上海:上海科学技术出版社,1986.

[106]何朝安.因果度问题[J].自然辩证法研究,2019(07).

[107]胡浩.模态逻辑中的反本质主义[J].华南师范大学学报(社会科学版),2002(02).

[108]贾国恒.模态逻辑可能世界与情境[J].学术研究,2007(02).

[109]贾国恒.情境语义学与可能世界语义学比较研究探析[J].自然辩证法研究,2006(10).

[110]贾国恒.情境语义学研究[M].北京:中国社会科学出版社,2012.

[111]贾玉树,陈北宁.刘易斯可能世界实在论阐释及其误区[J].自然辩证法研究,2010(01).

[112]黄益民.对克里普克本质主义的几点质疑[J].世界哲学,2007(05).

[113]李大强.对象、可能世界与必然性——《逻辑哲学论》的本体论分析[J].吉林大学社会科学学报,2007(06).

[114]李小五.条件句逻辑[M].北京:人民出版社,2003.

[115]李秀敏.论可能世界理论中的跨界识别问题[J].淮阴师范学院学报,2004(02).

[116]李中祥.论莱布尼茨的可能性范式[J].大连大学学报,2007(02).

[117]林德宏.多重宇宙理论是思辨物理学[J].南京林业大学学报(人文社会科学版),2017(04).

[118]刘国锋.刘易斯的模态实在论:诘难与答复[J].哲学动态,2006(07).

[119]刘社军.也谈"可能世界"之定义问题[J].广西大学学报(哲学社会科学版),1997(03).

[120]刘新文.论可能世界的名字[J].哲学研究,2005(09).

[121]刘张华.可及关系的哲学分析[J].东方论坛,2011(01).

[122]陆剑杰.莱布尼茨"可能世界"学说的哲学分析[J].社会科学战线,1997(04).

[123][波]卢卡西维茨.亚里士多德的三段论[M].李真,李先焜译.北京:商务印书馆,1995.

[124][英]伯特兰·罗素.我的哲学的发展[M].温锡增译.北京:商务印书馆,1982.

[125][英]伯特兰·罗素.逻辑与知识(1901—1950年论文集)[M].苑莉均译.北京:商务印书馆,1996.

[126]吕进、何向东.个体的跨界同一性分析[J].自然辩证法研究,2006(10).

[127]马亮.卡尔纳普意义理论[M].北京:社会科学文献出版社,2006.

[128]孟强.科学划界:从本质主义到建构论[J].科学学研究,2004(06).

[129]祁梦媛.刘易斯反事实因果理论中可能世界比较的困境[J].外国哲学,2020(01).

[130]任晓明,胡怀亮.直陈条件句逻辑研究概况[J].哲学动态,2009(07).

[131]荣立武.论内涵逻辑与内涵语境下的替换失效问题[J].自然辩

证法研究,2006(01).

[132]孙和平.克里普克的可能世界语义学与马克思主义概念的必然判断用法[J].南京社会科学,2000(02).

[133]王磊,何向东.因果逻辑研究述评[J].哲学动态,2009(10).

[134]王路.走进分析哲学[M].北京生活·读书·新知三联书店,1999.

[135]王希勇.维特根斯坦的反本质主义[J].哲学研究,1999(08).

[136]王宪钧.数理逻辑引论[M].北京:北京大学出版社,1982.

[137]吴小明.因果方向与反事实依赖——大卫·刘易斯关于因果方向的形而上学理论[J].自然辩证法研究,2021(04).

[138]吴新民.论哲学逻辑可能世界理论的应用价值[J].内蒙古社会科学,2006(05).

[139]夏素敏.有关本质的三种理论——解读亚里士多德、克里普克和周礼全的本质理论[J].新乡学院学报(社会科学版),2008(02).

[140]熊晓健.可能世界中反事实条件句的逻辑分析[J].毕节学院学报,2008(01).

[141]姚从军.古典命题逻辑与模态命题逻辑的语义之比较[J].湖南科技学院学报,2009(02).

[142]曾庆福.埃尔斯特"必然"与"可能"的相对化分层思想解析[J].河南社会科学,2010(06).

[143]张家龙.可能世界是什么[J].哲学动态,2002(08).

[144]张家龙.数理逻辑发展史——从莱布尼茨到哥德尔[M].北京:社会科学文献出版社,1993.

[145]张家龙.论本质主义[J].哲学研究,1999(11).

[146]张建军.逻辑悖论研究引论[M].南京:南京大学出版社,2002.

[147]张建军.逻辑行动主义方法论构图[J].学术月刊,2008(08).

[148]张力锋.模态逻辑与本质主义[D].北京:北京大学博士学位论文,2004.

[149]张力锋.普兰廷卡的模态形而上学[J].西南民族大学学报(人文社会科学版),2005(05).

[150]张力锋.当代西方的模态哲学研究[J].南京社会科学,2005(08).

[151]张力锋.当代西方模态哲学研究及其意义[J].哲学动态,2005(12).

[152]张力锋.普特南论自然种类词:当代逻辑哲学视域下的本质主义研究[J].江海学刊,2006(05).

[153]张力锋.论模态柏拉图主义[J].科学技术与辩证法,2006(06).

[154]张力锋,张建军.分析的宗教哲学[M].南京:江苏人民出版社,2010.

[155]张清宇.逻辑哲学九章[G].南京:江苏人民出版社,2004.

[156]张清宇,郭世铭,李小五.哲学逻辑研究[M].北京:社会科学文献出版社,1997.

[157]张文琴.反事实条件句和大卫·刘易斯的逻辑哲学[D].上海:华东师范大学博士学位论文,2012.

[158]张文琴.大卫·刘易斯逻辑哲学思想研究——以反事实条件句为中心的考察[M].上海:上海社会科学出版社,2018.

[159]郑毓信,林曾.数学·逻辑与哲学[M].武汉:湖北人民出版社,1987.

[160]郑毓信.现代逻辑的发展[M].沈阳:辽宁教育出版社,1989.

[161]中国逻辑学会编委会编.逻辑今探[G].北京:社会科学文献出版社,1999.

[162]周北海.模态逻辑导论[M].北京:北京大学出版社,1997

[163]周礼全.模态逻辑引论[M].上海:上海人民出版社,1986.

[164]周礼全.周礼全集[M].北京:中国社会科学出版社,2000.

[165]赵总宽,陈慕泽,杨武全.现代逻辑方法论[M].北京:中国人民大学出版社,1998.

后记

书稿即将出版,该项目的研究终于画上了一个句号,对大卫·刘易斯模态实在论的研究也算是一个初步总结。

大卫·刘易斯是美国当代著名的哲学家与逻辑学家,他涉猎广泛,很多研究至今仍在其领域产生着重大影响。在这些研究中,最有争议的就是他在可能世界解释理论方面的研究,他在该领域的思想与克里普克的温和实在论有着巨大的分歧,引起了学界长期的争论。由于刘易斯在可能世界本体论上一些与当时主流认识相"冲突的"观点,从而在与温和实在论的争论中处于不利地位,其理论被一些学者称为(极端)模态实在论,但是其本人并不认同这种称呼。国外对刘易斯可能世界解释理论的研究虽然批判者居多,但仍有一些从各个角度为其(极端)模态实在论辩护的论文,这些辩护论证者有哲学家,也有物理学家。国内对刘易斯可能世界解释理论的专门研究相对贫乏,但基本以批判为主。

对大卫·刘易斯模态哲学思想的研究,始于2008年。当时在南京大学读博,正为博士学位论文选题纠结之时,导师张建军先生建议可对大卫·刘易斯的模态哲学思想进行研究。在搜集整理阅读了大卫·刘易斯的一些相关资料之后,决定把大卫·刘易斯的模态哲学思想研究作为我的博士学位论文题目。在张建军老师的指导下,完成了《大卫·刘易斯模态哲学思想研究》的博士学位论文。2017年,首次以该论文为基础申报国家社科基金后期资助项目并成功获批。该项目的研究延续了博士论文的主体思想,对部分观点进行了修正,对部分内容进行了拓展和深入,最终形成了本书。

本书是我尽心竭力所做,但不免仍有些许遗憾。在对可能世界解释理论多年研究的过程中,脑海中总会蹦出这样的问题:可能世界语义学的建立为模态逻辑成为逻辑学一个独立的分支奠定了基础,它很好地解释了"可能""必然"等模态概念,对模态命题的真假及其关系给出了令人信服的语义解释,但是到目前为止,主要停留在模态问题的解释上,那么,可能世界语义学能否预测未来,能否使用可能世界相关理论来预测社会发展？所以,在申报该项目时,就尝试着在这方面做一些研究,但甚为遗憾,进展甚微。因此,在本书中未能提及,只能留待日后研究。

本书能够最终成稿,首先感谢我的导师张建军先生。先生儒雅博学、治学严谨、思想深刻,对我的学术生涯及工作都影响极大。先生在我博士论文选题、写作、修改完善中都给予了悉心指导。在后来课题申报及结项过程中,也曾受先生多次指点,受益匪浅！

感谢中国社会科学院杜国平研究员,南京大学潘天群教授、王克喜教授、顿新国教授和张力锋教授,他们都是我在南京大学求学时的老师。杜国平研究员是我的硕士生导师,他的严谨作风以及对待学术的刻苦钻研精神,深深影响着我。在写博士论文期间,杜国平老师给予了我很多宝贵意见。潘天群老师才思敏捷,在该课题的研究上,他与我讨论颇多,对我的具体研究给予了很多指导意见。王克喜老师平易近人,顿新国老师亦师亦友,他们作为我课题申报的专家推荐人,对我的论文写作和课题申报提出了很多修改意见。张力锋教授在大卫·刘易斯模态哲学思想的研究上有很多深刻而独到的见解,每每都让我茅塞顿开。还要感谢山东大学王文方教授,他是我博士学位论文答辩委员会的主席,在模态哲学方面也有着深入的研究,对我的论文提出了很多宝贵意见。

我还要感谢我的爱人,她思维灵活,在课题研究过程中,对申报书的填写、申报书稿的修改以及课题结项都提出了一些可贵意见。我还要感谢我的父母,在课题结项关键期,犬子尚小,母亲专门过来帮我照顾他,让我得以安心完成书稿,按期提交结项,寸草春晖难以为报。

此外,我还要感谢国家社会科学基金和盐城师范学院的资助,让我得以顺利完成书稿并交付出版。感谢西南大学出版社的何雨婷老师,她在书稿的校对、出版等方面给予了我很多帮助。

由于本人能力和水平的限制,本书还有诸多不足之处,敬请各位专家学者批评指正。

二〇二三年七月二十六日